Sozialarbeiterinnen in Führungspositionen

Biographien und individuelle Karriereverläufe

von

Claudia Schünemann

Tectum Verlag
Marburg 2004

Schünemann, Claudia:
Sozialarbeiterinnen in Führungspositionen.
Biographien und individuelle Karriereverläufe.
/ von Claudia Schünemann
- Marburg : Tectum Verlag, 2004
Zugl.: Hannover, Univ. Diss. 2003
ISBN 978-3-8288-8733-6

© Tectum Verlag

Tectum Verlag
Marburg 2004

Inhaltsverzeichnis

Vorwort

1 Einleitung 11

2 Theoretische Standortbestimmung aus
   geschlechtsspezifischer Perspektive 15

2.1 Stand der Forschung 15
2.2 Individualisierung und Geschlecht 17
2.3 Leitbilder weiblicher Lebensplanung 22
2.4 Führungstheorien, Führungspositionen und Karriere 27
2.4.1 Karrieremotivation und Aufstiegsorientierung 29
2.4.2 Berufsmotivation und Aufstiegsorientierung von Frauen in
      sozialen Berufen 32
2.4.3 Frauen und Macht 34
2.5 Sozialarbeit als Frauenberuf 35
2.6 Geschlecht als soziale Kategorie 39
2.7 Konstruktivismus und Ethnomethodologie in der Frauen- und
    Geschlechterforschung 40
2.7.1 Geschlechtsspezifische Sozialisation 42
2.8 Aspekte der Sozialisationsforschung 46
2.8.1 Sozialisations- und Biographieforschung 47
2.8.2 Persönlichkeitsentwicklung und lebenslagenspezifische
      Bedingungen 48
2.8.3 Familie und soziale Herkunft als Determinanten beruflichen
      Aufstiegs 50
2.8.4 Das Theorem des „produktiv realitätsverarbeitenden
      Subjekts" 52
2.8.5 'Doing gender while doing work' 54

3 Das Forschungsdesign 57

3.1 Methodologische Überlegungen 58
3.1.1 Die Theorie des Symbolischen Interaktionismus im
      Begründungszusammenhang 59
3.1.2 Die Begrifflichkeit des symbolischen Interaktionismus .. 60
3.2 Aspekte der Biographieforschung 61
3.2.1 Biographieforschung und feministische Wissenschaft ... 65
3.2.2 Untersuchungsmethoden der Biographieforschung 68
3.2.3 Das problemzentrierte Interview als Untersuchungsinstrument
      biographischer Forschung 69
3.3 Überblick über die Fragestellungen 71

3.4	Methodische Problemstellung	72
3.4.1	Spezifizierung der Erhebungsmethode	73
3.4.2	Methodisches Vorgehen der Erhebung	73
3.4.2.1	Der Interviewleitfaden	73
3.4.2.2	Pretest	75
3.4.2.3	Die Zielgruppe	75
3.4.2.4	Kontaktaufnahme	76
3.5	Praktische Durchführung der Untersuchung	76
3.5.1	Die Durchführung der Interviews	77
3.5.2	Auswertung	79
3.5.2.1	Die qualitative Inhaltsanalyse	80
3.5.2.2	Exkurs: Grounded Theory	81
3.5.2.3	Die Qualitative Inhaltsanalyse nach Mayring	83
3.5.2.4	Vorgehensweise	84
3.5.2.5	Das Kategoriensystem	86
3.5.2.6	Fallvergleich und empirisch begründete Typenbildung	88
3.5.2.7	Problematik der Gütekriterien	90
4	**Ergebnisse der Untersuchung**	**93**
4.1	Stimmungsbild zu Beginn der Interviews	93
4.2	Sozialisation in der Herkunftsfamilie	94
4.2.1	Beziehungen zu den Eltern	95
4.2.2	Beziehungen zu Geschwistern	98
4.2.3	Rolle in der Familie	101
4.2.4	Verantwortung in der Herkunftsfamilie	102
4.2.5	Familienwerte	104
4.2.6	Zusammenfassung	105
4.3	Sozialisation in Schule und Studium	106
4.3.1	Bildungswege	106
4.3.2	Engagement im Studium	108
4.3.3	Schwerpunkte im Studium	108
4.3.4	Bewertung des Studiums	109
4.3.5	Zusammenfassung	111
4.4	Berufliche Entwicklung	112
4.4.1	Berufsfindung	112
4.4.2	Vorbilder und prägende Umstände für die Berufswahl	116
4.4.3	Zusammenfassung	117
4.5	Karriereentwicklung	118
4.5.1	Bewertung der Karriere	118
4.5.1.1	Eigene Bewertung	119
4.5.1.2	Bewertung durch die Herkunftsfamilie	120
4.5.1.3	Bewertung der Freunde	122
4.5.2	Förderung der Karriere	123
4.5.3	Karriereplanung	124
4.5.3.1	Karriereweg	126

4.5.4	Zukunftsperpektive	129
4.5.5	Berufliche Mobilität	134
4.5.6	Zusammenfassung	136
4.6	Integration von Familie und Beruf	138
4.6.1	Bewertung der Vereinbarkeit	139
4.6.2	Familienplanung	141
4.6.3	Organisation des Alltags	144
4.6.4	Beziehung zum Partner	148
4.6.5	Zusammenfassung	150
4.7	Geschlechterorientierte Perspektive	151
4.7.1	Frauen und Leistung	158
4.7.2	Rat für Frauen	159
4.7.3	Frauentypische Führungsposition	161
4.7.4	Macht	162
4.7.5	Zusammenfassung	165
4.8	Persönliche Werte	167
4.8.1	Selbstbild/ Fremdbild	167
4.8.2	Berufliches Selbstverständnis	169
4.8.3	Zusammenfassung	178
5	**Typenbildung**	**181**
5.1	Typ I: Karriere auf geradem Wege	183
5.2	Typ II: Karriere, um etwas zu bewegen	187
5.2.1	Typ IIa: Die Unkonventionelle (Frau C)	187
5.2.2	Typ IIb: Die Strategin (Frau A)	191
5.2.3	Typ III: Karriere als Reaktion auf das Verhalten der Herkunftsfamilie	194
5.2.4	Typ IIIa: Die Kämpferin (Frau F) - Karriere als Kampf um Anerkennung -	195
5.2.5	Typ IIIb: Die Trotzige (Frau L) – Karriere "um es allen zu zeigen" -	198
5.3	Typ IV: Karriere als Folge eines externen Ereignisses	200
5.4	Zusammenfassung Typenbildung	203
6	**Gesamtdarstellung und Diskussion**	**205**
6.1	Biographie und Karriere	205
6.1.1	Biographie und Karriereentwicklung	206
6.1.2	Biographie und Berufswahl	207
6.2	Weibliche Karrieren - Zufall oder 'logische' Folge?	208
6.3	Integration von Familie und Beruf als Karrierebremse?	209
6.4	Frauen und Führung - eine geschlechtsspezifische Betrachtung	210
6.5	Die Typenbildung im Gesamtzusammenhang	211
6.6	Weiterführende Überlegungen für Forschung und Lehre	212

6.6.1	Ansatzpunkte für eine weitere Forschung	212
6.6.2	Überlegungen für Studium und Lehre und Förderung einer zunehmenden Professionalisierung Sozialer Berufe	213
6.6.3	Professionalisierung in der Sozialen Arbeit	214
7	**Literatur**	**217**
Anlage:	**Interviewleitfaden**	**238**

Vorwort

Parteilichkeit und Betroffenheit (vgl. MIES 1978/ 1984), Prinzipien der Frauenforschung, die Maria Mies bereits 1978 in ihren methodischen Postulaten definiert hat, sind Beweggründe, die Forscherinnen auch heute noch, im Zeitalter des Gender Mainstreaming antreiben, sich mit Themen zu befassen, die Frauen in unserer aktuellen politischen/ gesellschaftlichen Situation mehr denn je betreffen.

Betrachtet man die prozentualen Anteile von Frauen in Führungspositionen aller Branchen stellt man fest, dass sie auch heute noch wesentlich geringer sind als die hoch qualifizierten Abschlüsse, die Frauen sich erarbeiten, vermuten lassen. Die Ursachen sind allgemein bekannt, spiegeln sie doch vor allem immer noch das sich nur allzu langsam verändernde Geschlechterverhältnis in unserer Gesellschaft wider. Aber sollen Frauen sich nun damit zufrieden geben, zu wissen warum etwas so ist wie es ist? Sollen wir beim Status quo bleiben, akzeptieren, dass es Barrieren auf unterschiedlichen Ebenen gibt und weiterhin neidvoll auf Einzelne schauen, die „es geschafft haben"? Oder sollen wir weiter suchen und möglicherweise Gründe dafür finden, warum es diese einzelnen Frauen geschafft haben, und überlegen, ob sich aus diesen Erfahrungen vielleicht ein Nutzen für viele generieren lässt? Genau dieser Gedankengang birgt das Motiv für die vorliegende Arbeit, die, wie ich hoffe, einen Beitrag dazu leisten wird, den Frauen, die sich nicht durch Barrieren, äußere Umstände und innere Hindernisse abschrecken lassen, Anregungen zu geben, diesen Weg zu gehen. Vor diesem Hintergrund beschränkt sich die Studie auch bewusst nur auf das weibliche Geschlecht. Sicherlich wäre es aus Überlegungen der Validität wünschenswert, die hier erarbeiteten Ergebnisse im Rahmen einer Vergleichsstudie mit Sozialarbeitern in Führungspositionen abzugleichen. Dies war aber aus der bereits genannten Forschungsperspektive hier nicht beabsichtigt. Somit bleibt zu wünschen, dass die hier erarbeiteten Erkenntnisse ihren Weg in neue Projekte, Lehre und Forschung und weitere Arbeiten finden werden, damit für Frauen die vorhandenen Optionen wirklich realisierbar werden.

Dies alles geht aber nur, wenn Frauen auch zukünftig Unterstützung erfahren, und genau damit bin ich an einem Punkt angekommen, der natürlich in keinem Vorwort fehlen darf und der auch hier gebührend gewürdigt werden soll – der Dank an alle, die mich auf meinem Weg durch diese Arbeit begleitet haben.

Danken möchte ich Herrn Prof. Dr. Andreas Böttger, Vorstandsmitglied des ARPOS Instituts (Sozialwissenschaften für die Praxis) und Herrn Prof. Dr. Dr. Gerd Laga des Fachbereichs Erziehungswissenschaften der

Universität Hannover für ihre wissenschaftliche Begleitung der Studie und ihre wertvollen Anregungen insbesondere in Fragen der empirischen Vorgehensweise und der Auswertungsmethodik.

Danken möchte ich auch dem Präsidenten der Fachhochschule Braunschweig/ Wolfenbüttel, Herrn Prof. Dr. Rüdiger Umbach, für seine Unterstützung des Forschungsprojekts „Individuelle Karriereverläufe von Sozialarbeiterinnen in Führungspositionen", das von Juni 1999 bis Ende Mai 2001 an der Fachhochschule Braunschweig/ Wolfenbüttel über AGIP-Mittel (Arbeitsgruppe Innovative Projekte für die Forschung an Fachhochschulen) des Landes Niedersachsen finanziert wurde und so an der FH realisiert werden konnte. Frau Prof. Dr. Sabine Brombach, Studienschwerpunkt "Soziale Arbeit mit Frauen und Mädchen" am Fachbereich Sozialwesen der Fachhochschule Braunschweig/ Wolfenbüttel, möchte ich danken für ihr Engagement und ihre professionelle Unterstützung in ihrer Funktion als Projektleiterin.
Im Rahmen dieses Projekts wurden die Grundlagen für die hier vorliegende Arbeit gelegt und ich möchte mich an dieser Stelle insbesondere bei meiner Mitarbeiterin Gudrun Viedt bedanken, die insbesondere bei der Transkription der Interviewtexte und dem auch in anderen Situationen oft unerfreulichen Kampf mit der Technik hohes Engagement zeigte. Ebenso danke ich Nikola Pöckler, die mir in der Endphase des Projekts hilfreich zu Seite stand und deren fachliche Kompetenz und inhaltliche Anregungen mir in der Auswertungsphase oft weiter geholfen haben. Danken möchte ich auch allen Kolleginnen und Studentinnen, die mit mir gemeinsam an der kommunikativen Validierung des Auswertungsprozesses gearbeitet haben.

Natürlich gilt mein Dank auch den Sozialarbeiterinnen, die sich als Gesprächspartnerinnen für die Interviews zur Verfügung gestellt haben, insbesondere deshalb, weil sie trotz hoher zeitlicher Belastung, die ihre Führungspositionen mit sich bringt, Zeit gefunden haben (zeitweise bis zu zwei Stunden), mir Rede und Antwort zu stehen.

Zu guter Letzt möchte ich natürlich meinem persönlichen Netzwerk danken, ohne das es mir niemals gelungen wäre, diese Arbeit zu vollenden. Ich danke vor allem meinen Eltern, die mich in allen Situationen, wenn Not am Mann war, unterstützt haben, meinem Mann, der zeitweilig trotz eigener beruflicher Belastung Familie und Haushalt nahezu allein gemanagt hat und mich immer wieder aufgebaut und motiviert hat. Und ich danke meinen Kindern für ihre Geduld, mit ihrer oft mehr als doppelt belasteten Mutter.

Braunschweig im Dezember 2003

CLAUDIA SCHÜNEMANN

1 Einleitung

Berufstätigkeit hat im Leben von Frauen im ausgehenden 20. Jahrhundert eine hohen Stellenwert. Viele Frauen verfügen über gute Schulabschlüsse, qualifizierte Berufsausbildung und eine hohe Motivation sich beruflich zu engagieren. Dennoch kann man zahlreichen Statistiken entnehmen, dass Frauen in vielerlei Hinsicht beruflich schlechter gestellt sind als ihre männlichen Kollegen.
1999 betrug der Anteil der berufstätigen Frauen zwischen 15 und 65 Jahren ca. 42% aller Erwerbstätigen in der Bundesrepublik Deutschland (Statistisches Jahrbuch 1999: 101). Allerdings ist der geringste Teil der Frauen in höheren bzw. in Führungspositionen zu finden. Dieses Phänomen verwundert besonders in den Bereichen, die traditionell von Frauen dominiert werden. Im sozialen Bereich sind ca. 75 % der Beschäftigten weiblich, in Führungspositionen finden sich allerdings überwiegend Männer (vgl. ebd. : 114).
Dabei ist es bemerkenswert, dass selbst in diesem ursprünglich typisch weiblichen Berufsfeld Männer schneller Karriere machen. Während der Beruf der Fürsorgerin als Resultat der bürgerlichen Frauenbewegung (vgl. Kap. 2.5) bis in die 70er Jahre hinein als reiner Frauenberuf galt, veränderte sich das Berufsbild und damit auch die Teilhabe der Geschlechter, als in den 70er Jahren die Aufwertung des Berufsbildes durch das Fachhochschulstudium vollzogen wurde. Wurden bis dahin Professuren/ LehrerInnenstellen an Fachschulen zu nahezu 100% von Frauen besetzt, vollzog sich auch in diesen Bereichen ein Wandel, nachdem die Ersten männlichen Absolventen ihre Studien aufgenommen hatten. Bereits nach wenigen Jahren wurden die Professorenstellen an den Fachhochschulen bis zu drei Vierteln von Männern übernommen, die leitenden Positionen in Sozialämtern sogar zu 100% (vgl. DIENEL 2002: 19).
In Studien, die sich in den letzten Jahren mit dem Thema Frauen und Karriere beschäftigt haben (vgl. Kap. 2.1), wurde diese Problematik vor allem aus einer defizitären Sichtweise untersucht. In der so genannten 'Barrierenforschung' ging es vor allem darum festzustellen, was Frauen daran hindert Karriere zu machen. Die hier vorliegende Arbeit versteht sich als Ergänzung bisher vorliegender Untersuchungen insofern, als hier eine ressourcenoriente Betrachtungsweise herangezogen wird. Die Frage, die hier gestellt wird, ist nicht: "was hindert Frauen daran Führungspositionen zu erreichen?", sondern: "Was hat Frauen in Führungspositionen gebracht?". Ausgangspunkt der Untersuchung ist die Annahme, dass erfolgreiche Frauen im Verlauf ihrer Biographie spezifische Handlungskompetenzen erworben haben, die es ihnen ermöglichen, die vorgegebenen gesellschaftlichen und strukturellen Rahmenbedingungen zu ihrem Vorteil optimal zu nutzen.

Die Arbeit gliedert sich in drei Hauptabschnitte. Im ersten Teil werden die einzelnen theoretischen Grundlagen des Themas aufgezeigt. Der zweite Teil beschreibt die methodisch-methodologische Vorgehensweise und der dritte Teil die Auswertung, mit Ergebnisdarstellung und Diskussion. Auf Grund der Komplexität des Themas ergibt sich eine Vielzahl theoretischer Ansätze, die im Folgenden kurz vorgestellt werden sollen. Kapitel 2.1 beschreibt den aktuellen Stand der Forschung aus unterschiedlichen Perspektiven, die in diese Thematik einfließen. Dann folgt die Annäherung an die Forschungsfrage mittels Einordnung der verschiedenen Teilaspekte in das wissenschaftstheoretische Spektrum. Als Erstes wird in Kap. 2.2 die Individualisierungstheorie von BECK (1986) herangezogen, die in Bezug auf Frauen durch die Ausführungen von DIEZINGER (1991) zur weiblichen Individualisierung ergänzt wird und den Leitbildgedanken von GEISSLER/ OECHSLE (1996) mit aufnimmt. Das Kapitel Führung/ Führungstheorien dient vor allem dazu, die Auswahl der Zielpersonen zu begründen und den hier zu Grunde gelegten Begriff ‚Führungsposition' zu definieren. Als Nächstes wird das Karriereverhalten von Frauen aus geschlechtsspezifischer Perspektive erläutert. Dabei wird insbesondere untersucht, welche Bedeutung das Geschlecht als Strukturkategorie (Kap. 2.6) für das Karriereverhalten von Sozialarbeiterinnen hat. Bereits hier werden insbesondere Aspekte der geschlechtsspezifischen Sozialisation in Bezug auf die Forschungsfrage analysiert, die dann in Kapitel 2.7 (Aspekte der Sozialisationsforschung) weiter vertieft werden. Im Anschluss daran wird der Stellenwert der Sozialisation in der Herkunftsfamilie in Bezug auf das Karriereverhalten untersucht (Kap. 2.7.2)

In Kap. 3. werden Datenerhebungs- und Auswertungsprozesse der im qualitativen Bereich angesiedelten Studie erläutert und theoretisch fundiert. Dabei kommt es besonders darauf an, die verschiedenen wissenschaftstheoretischen Ansätze aus Biographieforschung und Frauenforschung in den methodologischen Begründungszusammenhang zu integrieren. Im Abschnitt Biographieforschung (Kap. 3.2) wird die Bedeutung des individuell-biographischen Hintergrundes für den beruflichen Aufstieg von Sozialarbeiterinnen erarbeitet.
Auf Grund dieses theoretischen Vorverständnisses werden im Anschluss daran zusammenfassend die Forschungsfragen formuliert (Kap. 3.3). Daran schließt sich der methodische Teil und die Beschreibung des Forschungsdesigns an.

Der Hauptteil der Untersuchung, die Auswertung folgt in Kapitel 4 und 5. Im vierten Kapitel werden die im theoretischen Teil aufgeworfenen Fragestellungen anhand von Textbeispielen analysiert und erläutert. In Kapitel 5 wird versucht anhand der Darstellung mehrere Einzelfälle eine Typenbildung vorzunehmen, die die empirische Auswertung abschließt.

Die sich daran anschließende zusammenfassende Ergebnisdarstellung und die Gesamtdiskussion der Ergebnisse (Kap. 6) zielt darauf ab, diese zum einen in Bezug auf daraus resultierende Konsequenzen für die Ausbildungsinhalte in Studiengängen der Sozialarbeit/ Sozialpädagogik zu bewerten und Anregungen für weitere Forschungen zu geben.

2 Theoretische Standortbestimmung aus geschlechtsspezifischer Perspektive

2.1 Stand der Forschung

Ausgangsbasis dieser Untersuchung sind Erkenntnisse aus der Frauenforschung und der Sozialarbeit der letzten Jahre, insbesondere zu den Themen Frau und Berufstätigkeit, Frau und Karriere sowie Untersuchungen zu den Themen berufliche Sozialisation und Identität.
Forschungsarbeiten der letzten Jahre zum Thema Frau und Karriere haben ergeben, dass Frauen alle Voraussetzungen erfüllen, um Führungspositionen auszufüllen. Dennoch sind derzeit nur ca. 5% aller Führungspositionen im mittleren und oberen Management in ‚Wirtschaft und Bildung' (vgl. WASCHBÜSCH 1994: 3) von Frauen besetzt. WASCHBÜSCH stellte als Ursachen vor allem hinderliche gesellschaftliche Rahmenbedingungen, aber auch fehlende Fort- und Weiterbildungsmöglichkeiten speziell für Frauen fest. Die frauenspezifische Relevanz wurde daran deutlich, dass weiterbildungs- bzw. karrierefördernde Maßnahmen für Führungskräfte die Thematik ‚Vereinbarkeit von Beruf und Familie' ausklammern (vgl. ebd.).
Aber nicht nur fehlende Weiterbildungskonzeptionen für Frauen konnten bisher als Karrierehemmnisse festgestellt werden. SCHIERSMANN geht davon aus, dass vor allem die gesellschaftliche Arbeitsteilung und die daraus resultierenden geschlechtsspezifischen Hierarchien die ausschlaggebenden Barrieren für weibliche Karrieren darstellen (vgl. SCHIERSMANN 1992: 208). Weiterhin wurde bisher festgestellt, dass auch heute noch geschlechtsspezifische Zuweisungen und Rollenstereotype als Karrierehemmnisse zu betrachten sind sowie strukturelle Bedingungen wie z.B. männlich vorgeprägte Normen und Wertvorstellungen im beruflichen Alltag (vgl. ASSIG/ MÜHLENS 1991: 97). Auch MEIXNER sieht vor allem durch männliche Denkweisen geprägte Vorurteile als weitere Aufstiegshindernisse an (vgl. MEIXNER 1991: 184ff).
ROMMELSPACHER (1991), die sich mit dem professionellen Selbstverständnis von Frauen in sozialen Berufen beschäftigt hat, sieht als eine mögliche Ursache für mangelnde Karriereorientierung die weibliche Doppelmoral. Aus ihrer Sicht sind Frauen zwei unterschiedlichen Normensystemen verpflichtet, im Privatbereich dem der mütterlichen Fürsorge und im Beruf den Normen der Professionalität mit allen Konsequenzen (vgl. ROMMELSPACHER 1994: 38-40).
Die Arbeit von SIEVERDING (1990) beschäftigt sich mit psychologischen Barrieren in der beruflichen Entwicklung von Medizinerinnen. SIEVERDING kommt dabei zu dem Ergebnis, dass sich die Berufseinstellung von Medizinstudentinnen im Verlauf ihres Studiums im Hinblick auf

Karriere negativ verändert. Dabei spielen neben diskriminierenden krankenhausspezifischen Erfahrungen auch individuelle psychologische Veränderungsprozesse eine Rolle. SIEVERDING verweist allerdings ausdrücklich darauf, dass ihre Studie sich ausschließlich mit der Selbsteinschätzung der beobachteten Personen befasst. Das tatsächliche berufliche Verhalten wurde nicht untersucht. SIEVERDING fand heraus, dass die meisten der zu Studienbeginn karriereorientierten angehenden Medizinerinnen am Ende von einer Karriereorientierung Abstand nahmen. Als Ursache erkannte sie dabei weniger innerpsychologische Ursachen, als vielmehr die Wahrnehmung von realen äußeren Barrieren in einem männlich dominierten Berufsfeld (vgl. SIEVERDING 1990: 201). Als weitere Untersuchungen über das Karriereverhalten von Frauen, teilweise mit Bezug zum individuellen biographischen Hintergrund, sind aus den letzten Jahren u.a. die Untersuchung von SAUER-SCHIFFER (2000), SEEG (2000), MEINHOLD (1993) und ERHARDT (1998) zu nennen. SAUER-SCHIFFER behandelt das Leitungshandeln von Frauen in der Erwachsenenbildung. SEEG befasst sich mit dem Karriereverhalten von Frauen in Wirtschaftsunternehmen und an Hochschulen.

Das Karriereverhalten speziell von Sozialarbeiterinnen/ Sozialpädagoginnen untersuchten bereits 1993 MEINHOLD und 1998 ERHARDT. MEINHOLD behandelte schwerpunktmäßig die Einstellung von SA/SP zu Aufstieg und Karriere und die Karrierechancen für Frauen in der sozialen Arbeit. ERHARDT berücksichtigt zwar den biographischen Hintergrund der einzelnen Interviewpartnerin, fragt aber nicht nach der individuellen Sichtweise der Frauen und den damit verbundenen persönlichen Bewertungen. ABELE (1994) untersucht die Karriereorientierungen angehender Akademiker und Akademikerinnen und kommt zu dem Ergebnis, dass die ihr vorliegenden Daten als wichtigstes Ergebnis einen Wertewandel in Richtung auf eine "sanfte Karriere" dokumentieren (vgl. ABELE 1994: 114). Dies bedeutet, dass die intrinsische Karrieremotivation der befragten AkademikerInnen beruflichen Erfolg und Vorwärtskommen impliziert, gleichzeitig aber eine hohe Affinität bezüglich Familie, Spaß, Sinn und Verantwortung (vgl. ebd.) aufweist. Zudem zeigt diese Untersuchung, dass das biologische Geschlecht kein geeignetes Kriterium zur Differenzierung der Karriereorientierung (vgl. ebd.: 115) ist. Vielmehr charakterisiert sich der soziale Geschlechtsrollentypus als zentrale Determinante der Karriereorientierung heraus.

GOOS und HANSEN (1999) befassen sich mit von Führungsfrauen in Unternehmen angewendeten Strategien zur Entwicklung eines erfolgreichen beruflichen Lebensweges und kommen zu dem Ergebnis, dass es drei Grundstrategien gibt, die diesen bestimmen. Es handelt sich dabei um die Strategie der individuellen Leistung, eine Integrations- und eine Offensivstrategie, die im Wesentlichen von den Frauen situativ angewendet und miteinander kombiniert werden (vgl. GOOS/ HANSEN 1999: 237) werden.

Die Untersuchung von LEEMANN (2002) befasst sich mit dem Problem der Chancenungleichheiten im Wissenschaftsbereich in der Schweiz und zeigt auf, dass Geschlecht und soziale Herkunft Karrieren beeinflussen. Schlussendlich sollte die Untersuchung von HELGESEN nicht unerwähnt bleiben, die allerdings eher populärwissenschaftlich orientiert, bereits 1990 vier Portraitstudien über Frauen in Führungspositionen beschrieb und damit die Auseinandersetzung um „spezifisch weibliche Qualifikationen" in Gang setzte.

Im Rahmen der hier vorliegenden Untersuchung werden zu den genannten Untersuchungen andere Schwerpunkte gesetzt. Es wird vermutet, dass es nur dann möglich ist, Aussagen über das individuelle Karriereverhalten einer Person zu machen, wenn dabei möglichst viele Faktoren betrachtet werden, die dieses Verhalten, das im Rahmen eines lebenslangen Entwicklungsprozesses entstanden ist, beeinflusst haben.

Im Mittelpunkt dieser Untersuchung steht somit die Frage nach individuellen biographischen Entwicklungen, die das Karriereverhalten der Frauen beeinflusst haben können.

2.2 Individualisierung und Geschlecht

Karriereverläufe von Menschen sind immer im Zusammenhang zu sehen mit ihren individuellen Lebensumständen, sowohl in der Vergangenheit als auch in Bezug auf antizipierte Zukunftsperspektiven. Dieser unmittelbare Zusammenhang macht es nötig, sowohl den individuellen biographischen Hintergrund der einzelnen Person zu betrachten, als auch den gesamtgesellschaftlichen Zusammenhang, in den diese Biographien eingebettet sind. Mittlerweile hat sich der Begriff der Individualisierung (BECK 1986) als neue Form der Vergesellschaftung des Einzelnen in der modernen Gesellschaft etabliert. BECK beschreibt drei Dimensionen der Individualisierung:

> „*Herauslösung*[1] aus historisch vorgegebenen Sozialformen und -bindungen im Sinne traditioneller Herrschafts- und Versorgungszusammenhänge (Freisetzungsdimension)
> *Verlust von traditionellen Sicherheiten* im Hinblick auf Handlungswissen, Glauben und leitende Normen (Entzauberungsdimension) und
> eine *neue Art der sozialen Einbindung* ('Kontroll- bzw. Reintegrationsdimension')" (BECK 1986: 206)

Für Frauen bedeuten die drei o. g. Aspekte zum einen, dass alte Leitbilder, wie z.B. die Versorgerehe der 50er Jahre, nicht mehr existieren. Weiterhin ist die Normvorgabe der ‚guten Mutter', die sich für Kinder und Familie aufopfert, nicht mehr relevant, da mittlerweile auch Berufstätigkeit von Müttern gesellschaftlich akzeptiert ist. Damit einher gehend ver-

---
[1] Im Original kursiv gesetzt.

bindet sich die Integration in den Arbeitsmarkt mit möglicher Vollzeitberufstätigkeit und Aufstiegschancen, aber auch dem gleichzeitigen Risiko von Arbeitsplatzverlust und Erwerbslosigkeit. Die Herauslösung von Individuen aus traditionellen Klassenbindungen und Versorgungsbezügen der Familie und den Verweis auf sich selbst, sein individuelles Arbeitsmarktschicksal mit allen Risiken, Chancen und Widersprüchen stellt Männer wie Frauen vor die Aufgabe, ihren Lebenslauf selbst zu gestalten. Während KOHLI dies bereits 1978 als

> „... Auflösung der bisher institutionalisierten Verlaufsmuster des Lebens - vor allem, was die sequentielle Ordnung des Lebenslaufs betrifft, d.h. eine Situation, die nach eigenständiger biographischer Orientierung verlangt". (KOHLI 1978: 83/ 85)

charakterisiert, bezeichnet BECK 1986 dies als völlig selbstständige und individuelle gestaltbarte Handlungsnotwendigkeit:

> „Die Biographie der Menschen (ist) aus vorgegebenen Fixierungen herausgelöst, offen, entscheidungsabhängig und als Aufgabe in das Handeln jedes einzelnen gelegt." (BECK 1986: 216)

BECKS und KOHLIS Aussagen deuten an, dass es für alle Menschen zunehmend mehr Spielräume bei der biographischen Gestaltung ihres Lebens geben wird, die von jedem Individuum individuell genutzt werden müssen. Wenn nun die Normalbiographie zur Wahlbiographie wird (vgl. BECK/ BECK-GERNSHEIM 1994: 13), können Menschen sich nicht mehr an festgelegten Vorgaben orientieren, sondern müssen ihre Biographie selbst planen.

Für Frauen bedeutet dies, dass jede Einzelne für sich spezifische individuelle Kompetenzen dafür entwickeln muss. TIMMERMANN sieht für die Entwicklung dieser individuellen Kompetenzen einen engen Zusammenhang mit gesellschaftlichen Erwartungen und individuellem Geltungsanspruch (vgl. TIMMERMANN 1998: 19). Für die einzelne Frau bedeutet das, dass sie sich nicht nur mit den tradierten Wertvorstellungen ihrer Herkunftsfamilie auseinander setzen und in Abgrenzung dazu ihren eigenen Weg finden muss, sie gerät zudem auch in einen permanenten Rechtfertigungszwang, wenn ihre individuelle Lebensplanung maßgeblich von diesen Vorstellungen und gesellschaftlichen Normen abweicht. Auch in Partnerbeziehungen ergeben sich Probleme, wenn unterschiedliche Erwartungen aufeinander prallen. Zudem wird die Verantwortung für die Versorgung der Familie und die Kindererziehung immer noch der Frau zugerechnet. Dies führt nicht selten zu Konflikten, wenn eine Frau eine berufszentrierte Lebensplanung verfolgt, auf Kinder aber nicht verzichten möchte.

Dies bestätigt auch die Untersuchung DIEZINGERS von 1991 zum Thema ‚weibliche Individualisierung'. Sie zeigt auf, dass Erwerbsarbeit ein wichtiger Baustein weiblicher Biographien und weiblicher Identität ist, dass diese Anpassung an die Arbeitsmarkt-Individualisierung aber gebremst wird durch die Tatsache dass: „Frauen zwar aus der ehelichen bzw. familialen Versorgung freigesetzt werden, nicht jedoch aus der Verantwortung für die private Alltags- und Erziehungsarbeit" (DIEZINGER 1991: 24). Damit sind Frauen gefordert, beide Bereiche gegeneinander auszubalancieren, was zur Folge hat, dass sie ständig auf der Suche nach Kompromissen sind, die ihren persönlichen Anspruch auf erfüllende berufliche Selbstverwirklichung einerseits zulassen, gleichzeitig aber auch Familie und Mutterschaft ermöglichen; Es sei denn, sie verzichten auf letzteres und konstruieren eine ausschließlich auf Arbeitsmarktorientierung ausgerichtete Lebensplanung. Versuchen Frauen Familie und Beruf zu vereinbaren, bedeutet dies gleichzeitig die Suche nach neuen Partnerschaftsmodellen, nach individuellen Arrangements und die Veränderung traditioneller Beziehungsgefüge. Somit zieht es die Individualisierung sozialer Beziehungen nach sich, wobei an dieser Stelle auffällig wird, dass diese Prozesse von Frauen initiiert werden müssen, wenn sie Familie und Beruf vereinbaren wollen. DIEZINGER deutet an, dass „...das herrschende Beziehungsmodell durch ein ‚harmonisches Ungleichgewicht' zwischen Mann und Frau gekennzeichnet ist" (ebd. S. 29), was zur Folge hat, dass Frauen überhaupt erst über Optionen verfügen müssen, die eine neue Qualität von sozialen Bindungen ermöglichen (ebd.). Somit sieht Diezinger im Unterschied zu BECK explizit für Frauen zwei unterschiedliche Formen der Individualisierung, zum einen die „gesellschaftlich dominante Arbeitsmarkt-Individualisierung", zum anderen die „geschlechtsspezifische kontrollierte Individualisierung" (ebd.: 30).

„Individualisierung von Frauen bedeutet zum einen die veränderte Einbindung in Erwerbsarbeit und Familie(narbeit) und zum anderen Veränderbarkeit des ‚Lebenszusammenhangs', d.h. des Verhältnisses der beiden Lebensbereiche zueinander. Die Gewichtungen, die im individuellen Lebensplan Beruf und Familie erhalten, können sich lebensphasenspezifisch ändern, die Balance von Optionen und Ligaturen sich jeweils zu neuen Lebenschancen austarieren."
(ebd.: 31)

Veränderungsmöglichkeiten sind zum einen immer zu sehen als Chance, bestehende Missverhältnisse zu verändern. Sie sind aber gleichzeitig auch potenzielle Verpflichtungen, denn ohne aktive Teilhabe des Individuums an diesen Prozessen findet auch keine Veränderung statt! Für Frauen bedeutet somit die Bewältigung der Anforderungen des Individualisierungsprozesses auch die konkrete Auseinandersetzung mit dem Begriff der „doppelten Vergesellschaftung" (vgl. BECKER-SCHMIDT 1987, KNAPP 1990) im weiblichen Lebenszusammenhang. Doppelte Vergesellschaftung bedeutet, dass Frauen durch Familien und Erwerbsarbeit unterschiedlichen Anforderungen und Handlungsmöglichkeiten unterworfen sind (vgl. DIETZINGER: 37), d.h. es geht um die doppelte Vergesellschaftung von Arbeitskraft. Auch wenn Frauen sich entscheiden, Erwerbsarbeit und Familienarbeit gleichwertig nebeneinander zu stellen, verbleibt bei ihnen dennoch die höhere Verantwortlichkeit für den reibungslosen Ablauf der Familienlogistik. BECKER-SCHMIDT sieht in diesem Ansatz insbesondere das weibliche Geschlecht als benachteiligt an. Ausgehend von einer grundlegenden Ambivalenz der gesellschaftlichen Lage von Frauen in der kapitalistischen Gesellschaft, bewertet sie diese als vorrangig fremdbestimmt, während dies für Männer nicht in gleicher Weise gelte. Diese seien sehr viel eindeutiger vom Primat des Erwerbslebens geprägt (vgl. BECKER-SCHMIDT 1987: 23f.). Das heißt letztendlich nicht, dass Männer nicht bereit sind reproduktive Tätigkeiten in Familie und Haushalt mit zu übernehmen, im Gegensatz zu Frauen, wird ihnen aber im Rahmen der normativen Rollenerwartung mehr Handlungsautonomie im Sinne von Gestaltungsfreiheit der eigenen Alltags- (Lebens-) Planung zugestanden (vgl. DIETZINGER 1991: 39). Zudem erweisen sich

> „Geschlechtsstereotype (als) (...) ideologische Legitimation der Arbeitszuweisung (...). Die Arbeitsanforderungen und normative Verhaltenserwartungen an die Hausfrau, Ehefrau und Mutter werden psychologisiert, zu Charaktermerkmalen und Persönlichkeitszügen von Frauen umdefiniert. Nicht : So sollte sich eine Hausfrau verhalten, sondern: jede Frau ist so. Stereotype bestimmen das ‚Wesen der Frau' umfassend - was außerhalb liegt, gilt als unweiblich'. Sie müssen jedoch nicht mit der Lebensrealität der Frau übereinstimmen (...)" (ebd.)

Wie aber sieht die heutige Lebensrealität von Frauen aus? Familie und Berufstätigkeit, ggf. sogar Karriere sind für Frauen nicht mehr unvereinbar. Dennoch stellt sich die Frage, wie lassen sich diese beiden Lebensentwürfe kombinieren, bzw. realisieren? Das verlassen des Weges der traditionellen Familienorientierung, nicht nur in Richtung paritätischer Berufstätigkeit, sondern auch in Bezug auf eine mögliche Karriereorientierung verlangt von ihnen nicht nur die Auseinandersetzung mit dem herkömmlichen Lebenslaufmodell, sondern auch absolut individuelle Gestaltungsfreiheiten und -möglichkeiten im privaten Beziehungsbereich. WOHLRAB-SAHR beschreibt die Folgen dieses Prozesses als neue Form von „Kontinuität und Diskontinuität" (WOHLRAB-SAHR 1993: 73) im weiblichen Berufsverlauf,

> „... die bisher als 'normal' betrachtete Form weiblichen Berufsverlaufs mit einander abwechselnden Phasen von Berufstätigkeit und Berufsunterbrechung verliert (demgegenüber) an Bedeutung. (...) Damit wird die alte Gestalt des in Phasen unterteilten Erwerbsverlaufs von Frauen abgelöst durch eine Vielzahl berufsbiographischer Varianten, mit denen sich meist auch charakteristische Konstellationen von beruflicher Einbindung und privater Lebensform verbinden." (ebd.)

Folgende Tabelle soll dieses verdeutlichen:

Lebenslaufmodell		Arbeitszeit	Lebensform
Kontinuitätsmodell	a) Karriere	Vollzeit	Alleinstehend/ Dual career couples/ Oft kinderlos
	b) Parallelführung	Meist Vollzeit/ Teilw. Teilzeit	Familie/ Kinder/ Geschiedene/ Alleinerziehende
Phasenmodell	a) 2-Phasen-Modell		Familie/ Kinder
	b) 3-Phasen-Modell	Vollzeit/ Häufig Teilzeit	Familie/ Kinder/ Geschiedene/ Alleinerziehende
Diskontinuitätsmodell	"altes Modell": gelegentliche Beschäftigung	geleg. Vollzeit oder regelm. geringfügig beschäftigt	Familie/ Kinder
	"neues Modell": Zeitarbeit etc.	Vollzeit	Alleinstehende/ Geschiedene/ Kinderlose

(Quelle: WOHLRAB-SAHR 1993: 74)

Das Kontinuitätsmodell beschreibt weibliche Erwerbstätigkeit als a) Karriere, das heißt eine rein berufliche Orientierung in Vollzeit, die mehrheitlich von Singles, oder kinderlosen Paaren, von denen beide Partner eine überdurchschnittliche Arbeitsorientierung aufweisen, betrieben wird, oder b) eine Parallelführung von Familie und Berufstätigkeit, meist in Voll- gelegentlich in Teilzeit, in der alle Formen familialer Lebensführung möglich sind.

Im 2- Phasenmodell findet sich die traditionelle weibliche Biographie der 60er Jahre wieder, in der Frauen zwar eine berufliche Ausbildung hatten, sich aber nach Familiengründung ausschließlich der Familie zuwandten und der Mann als Alleinverdiener den Lebensunterhalt bestritt. Das 3-Phasenmodell ist dazu parallel zu betrachten. Es beschreibt, dass Frauen wieder eine Berufstätigkeit aufnehmen, meistens in Teilzeit, gelegentlich auch in Vollzeit, wenn die Kinder aus dem betreuungsintensiven Alter heraus sind. Diese Art der Lebensgestaltung ist bewusst und einvernehmlich geplant, kann aber auch erforderlich werden, wenn Veränderung des familiären Beziehungsgefüges (Trennung oder Scheidung der Partner) eintreten.

Das Diskontinuitätsmodell beschreibt eine gelegentliche Vollzeit oder eine regelmäßige geringfügige Beschäftigung der Frau im Sinne des ‚Zuverdienens' (altes Modell). Es trifft zu für Frau, die in einer gesicherten Versorgerehe mit Kindern leben. Im Gegensatz dazu steht das ‚neue Modell' weiblicher Berufstätigkeit der allein stehenden, kinderlosen Singlefrau, die in Vollzeit ihren Lebensunterhalt alleine verdienen muss und dafür alle vorhandenen Optionen nutzt.

All diese pluralisierten Lebens- und Erwerbsarbeitsformen existieren in der heutigen Gesellschaft parallel nebeneinander. Das heißt Frauen in der heutigen Gesellschaft nutzen alle vorhandenen Optionen, dennoch stellt sich die Frage, woran sich Frauen orientieren, bzw. ob und welchen Leitbildern sie folgen und wie sie diese ‚biographischen Unsicherheiten' (WOHLRAB-SAHR 1993) kompensieren.
GEISSLER/ OECHSLE haben in ihrer Studie über die Lebensplanung junger Frauen festgestellt, dass

> „... zwar die doppelte Lebensführung zum neuen Leitbild für Frauen geworden ist, dass es dafür jedoch kein ausgearbeitetes biographisches Modell gibt, keine gesellschaftlich sanktionierte Abfolge von Lebensphasen und Übergängen im Lebenslauf, insbesondere fehlt jede institutionelle Absicherung der Vereinbarung von Familie und Beruf, der doppelten Lebensführung." (GEISSLER/ OECHSLE 1996: 30)

Die vermeintliche Chance der doppelten Lebensführung, gebunden und doch unabhängig zu sein, ist gleichzeitig mit hohen Anforderungen verbunden. Ob und auf welche Weise sie sich realisieren lässt, hängt ab von Handlungskompetenzen bezüglich der eigenen Lebensplanung.

> „Die Fähigkeit zur Lebensplanung, verstanden als Bilanzierung der bisherigen Biographie, als Exploration objektiver Chancenstrukturen, als Evaluation der eigenen Ressourcen und als Antizipation möglicher Alternativen in der Zukunft, wird damit zu einer wichtigen Ressource im Prozess der Modernisierung weiblicher Lebensführung." (GEISSLER/ OECHSLE 1990: 186)

Zudem sind sie abhängig von individuellen sozialen und ökonomischen Ressourcen und orientieren sich an „kulturellen Mustern von Weiblichkeit und weiblicher Lebensführung" (OECHSLE 1998: 186).

2.3   Leitbilder weiblicher Lebensplanung

In ihrer Studie zur Lebensplanung junger Frauen (1996) haben GEISSLER/ OECHSLE festgestellt, dass sich insbesondere junge Frauen an Leitbildern orientieren, die für ihr biographisches Handeln relevant sind und wichtige Orientierungspunkte für ihr Selbstverständnis darstellen. Diese Leitbilder sind keineswegs einheitlich, sondern

„... heterogen und widersprüchlich, traditionelle Leitbilder wie das der guten Mutter stehen neben den anderen, die das Moment der Verselbstständigung und der Individualisierung in der Lebensführung betonen." (ebd.)

In diesem Zusammenhang ist zu untersuchen, welchen Leitbildern Frauen in Führungspositionen gefolgt sind bzw. folgen. Dafür soll kurz der Begriff des Leitbildes, wie OECHSLE ihn versteht und der für diese Untersuchung übernommen wird, erläutert werden.

„Leitbilder formulieren Vorstellungen vom richtigen Handeln, einer angemessenen Lebensführung, sie sind 'normativ aufgeladen', sind aber keineswegs mit Normen gleichzusetzen. Es sind Vorstellungen vom richtigen Leben, die *bildhaft verdichtet*[2] sind. Sie produzieren Bilder von bestimmten Situationen, davon, wie ein richtiger Mann, eine richtige Frau, eine gute Mutter in diesen Situationen handelt; in diesem Sinne sind sie handlungsleitend." (ebd. : 187)

Die Widersprüchlichkeit der heutigen Leitbilder junger Frauen lassen sich insbesondere an zwei Lebensbereichen festmachen, der Gestaltung der Partnerbeziehung und der Vereinbarkeit von Familie und Beruf. Für diese Untersuchung ist der Bereich Familie und Beruf von besonderem Interesse, da die vorgegebene Thematik noch einen Schritt weiter geht und das Karriereverhalten von Frauen untersucht. Als Hintergrund verlangt dies gleichsam die Betrachtung welche Leitbilder in der Sozialisation dieser Frauen eine Rolle spielen können.

Das traditionelle Familienmodell beschreibt den Typus der abhängigen Hausfrau und Mutter, die allein für Erziehung der Kinder und die reibungslose Erledigung reproduktiver Tätigkeiten als Gewährleistung eines harmonischen Familienlebens zuständig ist. Die Frau übernimmt für das Wohlergehen der Familie die Verantwortung, die Rollenzuschreibungen innerhalb der Familie sind klar definiert (vgl. dazu auch Kap. 2.1). Dieses Modell enthielt zwar wenig Freiräume für individuelle Lebensgestaltung, Vorteil war aber hierbei, dass keine Unsicherheiten entstanden und somit auch kein Planungszwang, die eigene Biographie zu gestalten. Die einsetzende Modernisierung der Lebensführung von Frauen zeigte sich „im Niveau der Bildungs- und Erwerbsbeteiligung ebenso, wie im Wandel der Partnerschafts- und Familienstrukturen" (ebd.: 20). Diese Veränderungen bewirkten nicht nur die Vergrößerung der Gestaltungsspielräume, sie zogen auch eine Umbewertung des traditionellen Modells nach sich, gaben aber gleichzeitig keine neuen Orientierungsmuster, da das Leitbild der berufstätigen Mutter, das Familie und Beruf miteinander kombiniert zunächst noch recht diffus war. Dennoch resultierte daraus ein neues Selbstverständnis von Frauen auch in Bezug auf neue berufliche Interessen und Handlungsweisen, die

---

[2] Im Original kursiv

„eine wesentliche Ursache ihrer Arbeitsmarktintegration (darstellen) so wie umgekehrt den Zugang zu Ausbildung und eigenem Einkommen (...) (als) für ein neues Verhältnis der Geschlechter und für neue Familienformen (legen)" (ebd.).

Geht man davon aus, dass die Phase der Adoleszens u. a. gekennzeichnet ist durch die kritische Reflektion familiärer Werte und die Abgrenzung gegen vorgelebte Handlungsmodelle, so wird deutlich, dass insbesondere das Verhalten (Modell) der Mutter für junge Mädchen auf dem Prüfstein steht, in Bezug auf eigene zukünftige Lebensgestaltung.

„Unabhängig davon, welche künftige Lebensform in Erwägung gezogen wird, ist der Übergang in den Erwachsenenstatus für junge Frauen unausweichlich damit verbunden, über kurz- oder längerfristige Lebensziele, über das Verhältnis von Autonomiebestrebungen und Bindungen, über Partnerbeziehung und die Arbeitsteilung zu reflektieren. Sie müssen sich mit ihrer beruflichen Perspektive auseinandersetzen, die Familiengründung planen sowie mit dem Partner die künftige Lebensform der Familie aushandeln. Damit sind Wahlmöglichkeiten gegeben und Handlungsspielräume eröffnet, die Frauen früher nicht offen standen" (ebd.: 21).

Diese Herauslösung aus traditionellen Vorgaben, wie sie auch BECK (vgl. Kap. 2.1) beschreibt, verlangt somit neue Kompetenzen in der eigenen Lebensplanung und das Finden individueller Lösungen. Diese können aber nur erworben werden, indem herkömmliche Modelle überprüft werden. Stellt sich für junge Frauen nun die Frage nach der Vereinbarkeit von Familie und Beruf, so steht diese in engem Zusammenhang mit den Leitbildern der ‚guten Mutter' und dem der ‚selbstständigen Frau'. GEISSLER und OECHSLE (1996) fanden heraus, dass das Leitbild der ‚guten Mutter' viele Überlegungen in Bezug auf die Familienplanung nach sich zieht, und besonders in der Zeit nach der Geburt des ersten Kindes eine Rolle spielt.

„Eine gute Mutter sein bedeutet, Zeit für das Kind zu haben, sich ihm individuell zuzuwenden und es zu fördern; dieses Leitbild schließt eine Fremdbetreuung aus und impliziert eine mehrjährige Berufsunterbrechung der Mütter." (OECHSLE 1998: 190)

Die Frauen nehmen damit in dieser ersten Familienphase in Kauf, sich in materielle (evtl. auch soziale) Abhängigkeit zu begeben und leben damit ein Modell, das einer „modernisierten Versorgerehe" (PFAU-EFFINGER/ GESSLER 1992) entspricht. Sie glauben, sich auf einem bis zu dem Zeitpunkt der Familiengründung erarbeiteten beruflichen Qualifikations- bzw. Kompetenzpolster ausruhen zu können, von dem sie annehmen, dass es für einen späteren beruflichen Wiedereinstieg reicht. Diese doppelte Lebensplanung mit dem Leitbild der guten Mutter basiert auf eigenen biographischen Erfahrungen, in denen meistens das Vorbild der eigenen Mutter sehr ambivalent erlebt wurde. Auf der einen Seite wurde die ständige Verfügbarkeit der Mutter als positiv empfunden, andererseits ist die Aufgabe des ‚eigenen Lebens' für das ‚Dasein für andere' aus heutiger Sicht nicht mehr anstrebenswert (vgl. ebd. 191).

Das Leitbild der *selbstständigen Frau* enthält als wichtigstes Bestimmungsmoment die materielle und soziale Unabhängigkeit. Dies impliziert eine qualifizierte Berufstätigkeit mit eigenem Einkommen und der durch die berufliche Kompetenz gewonnenen Anerkennung; aber auch als Elemente einer autonomen Lebensführung eigene Freunde, eine eigene Wohnung und Zeit für sich selbst (vgl. ebd. S.192). Wie die Untersuchung von GEISSLER/ OECHSLE (1996) zeigt, hat dieses Leitbild aber nur für eine kurze Phase des frühen Erwachsenenalters bis zur Familiengründung Bedeutung. Ist die Entscheidung für ein Leben mit Kindern gefallen, lässt sich dieses Leitbild nicht mehr mit dem Bild der guten Mutter vereinbaren, das dann wieder zunehmend an Bedeutung gewinnt. Auch eine zu einem späteren Zeitpunkt wieder aufgenommene Teilzeitberufstätigkeit ändert daran nichts.

„Die 'selbstständige Frau' steht als Leitbild über der Phase des jungen Erwachsenenalters vor der Familiengründung; das Leitbild der 'guten Mutter' strukturiert die Lebensführung in der Familienphase mit kleinen Kindern." (OECHSLE 1998: 192)

Frauen mit berufszentrierter Lebensplanung sehen eine kontinuierliche und qualifizierte Vollzeitberufstätigkeit als Basis für eine Lebensführung als selbstständige Frau. Für sie besitzt dieses Leitbild auch über den Zeitpunkt der Familiengründung hinaus durchgehende Relevanz. Die Realisierung dieser Einstellung wirft aber im gleichen Atemzug Probleme auf, die die gesamte Widersprüchlichkeit der einseitigen Modernisierung weiblicher Lebensführung auf den Punkt bringen - wie ist ein selbstbestimmtes Leben zu verbinden mit dem ‚Dasein für andere', also dem Leitbild der guten Mutter oder führt die Sorge für andere zwangsläufig zu ökonomischer bzw. sozialer Abhängigkeit von einem Ehepartner (vgl. ebd.: 192). Der hier beschriebene Konflikt scheint mit Ausnahme des Versuchs, die Phase der Familiengründung auf einen späteren Zeitpunkt zu verschieben, als unlösbar. Es gibt aber auch Versuche, die beschriebenen Leitbilder um- bzw. neu zu definieren. Dabei wird die Sorge für die Familie eher als ‚psychologische Fähigkeit' definiert und der Anspruch einer ständigen räumlichen und zeitlichen Verfügbarkeit zurückgewiesen. Das impliziert z.B. die Möglichkeit der frühen Fremdbetreuung und die Weiterführung von Berufstätigkeit. Kinder werden hierbei als eigenständige Wesen betrachtet und ihre Mütter definieren sich selbst ebenso. Dies veränderte Leitbild findet sich im Typus der individualisierten Lebensplanung. Frauen, die diesen Weg gehen, sehen keinen Widerspruch gleichzeitig dem Leitbild der guten Mutter und der selbstständigen Frau zu entsprechen. Im Gegenteil, für sie ist nur eine selbstständige Frau auch eine gute Mutter (vgl. ebd.: 193). Dies funktioniert allerdings nur dadurch, dass das Leitbild ‚selbstständige Frau' ebenfalls anders definiert wird. Berufstätigkeit und materielle Unabhängigkeit vorausgesetzt, wird hier wirkliche Autonomie in der Lebensplanung nicht über die Übernahme des männlichen Modells einer berufszentrierten Lebensführung erreicht, sondern orientiert sich an „einer gesellschaftlichen Utopie, in der die Relation der verschiedenen Lebensbereiche qualitativ neu gestaltet wird" (ebd.). Ziel ist hier nicht nur die einseitige Modernisierung des weiblichen Lebenszusammenhangs, sondern eine Neubestimmung des Geschlechterverhältnisses im Ganzen, herausgelöst aus der privaten und individuellen Lebenswelt und damit definiert als ein ungelöstes gesellschaftlich-strukturelles Problem (vgl. ebd.). Anzumerken bleibt hier, dass diese Handlungsweise sich nur auf einen kleinen Teil der Frauen beziehen kann und damit nahezu elitären Charakter annimmt. Es steht zu vermuten, dass es sich hierbei um einen Kreis von Frauen mit höherem Bildungsstand und ggf. akademischer Qualifikation handelt.

Die Zielgruppe dieser Untersuchung, Sozialarbeiterinnen in Führungspositionen, gehört diesem Kreis an. Aus diesem Grund wird es interessant sein zu untersuchen, ob die Frauen ihre Karriere im Rahmen einer individualisierten Lebensplanung verfolgt haben und welche Leitbilder sie dieser Planung zu Grunde legen. Da aber Frauen unterschiedlicher Generationen befragt wurden, kann es sein, dass hier kein einheitliches Bild Zustande kommt.

Daraus ergeben sich folgende Thesen:

- Sozialarbeiterinnen in Führungspositionen weisen eine berufszentrierte Lebensplanung auf, die sich aber nicht am männlichen Biographiemodell orientiert; die individuelle Ausgestaltung dieser berufszentrierten Lebensplanung ist abhängig von den individuellen Rahmenbedingungen und Ressourcen.
- Sie impliziert unterschiedliche Leitbilder weiblicher Lebensführung, die vermutlich auch von der Zugehörigkeit zu unterschiedlichen Generationen abhängen.
- Wenn Frauen sich vorrangig arbeitsmarktorientiert verhalten und ausschließlich ihre persönlichen Aufstiegschancen im Blick haben, verzichten sie auf Familie und Kinder.
- Frauen, in diesem besonderen Fall Sozialarbeiterinnen mit Karrierepositionen, haben zudem männliche Domänen erobert und begeben sich damit in Bereiche, die sie zwar nicht durch die Berufswahl aus dem ‚typisch männlichen bzw. typisch weiblichen' Kategoriensystem heraushebt, sondern vor allem durch den diesen Positionen zugeordneten Status und der damit verbundenen Macht.

2.4 Führungstheorien, Führungspositionen und Karriere

Die Ausgestaltung der Untersuchung, Sozialarbeiterinnen in Führungspositionen zu finden, die für eine Untersuchung bezüglich ihres Karriereverlaufs zur Verfügung stehen würden, erwies sich anfänglich als problematisch.
Da der Begriff ‚Karriere' mit ambivalenten Zuschreibungen belegt ist, bezeichnen Frauen ihre berufliche Stellung in Führungspositionen und ihren beruflichen Aufstieg eher selten als Karriere. Einerseits bedeutet ‚Karriere machen' möglicherweise Einschränkung und Verzicht in anderen Lebensbereichen als Konsequenz von ‚Karriere'. Auf der anderen Seite sind mit ‚Karriere' Begriffe verbunden wie ‚Verantwortung', ‚Entscheidungsfreiheit', ‚Gestaltungsmöglichkeiten' etc. (vgl. z.B. ROSENSTIEL/ STENGEL 1987). Möglicherweise gibt es auch geschlechtsspezifische Unterschiede, wie der Begriff Karriere bewertet wird.
Um ein möglichst breites Untersuchungsfeld zu öffnen, sollen die Begriffe ‚Führung', ‚Führungsposition' und ‚Karriere' deshalb für diese Untersuchung spezifiziert werden. Auf dieser Grundlage wird im Anschluss daran eine eigene Definition versucht werden, die die Auswahl der Interviewpartnerinnen begründet.

Reinhold definiert aus soziologischer Perspektive Führung als:

> „... eine soziale Beziehung, bei der es eine Über- und Unterordnung derart gibt, dass eine Person gegenüber einer anderen oder mehreren anderen verhaltensbestimmend wird." (REINHOLD 1991: 177)

Diese Definition ist sehr weit gefasst und soll deshalb anhand der folgenden eingegrenzt werden. Führung wird hier für den Bereich der Wirtschaft beschrieben als

> „... eine an betrieblichen Zielen und Sachaufgaben sowie an Mitarbeiterqualifikation und –bedürfnissen orientierte Steuerung und Beeinflussung des Verhaltens von Mitarbeitern". (BÜDENBENDER/ STRUTZ 1996: 144)

Für den Bereich der Sozialen Arbeit lassen sich ‚betriebliche Ziele und Sachaufgaben' interpretieren als einerseits Dienstleistungen (Hilfe) für das Klientel und andererseits als interne Weisungen der Verwaltung, gebunden an politische und organisatorische Vorgaben. In diesem Sinne bietet es sich an, eine weitere Unterteilung zuzunehmen. Führung in Betrieben hat eine strukturell-organisatorische und eine personell-interaktive Dimension (vgl. ebd. S. 144). Strukturell-organisatorisch meint in diesem Sinne angepasst an betriebliche Rahmenbedingungen wie Führungsphilosophie, Personalentwicklungsplanung etc. Mit personell-interaktiv ist das konkrete Zusammenspiel zwischen Führungskraft und

Mitarbeitern gemeint: das Führungsverhalten des Vorgesetzen und die Umsetzung seiner Führungsaufgaben, Führungsstil etc.
Rosenstiel definiert Führung als „zielbezogene Einflussnahme auf Mitarbeiter" (ROSENSTIEL 1991: 3) und unterscheidet dabei die Führung durch Strukturen und Führung durch Personen (vgl. ebd.). Führung durch Strukturen meint, dass das Verhalten von Mitarbeitern in Organisationen dadurch beeinflusst wird, dass vorgegebene Regeln ihre Aktivitäten steuern und koordinieren. Es existieren Organigramme, Stellenbeschreibungen und Verhaltensvorschriften. Diese Definition lässt sich auch auf Führung im Öffentliche Dienst anwenden. Vorgesetzte müssen hier eingreifen, wenn Regelverletzungen auftreten, Organisations- oder Koordinationsaufgaben anstehen. Gleichzeitig ist durch diese Vorgaben der Entscheidungsspielraum und die Kreativität der Mitarbeiter erheblich beschnitten. Führung durch Personen meint Vorgesetzte, die auch im Rahmen der Vorschriften die direkte Kommunikation zu ihren Mitarbeitern suchen und diese im Sinne ihres persönlichen Führungsstils anleiten.

Führungspositionen sind in Unternehmen auf verschiedenen Ebenen zu finden. Im Öffentlichen Dienst in Städten und Gemeinden gliedern sich Führungspositionen in aufsteigender Reihenfolge in StellenleiterIn, AbteilungsleiterIn, AmtsleiterIn (o. ReferatsleiterIn), DezernentIn, OberstadtdirektorIn. Dabei vertritt in der Regel die nächst niedrigere Position die nächst höhere. Besetzt werden diese Positionen nach verschiedenen Kriterien. Berücksichtigt werden u. a. Ausbildung/ Qualifikation, Dienstalter, und ggf. Parteizugehörigkeit. Mit der jeweiligen Position ist ebenfalls eine finanzielle Einstufung verbunden, die wiederum an die Qualifikation gekoppelt ist. Aufgestockt wird dieses Gehalt durch festgelegte Orts-, Familienstands- und Alterszuschläge, die in regelmäßigen Abständen angepasst werden. BAT IV a gilt in der Regel als die höchste Gehaltsstufe für eine Sozialarbeiterin mit Fachhochschulabschluss ohne universitäre Zusatzqualifikation. Sozialarbeiterinnen, die höher eingestuft sind, haben entweder eine höhere Qualifikation zusätzlich zum Fachhochschuldiplom, waren schon höher dotiert, bevor sie ihre Stelle im öffentlichen Dienst angetreten haben oder sind durch spezifische Zusatzklauseln in ihren Arbeitsverträgen so eingestuft. Diese sind aber eher die Ausnahme. Bei freien Trägern hängt die Einstufung auch von organisationsinternen Faktoren ab, dabei können Arbeitsbereiche in denen SozialarbeiterInnen tätig sind generell anders, auch höher dotiert sein als anderswo. Dies ist auch abhängig von den finanziellen Möglichkeiten des einzelnen Trägers.
Die Aufgaben von MitarbeiterInnen in Führungspositionen sind unterschiedlich. Grundsätzlich haben diese MitarbeiterInnen aber Personalverantwortung und sind weisungsbefugt, zumindest für ihre Organisationseinheit (vgl. BÜDENBENDER 1996: 148f.). Sie vertreten ihre unterstellte Gruppe nach Außen und gegen andere Abteilungen und sind

verantwortlich für die ordnungsgemäße Umsetzung von Gesetzen und Verordnungen.

Sozialarbeiterinnen findet man aber nicht nur in den der öffentlichen Verwaltung, sondern auch als Leiterinnen von Kindertagesstätten/ Kindergärten, Altenheimen o. –zentren, als Frauen-/ Gleichstellungsbeauftragte, Leiterinnen von größeren sozialen Vereinen o. Verbänden, Referentinnen, in Betrieben in Personalabteilungen, in Unternehmensberatungen, in Koordinations- oder Stabstätigkeiten, etc. Man findet sie also auch in Bereichen, in denen man Sozialarbeiterinnen auf den ersten Blick nicht vermutet. Um den Spielraum für diese Untersuchung zu erweitern wird der ausgewählte Personenkreis deshalb nicht nur über die Begriffe Führung und Führungsposition definiert. Der Begriff Karriere dient als weitere Differenzierungsmöglichkeit. Karriere wird beschrieben als

„... erfolgreicher beruflicher Aufstieg, verbunden mit Beförderung, wachsendem Ansehen und Einfluss sowie wachsendem Können und Sachkenntnis. Es handelt sich um einen kontinuierlichen Wachstumsprozess. Als 'karriereorientiert' wird ein Mensch bezeichnet, der der Realisierung seiner beruflichen Ziele eine sehr hohe Priorität einräumt." (SCHMIDT 1989: 21)

Diese Definition eröffnet für diese Untersuchung die Möglichkeit, alle Frauen in den o. g. Positionen als potenzielle Interviewpartnerinnen zu betrachten. Karriereverlauf und Karriere sollen in dieser Untersuchung also im weitesten Sinne verstanden werden. Gemeint ist hier das Erreichen einer beruflichen Position, die, ausgehend von der Grundqualifikation als Sozialarbeiterin mit Fachhochschulabschluss, sowohl 'normale' Führungs- und Leitungspositionen, wie sie z.B. der Öffentliche Dienst bietet, einschließt, als auch Tätigkeiten beinhaltet, die angelehnt an soziale Arbeitsbereiche durchaus Grenzen zu anderen Berufsfeldern überschreiten.

2.4.1 Karrieremotivation und Aufstiegsorientierung

Karrieremotivation und die Einstellung zum Beruf und zum Berufsaufstieg sind eng miteinander verbunden. Geht man davon aus, dass hinter jeglichem Handeln und jeglicher Zielsetzung eine bestimmte Motivation verborgen ist, bedarf es an dieser Stelle der Klärung des Begriffs Motivation im Zusammenhang mit Karriere.
SEEG (2000) definiert Karrieremotivation folgendermaßen. Sie bezieht sich dabei auf ABELE (1994).

„Die Karrieremotivation ist der Wunsch, hervorragende Leistungen zu erbringen und in Spitzenpositionen der gewünschten Laufbahn vorzudringen. Sie kann mit allgemeiner Leistungsmotivation sowie mit Machtmotivation in Zusammenhang gebracht werden, wobei das Machtmotiv mit dem Streben nach sozialem Einfluss und Prestige gleichgesetzt werden und in ihm der Antrieb für das Leistungsmotiv gesehen werden kann. Die Höhe des Leistungsmotivs kann den Aufstieg bis in mittlere Karrierepositionen vorhersagen, während die Höhe des Machtmotivs den Aufstieg in Spitzenpositionen bestimmt". (SEEG 2000: 49)

Wie aber sieht die Karrieremotivation von Frauen generell aus? Und wodurch wird sie bedingt? Verschiedene Studien in den achtziger und neunziger Jahren zeigen Tendenzen auf, die sich bis heute kaum verändert haben und die besagen, dass es nur wenige geschlechtsspezifische Unterschiede gibt. Laut „Brigitte-Studie" (1988) würden 43% der befragten Frauen gerne Führungsaufgaben übernehmen, Männer und Frauen zeigten kaum Unterschiede bezüglich der inhaltlichen Interessen am Beruf (vgl. ERLER et al. 1988).

Die Studie von LIEBRECHT (1988) mit 400 weiblichen Führungskräften ergab, dass 49% der Frauen langfristige Karriereorientierungen zeigten. Frauen bis 39 Jahre, deren Karriereentschluss aus eigenem Antrieb gefallen war, die in partnerschaftlichen Beziehungen oder alleine lebten, waren noch stärker karriereorientiert (56% - 59%) (vgl. LIEBRECHT 1988).

Auch die Befragung männlicher und weiblicher Nachwuchsführungskräfte von AUTENRIETH, CHEMNITZER und DOMSCH (1993) ergab keine geschlechtsspezifischen Unterschiede (vgl. AUTENRIETH et al. 1993).

MEINHOLD stellte 1998 fest, dass ein genereller Wertewandel hinsichtlich Karriereorientierung und Aufstiegsmotivation stattgefunden hat. Sie konnte aber auch keine geschlechtsspezifischen Unterschiede festmachen, da auch bei Männern der Wunsch sich beruflich weiterzuentwickeln nicht identisch sein muss mit Aufstiegsstreben (vgl. MEINHOLD 1993: 28).

Der Vollständigkeit halber soll an dieser Stelle als weitere Determinante zur Bestimmung der Karriereorientierung die Geschlechtsrollenorientierung erwähnt werden. ABELE (1994) erläutert im Rückbezug auf Studien von BEM (1993/ 1974), SPENCE & Helmreich (1978) aus der Psychologie die Dimensionen "Instrumentalitätsdimension" und "Expressivitätsdimension" (ABELE 1994: 31). Gemeint ist damit die Erfassung der Geschlechtsrollenorientierung einer Person anhand "ihrer Werte auf der Maskulinitäts- (Intrumentalität-) und Feminitäts- (Expressivitäts-) -dimension. Vier Gruppen von Geschlechtsrollen werden benannt:

Vier-Gruppen-Typologie von Geschlechtsrollen (vgl. ebd. S. 33)

	Femininität niedrig	Femininität hoch
Maskulinität niedrig	Undifferenziert	Weiblich typisiert
Maskulinität hoch	Männlich typisiert	Androgyn

- 'undifferenziert' geschlechtsrollenorientierte Personen, weisen bei sowohl traditionell feminin angesehenen Eigenschaften, als auch bei traditionell maskulin bewerteten Eigenschaften niedrige Werte auf
- 'weiblich typisierte' Personen weisen bei den als traditionell feminin angesehenen Eigenschaften besonders hohe, bei den traditionell maskulinen Eigenschaften niedrige Werte auf
- 'männlich typisierte' Personen, weisen bei traditionell maskulin angesehenen Eigenschaften besonders hohe Werte auf, bei femininen Eigenschaften dagegen niedrige Werte
- 'androgyne' Personen weisen in sowohl traditionell maskulin als auch in traditionell feminin bewerteten Bereichen hohe Werte auf. (vgl. ebd.).

Verschiedene Studien, die die soziale Geschlechtsrollenorientierung bei der Untersuchung von Faktoren der Karriere- bzw. Aufstiegsmotivation berücksichtigen (SPENCE & HELMREICH 1978, HARREN et.al. 1979, MARSCHALL & WIJTING 1980, CLAREY & SANFORD 1982, YANICO 1982, WILLIAMS & MC CULLERS 1983, BIERHOFF & KRASKA 1984, SIEVERDING 1990, BETZ et.al. 1990) belegen, dass

> "die Geschlechtsrollenorientierung ein wichtigerer Prädikator für die Berufsorientierung ist als das Geschlecht, (und dass) insbesondere das Ausmaß an maskulin/ instrumentellen Eigenschaften einer Person, bzw. ihre maskuline oder androgyne Geschlechtsrollenorientierung (...) bei beiden Geschlechtern die Karrieremotivation begünstigen " (ebd.: 34).

Da es sich bei der hier vorliegenden Untersuchung um eine Konzeption aus dem Bereich der Biographieforschung und aus sozialpädagogischer Perspektive handelt, soll der Faktor der Geschlechtsrollenorientierung im Rahmen der Untersuchung nur berücksichtigt werden, wenn sich im Auswertungsprozess deutliche Hinweise darauf ergeben.

Ein weiterer Schwerpunkt dieser Untersuchung ist der Bereich der Profession Soziale Arbeit. Alle o. g. Studien beziehen sich nicht auf eine spezifische Berufsgruppe. Es sind Untersuchungen, die sich generell mit der Karriereorientierung von Studentinnen oder berufstätigen Frauen befassen. Welche Faktoren für die Berufsmotivation und die Aufstiegsorientierung in sozialen Berufen eine Rolle spielen, soll im folgenden Kapitel erläutert werden.

2.4.2 Berufsmotivation und Aufstiegsorientierung von Frauen in sozialen Berufen

Befragt man Frauen, warum sie sich für einen sozialen Beruf entscheiden, erfährt man von zweierlei Motivationen, die diese Berufswahl begründen. Zum einen ist es das ‚Helfen wollen', zum anderen der ‚Umgang mit Menschen' (vgl. GILDEMEISTER 1983: 38). Die Motivation des Helfens wird von Männern in sozialen Bereichen auch oft erwähnt. Dennoch suchen sie „in erster Linie Prestige und beruflichen Erfolg, Frauen wollen ihr persönliches Wachstum fördern und einen Beitrag leisten, der auch anderen hilft" (MEIXNER/ MOHNEN-BEHLAU 1991: 102).

Die Motivation der persönlichen Weiterentwicklung lässt sich bei Frauen schon im Studium erkennen. Sie bewerten Lerninhalte nicht allein danach, „inwieweit sie das spätere berufliche Handeln zu fördern versprechen, sondern auch danach, ob sie zum persönlichen Wachstum beitragen" (ebd. 1993: 23). Die Berufswahl wird also (nach GILDEMEISTER 1983) von „postmaterialistischen Wertorientierungen bestimmt, nämlich dem gesellschaftlichen Engagement und den Chancen zur Selbstverwirklichung" (ebd.: 23).

Für den weiteren Berufsweg stellt sich jetzt die Frage, welchen Einfluss die o. g. Motivation auf das Arbeitsverhalten und die Aufstiegsmotivation von Frauen hat. MEINHOLD (1993) stellt fest:

> „Soweit sich im Beruf immaterielle persönliche ‚Entwicklungsziele' verfolgen lassen, wird die berufliche Zufriedenheit groß sein. Andererseits können hohe Erwartungen an den persönlichkeitsbildenden ‚Gewinn' der Berufsarbeit die erforderliche Distanzierung zum eigenen Tun erschweren und das gefürchtete ‚Ausgebrannt-Sein' bewirken." (ebd.: 23)

Dennoch gibt diese Aussage nicht ausreichend Auskunft darüber, warum sich, im Vergleich zu ihren männlichen Kollegen und im Vergleich zu Frauen allgemein, verhältnismäßig wenige Frauen für beruflichen Aufstieg bzw. Karriere entscheiden. Die Gründe hierfür liegen unter anderem in unterschiedlichen Arbeitsorientierungen. Untersuchungen über Werthaltungen und Karrieremotivationen von Hochschulabgängern und Führungskräften in Wirtschaftsunternehmen (vgl. ROSENSTIEL und STENGEL 1987) unterschieden drei Typen:

> „konservativ karriereorientierte Menschen, bei denen die Aufstiegsmotivation um so höher ist, je mehr sie sich mit den Unternehmenszielen identifizieren; Menschen mit 'freizeitorientierter Schonhaltung`: diesen erscheint Karriere nur mäßig attraktiv, allerdings streben sie einen sicheren Arbeitsplatz an, um auf dieser Basis das Leben genießen zu können; (STENGEL 1987: 161)

alternativ Engagierte: Diese bewerten eine Karriere in der Wirtschaft negativ"(ebd.: 22).

Die berufliche Zurückhaltung von Frauen in Bezug auf Aufstieg und Karriere lässt sich mit keiner der drei Kategorien erklären. Vielmehr verbleiben Frauen in der Regel dann an einem Arbeitsplatz, wenn sie die Arbeit inhaltlich befriedigt und beurteilen auch Veränderungsmöglichkeiten eher nach inhaltlichen Kriterien. Behält man zusätzlich im Blick, welche negativen Folgen Karriere und Aufstieg haben können, z.b. dass „die Menschlichkeit verloren geht" (ebd.: 24), ist also das Nichtanstreben von Karriere auch positiv zu bewerten (vgl. ebd.).

In der Untersuchung von MEINHOLD (1993) äußerten 78% der befragten Sozialarbeiterinnen, dass sie sich in ihrer derzeitigen Tätigkeit wohl fühlen und keinerlei Veränderungen wünschen (vgl. ebd. S.24). Weiterhin nannten sie als entscheidende Gründe für die Nichtbewerbung auf höhere Stellen ‚andere Interessen außerhalb des Amtes' (95%). Diese Interessen können sich sowohl auf berufsunabhängige Lebensbereiche (Familie/ Freizeit) beziehen, als auch auf Fortbildungsabsichten (vgl. ebd.). Entscheidend für diese unterschiedlichen Angaben ist vor allem die individuelle Bedürfnislage jeder einzelnen Mitarbeiterin. Individuelle Bedürfnisse sind von der persönlichen Disposition abhängig, ebenso vom Alter und dem Familienstand. Ein Bedürfnis ist die persönliche Arbeitszufriedenheit in Korrespondenz mit der Arbeitsbelastung. Weitere Bedürfnisse können z. B. sein Selbstverwirklichung und Selbstständigkeit am Arbeitsplatz, angemessene Aufstiegsmöglichkeiten durch Fort- und Weiterbildung, Karriereplanung, Mitbestimmung, flexible Arbeitszeitregelungen, angenehmes Betriebsklima, Abbau und Vermeidung von Stress, ausreichende Informationspolitik, Wertschätzung durch Kollegen und Vorgesetzte u. a. mehr.

Da soziale Einrichtungen gerade in der heutigen Zeit häufig von Einsparungen betroffen sind, ist ein Grundbedürfnis von SozialarbeiterInnen/ SozialpädagogInnen mit Sicherheit die Erhaltung und Sicherung ihrer Arbeitsplätze. Geht man zur Bedürfnishierarchie von MASLOW (vgl. MASLOW 1954: 91f) zurück, ist ein weiteres wesentliches Bedürfnis eine der Arbeitsleistung entsprechende Entlohnung, die es SozialarbeiterInnen/ SozialpädagogInnen ermöglicht, einen angemessenen Lebensstandard zu erreichen. Gerade im sozialen Bereich stimmen Entlohnung und Arbeitsbelastung in den wenigsten Fällen überein (vgl. GEHRMANN/ MÜLLER 1996: 83). In der schon o. g. Untersuchung wurde u.a. deutlich, dass unter aufstiegsorientierten Frauen 40% mit der Bezahlung für ihre Arbeit unzufrieden sind. Somit kann die Aussicht auf höhere Entlohnung durchaus als Motiv für die Höherbewerbung gedeutet werden (vgl. MEINHOLD 1993: 24). Des Weiteren wurden die Motive genannt, „mehr Einfluss ausüben zu können, eigene Vorstellungen durchzusetzen und

etwas Neues ausprobieren zu dürfen, sowie mehr Spaß an der Arbeit zu haben" (ebd.: 25), d.h. der Anspruch an die Qualität der Arbeit ist hier für die Aufstiegsorientierung bedeutend.
Insgesamt gibt es also unterschiedliche Gründe für die Bewerbung oder die Nichtbewerbung um höhere Positionen. Hervorzuheben ist in beiden Fällen, die jeweilige Arbeitszufriedenheit, d.h. der Wunsch nach einer „sinnvollen Arbeit (...), die zu den überberuflichen persönlichen Werten passt." (ebd.: 28)

2.4.3 Frauen und Macht

Auf der anderen Seite ist ein weiterer Grund für geringe oder gar keine Karriereambitionen die Einstellung von Frauen zur ‚Macht'. Nimmt man die Machtdefinition von Max WEBER als Grundlage wird dies auch auf den ersten Blick verständlich. WEBER (1976) definiert Macht folgendermaßen:

> "Macht bedeutet jede Chance, innerhalb einer sozialen Beziehung den eigenen Willen auch gegen Widerstreben durchzusetzen, gleichviel worauf diese Chance beruht" (WEBER 1976, S. 28).

In Führungspositionen muss man davon ausgehen, gelegentlich auch unpopuläre Maßnahmen durchsetzen zu müssen und möglicherweise müssen aus Sachzwängen heraus Entscheidungen gefällt werden, die negative Auswirkungen auf andere Menschen haben können. Dies fällt Frauen schwer. ERHARDT-KRAMER (1996) führt aus, dass Frauen sich eher mit

> „... Inhalt und Zielsetzung der Arbeit identifizieren, daß sie da etwas erreichen wollen, für Klienten und Arbeitsfelder, aber an Machtzuwachs weniger interessiert sind. Ihre Motivation für die Übernahme von Leitungsfunktionen steht häufig im Bezug zum Arbeitsfeld und dem Wunsch, dort etwas zu bewegen, zu verändern." (ERHARDT-KRAMER 1996: 24)

Macht macht Frauen Angst, der Umgang damit bereitet Frauen viel größere Skrupel als Männern. Somit treten Frauen Leitungsfunktionen mit eher ambivalenten Gefühlen an. Als Ursache hierfür sieht ERHARDT-KRAMER das

> „... in der weiblichen Sozialisation angelegte stereotype Frauenbild und die Ausrichtung der Erziehung auf die Hausfrau- und Mutterrolle. Frauen bauen ein Selbstbild auf, in dem Karriere, Ehrgeiz und Konkurrenz zu Männern keinen Platz haben." (ebd.)

Aus diesen Gründen können Frauen sich oft selbst im Weg stehen, weil sie Angst haben als Frau abgelehnt zu werden, wenn sie sich unweiblich, d.h. nicht dem Klischee entsprechend verhalten.

„Veränderungen, die Leitungsfunktionen mit sich bringen, werden an sich selbst sehr kritisch wahrgenommen und führen häufig zu Selbstzweifeln und Angst vor dem Verlust von Authentizität." (ebd.: 25).

Frauen haben Angst, durch Karriere 'weibliche Qualitäten' zu verlieren und befürchten, durch die Veränderungen, die Leitungsaufgaben mitbringen, den Verlust an Authentizität. Sie sehen sich zudem gleichzeitig mit den gesellschaftlichen Zuschreibungen an die traditionelle Frauenrolle konfrontiert (vgl. ebd.). Weiterhin führt ERHARDT-KRAMER folgende Auflistung von Karrierehindernissen an, die sie bei einer Befragung von Studentinnen gesammelt hat. Demnach sind weitere Karrierehindernisse für Frauen folgende:

„Fehlendes Selbstbewusstsein, fehlende Seilschaften, Zuschreibung der Kompetenz fehlt, introvertierte Kompetenz, anderer Karrierebegriff bei Frauen, Bereitschaft zur Integration von Frauen in Führungspositionen fehlt, Lebensqualitätsminderung durch lange Arbeitszeiten, fehlende Infrastruktur (Kindergärten etc.), Doppelbelastung, Erziehung, Lebensplanung (Familie im Vordergrund), Gleichgewicht zum Partner könnte gestört werden, Schuldgefühle bei anderer Lebensplanung, gesellschaftliche Zuschreibungen der Frauenrolle." (ebd. S.25)

Für die geplante Untersuchung rücken nun zwei weitere Aspekte in den Blickpunkt der Untersuchung, die die Ausgestaltung des beruflichen Alltags der Frauen maßgeblich bestimmen. Zum einen stellt sich die Frage der Vereinbarkeit des Berufsbildes Sozialarbeiterin/ Sozialpädagogin mit der erreichten Karriereposition, zum Zweiten ist zu untersuchen, inwieweit die Frauen ihre Position und ihren Berufsalltag geschlechtsspezifisch ausgestalten und wie sie mit der Macht, die ihre Positionen zwangsläufig mit sich bringen umgehen.

2.5 Sozialarbeit als Frauenberuf

Die Ursprünge der Sozialarbeit als professioneller Frauenberuf wurzeln in der bürgerlichen Frauenbewegung zu Beginn des 20. Jahrhunderts. Davor gab es bereits soziale Hilfeleistungen im Rahmen von Armen- und Krankenpflege zunächst in den Kirchen, an denen überwiegend Frauen beteiligt waren. Diese führten in ihrer Entwicklung dann zur Gründung der heute noch existierenden großen kirchlichen Wohlfahrtsverbände, denen später dann die nicht religiös orientierten Verbände folgten. Als erste Form beruflicher Sozialarbeit kann die Ausbildung von Witwen und unverheirateten Frauen in den o. g. Verbänden betrachtet werden, die

diesen ermöglichte anerkannte Arbeit auch als Erwerbsarbeit leisten zu können, ohne sich an eine Kirche binden zu müssen (vgl. RIEGE 1996: 15/ 16).
Daran anschließend hat das Gedankengut Alice Salomons die Entwicklung der Sozialarbeit maßgeblich beeinflusst. Ihre besondere Leistung besteht darin,

> „... die Vorstellungen der bürgerlichen Frauenbewegung von der besonderen Kulturaufgabe der Frau mit dem Gedanken des sozialen Friedens und der sozialen Verantwortung der gehobenen Klassen (...) zu verbinden zu dem Konzept der besonderen Eignung und Verpflichtung der bürgerlichen Frau, durch soziale Arbeit an der Erhaltung des sozialen Friedens mitzuwirken." (SACHSSE 1994: 116)

Unter dem Leitbild der ‚geistigen Mütterlichkeit' gelang es, die Frauen, deren Tätigkeiten bis dahin auf den engen Lebensbereich der eigenen Familie beschränkt waren, aus ihrer häuslichen Isolation zu befreien und in die Erwerbsgesellschaft zu integrieren (vgl. ebd.: 106). Wie aus dem o. g. Zitat zu entnehmen ist, war Sozialarbeit ursprünglich nicht als Beruf konzipiert. Vielmehr wurde sie

> „als Konzept bürgerlichen Handelns entworfen, das die Verpflichtung des bürgerlichen Mittelstandes, weibliche Emanzipation und wissenschaftlich-fachliche Kompetenz im Umgang mit sozialen Problemen in einem komplexen Spannungsverhältnis zu verbinden suchte (...)" (ebd.: 136)

Trotz der Veränderung des Berufsbildes über die Fürsorgebürokratie hin zur zunehmenden Etablierung von Sozialarbeit als Dienstleistungsberuf und der heutigen Professionalisierung hat sich der Grundgedanke der Sozialarbeit als ‚helfender Frauenberuf' nicht verändert (vgl. RABE-KLEBERG 1990: 65). Damit verbunden ist die direkte Arbeit am und mit Menschen, im Sinne des ‚weiblichen Arbeitsvermögens'[3] (vgl. BECK-GERNSHEIM 1976). Dies hat eine Arbeitsmarktsegmentierung im sozialen Bereich zur Folge, in einen männlichen und einen weiblichen Teil - "vorwiegend - beamtete - männliche Angestellte in der Verwaltungsarbeit des Innendienstes, vorwiegend weibliche fachlich ausgebildete Fürsorgekräfte im Außendienst" (RIEGE 1996: 22). RABE-KLEBERG beschreibt dies so:

> „Auf der männlichen Seite finden wir eher kontrollierende Tätigkeiten in hierarchisch leitenden Positionen, z. B. Finanzverwaltung. Und wir finden Männer an den Plätzen, wo Theorien und Ideologien über die Sozialarbeit formuliert werden. Die weibliche Seite ist eher auf der direkt helfenden und 'Hand anlegenden' Seite des Berufes." (ebd.)

---

[3] Der Begriff des weiblichen Arbeitsvermögens wurde von 1976 von E. BECK-GERNSHEIM geprägt. Er beschreibt die grundlegende geschlechtsspezifische Arbeitsteilung zwischen Berufsarbeit, die dem Mann und reproduktiver Hausarbeit, die der Frau zugeordnet werden.

Ursachen dafür sind zu finden in der „inneren Verwandtschaft von privater und professioneller Fürsorge" (ROMMELSPACHER 1991: 38). Aus diesem Zusammenhang entstehen Wechselwirkungen zwischen der Entwertung weiblicher Beziehungs- und Versorgungsarbeit im privaten Bereich und der Übertragung derselben auf das professionelle Helfen.

Somit bietet Sozialarbeit Frauen umso schlechtere Aussichten für Aufstieg und Karriere, je mehr sie der privaten Beziehungsarbeit ähnelt. Damit einher geht eine schlechtere Bezahlung und ein geringeres Ansehen. Im Widerspruch dazu steht die Erkenntnis, dass professionelle Soziale Arbeit als unverzichtbare gesellschaftliche Pflichtaufgabe, einen wesentlich höheren Stellenwert besitzen und damit auch eine Aufwertung in Bezug auf Image und Anerkennung einer gehen sollte. Verhindert wird diese jedoch ursächlich durch die so genannte „weibliche Doppelmoral" (ROMMELSPACHER 1991: 38), die Frauen in sozialen Berufen zwei unterschiedlichen Normensystemen, dem Ideal mütterlicher Fürsorge im Privatbereich und den Normen der Professionalisierung im Berufsalltag (vgl. ebd.) zuordnet. Kennzeichen für Beziehungsarbeit im Privatbereich sind liebevolle Fürsorge ohne eine Gegenleistung dafür zu fordern. Der berufliche Alltag wird bestimmt durch eine qualifizierte methodische und öffentlich anerkannte Arbeit, die nach messbaren Kriterien (z. B. zeitlicher Aufwand/ Pflegestufe etc.) entlohnt wird. Die Akzeptanz aber, dass professionelles Helfen eine messbare Dienstleistung darstellt, die eine angemessene Entlohnung verdient und die Erkenntnis, dass sowohl Helfende als auch Klientin in der professionellen Interaktion ersetzbar sind, fällt Frauen häufig schwer. Dies ist insbesondere dann so, wenn es ihnen nicht gelingt, die notwendige professionelle Distanz zu bewahren, die auf Dauer soziale Arbeit ermöglicht. Betrachtet man die geschlechtsspezifischen Motivationen zur Berufseinmündung von Männern und Frauen in sozialer Arbeit so wird deutlich, dass Frauen den geschlechtsspezifischen Rollenzuschreibungen, in Bezug auf unterschiedliche Interessen und Fähigkeiten immer noch wesentlich stärker verhaftet sind als Männer und dass es ihnen sehr viel schwerer fällt, sich daraus zu lösen. Begründet ist dies auch, wie die neuere Frauenforschung aufzeigt, durch die geschlechtsspezifische Sozialisation (vgl. Kap. 2.6.2) von Jungen und Mädchen und durch die unterschiedlichen Tätigkeitsbereiche von Männern und Frauen, die zu unterschiedlichen Identitätsbildungen und Arbeitsfähigkeiten führen (METZMACHER et. al. 1990: 263). Die immer noch vorherrschenden Rollenzuweisungen in Haushalt und Familie verweisen Frauen weiterhin auf die Beziehungsebene und die damit verbundenen Implikationen. Fähigkeiten, wie Sachlichkeit, Konkurrenzdenken, nüchterne Kalkulation Rücksichtslosigkeit und Ellbogenmentalität sind in der Regel eher bei Männern zu finden und verweisen auf einen Teil des beruflichen Alltags auch im sozialen Bereich, der Frauen eher fremd erscheint. Ein weiterer Aspekt, der Frauen im aktiv helfenden Bereich sozialer Arbeit verharren lässt ist die Doppelbelastung der berufstätigen Frau. METZMACHER (1990) beschreibt, dass

> „trotz der in den letzten Jahren feststellbaren Aufweichung der traditionellen Geschlechtsrollenbilder (...) die klassischen Rollenstereotype immer noch wirksam (sind). Das zeigt sich an der Tatsache, dass die ‚Doppelbelastung' in Form einer Parallelität von Familien- und Berufsaufgaben noch immer ein Problem nahezu ausschließlich für Frauen darstellt." (ebd.: 264.)

Haushaltsführung und Kindererziehung beanspruchen Frauen in deutlich höherem Maße, sodass sie häufig gezwungen sind die Erwerbstätigkeit auf bestimmte Lebensphasen oder eine Teilzeitbeschäftigung zu beschränken. Dadurch können sie ihre berufliche Tätigkeit nicht in den Mittelpunkt ihres Lebensinteresses stellen. Als Folgen dieses Verhaltens sind zu nennen:

- „Frauen (erheben) kaum Ansprüche auf langfristige berufliche Integration und Beschäftigungssicherung (...),
- sie (nehmen) unter der Perspektive der Fristigkeit ihrer Berufstätigkeit hohe Belastungen auf sich (...),
- sie (stellen) trotz hoher Qualifikation nur geringe Ansprüche an die Qualifiziertheit ihrer Arbeit (...),
- sie (verleihen) ihrem Wunsch nach beruflichem Aufstieg und Weiterbildung nicht energisch Nachdruck, sondern (geben) ihn rasch (auf), sobald Schwierigkeiten auftreten, und
- sie (müssen) sich auf Grund ihrer gesellschaftlichen Situation mit vergleichsweise niedriger Entlohnung zufrieden geben (...)" (ebd.)

Zu beachten ist an dieser Stelle, dass Frauen ihrer Berufstätigkeit einen hohen Stellenwert einräumen und durchaus nicht bereit sind weiterhin in der Rolle der ‚Nebenverdienerin' zu verharren. Nur haben sich bis heute die wenigsten Männer einer partnerschaftlichen Lebensführung, die eine wirklich paritätische Aufteilung der Familienarbeit auf beide Partner vorsieht, geöffnet (vgl. ebd.). Und somit verbleibt die Hauptverantwortung für die Integration von Familie und Beruf bei der Frau. Weiterhin ist zu bedenken, dass Frauen gerade dann das aktive Berufsleben für eine (un-) begrenzte Zeit verlassen, wenn ihre gleichaltrigen männlichen Kollegen die ersten Stufen der Karriereleiter erklimmen. Die meisten Mütter beanspruchen eine mehrjährige Kinderpause, was zwar einerseits als außerberufliche Schlüsselqualifikation im Sinne von ‚Familienmanagement und Organisation' gewertet werden könnte, ihnen aber auf der anderen Seite den Anschluss an aktuelle berufliche Anforderungen verwehrt. Zudem verlieren sie oft alle beruflichen Kontakte in dieser Zeit und selbst in der sozialen Arbeit bewerten Arbeitgeber die Kindererziehungszeit nicht immer als Qualifikationserweiterung (vgl. ebd.). All dies führt zu einer dauerhaften Segmentierung Sozialer Arbeit, die von Frauen nur dann durchbrochen werden kann, wenn sie ihr berufliches Verhalten überdenken und ihre beruflichen Ansprüche nicht zurückschrauben (vgl. BECK-GERNSHEIM 1980: 147). Dies bedeutet dennoch heute meistenteils Verzicht auf Kinder und Eheschließung. Die Studie von METZMACHER (et. al, 1989). zeigt auf, dass betrachtet man die Berufskarrieren männlicher und weiblicher Sozialarbeiter, bereits in den Ursachen für die Aufnahme des Studiums Unterschiede zwischen Männern und Frauen bestehen. Für Frauen bedeutet ein Studium häufig eine berufliche Weiterqualifikation, im Aufbau auf eine bereits vorhandene (wenn auch gelegentlich veraltete) Basisqualifikation im sozialen Bereich. Männer bezeichnen die Studienaufnahme eher als Neuanfang, als beruflichen Umstieg. Dennoch nützen den Frauen nach Aussage von METZMACHER ihre berufliche Vorerfahrung bei der Berufseinmündung in den neuen Beruf wenig. Besonders in den ersten Berufsjahren haben die Männer Vorteile, insbesondere in Bezug auf unbefristete Beschäftigung, Arbeitszeit und Bezahlung. In späteren Anstellungsverhältnissen verringern sich diese Unterschiede, nur scheint es so, als ob die Männer auf Grund ihrer häufigeren Beschäftigung in Vollzeitarbeitsverhältnissen in Bezug auf beruflichen Aufstieg Vorteile erringen, sie gelangen öfter in Leitungspositionen als Frauen. Diese zeigten sich jedoch zum Zeitpunkt der Untersuchung mit ihren Stellen zufriedener als die Männer, die mit dem Erreichten noch nicht zufrieden waren und sich weiter karriereambitioniert zeigten.

2.6 Geschlecht als soziale Kategorie

Das Einteilen eines Sachverhalts in Kategorien bedeutet im allgemeinen Sinne die Zuordnung in systematische Einheiten, welche die Aufgabe haben, Begriffsinhalte zu ordnen, zu strukturieren. Aufgabe solcher Kategorien ist es, Individuen Orientierungshilfen zu geben, die es erlauben die Abgrenzung von und die Möglichkeit der Verständigung mit anderen zu gewährleisten. Kategorien entwickeln sich in einer Gesellschaft über einen langen Zeitraum, bedingt durch gesellschaftliche Veränderungen und historische Prozesse. Sie enthalten deshalb immer auch Bedeutungsanteile vergangener Zeitabschnitte, die nicht mehr unbedingt in der heutigen Zeit erkennbar sein müssen. (vgl. RENDTORFF/ MOSER 1999: 15)

> „'Geschlecht' als eine Kategorie zu bezeichnen, unterstellt also, dass ihre Ordnungsfunktion, nämlich die Unterscheidung zwischen Männern und Frauen, männlich und weiblich, vor allem der Orientierung dient, der Einordnung und Klassifizierung, der Unterscheidung und der Verständigung über die jeweilige Bedeutung innerhalb der Gesellschaft" (ebd.: 16).

Geschlecht ist somit wie Rasse und Hautfarbe als soziale Strukturkategorie zu betrachten, da sich durch diese Klassifikation Zugangsmöglichkeiten zu gesellschaftlichen Optionen eröffnen. Gleichzeitig wird damit auch festgesetzt, dass die biologisch-anatomische Einordnung von Personen in die Kategorien Mann - Frau nicht ausreicht, um Menschen zu klassifizieren.

> „Die Kennzeichnung als Kategorie soll also 'Geschlecht', soll weiblich und männlich, soll Unterschiede, wie wir sie in unserer Gesellschaft zwischen Mädchen und Jungen, Männern und Frauen unbestreitbar vorfinden, der quasinaturhaften Interpretation entziehen und einem analytisch-systemischen Zugriff öffnen: der kritischen Überprüfung der Frage nach Herkunft, Bedeutung und gesellschaftlicher Wirkung dieser Unterscheidungen". (ebd. : 17).

An dieser Stelle stellt sich die Frage auf welcher Grundlage Klassifizierungen dieser Art vorgenommen werden. Ohne nun Inhalte des methodologischen Kapitels im Ganzen vorwegnehmen zu wollen, erscheint es notwendig die theoretischen Überlegungen, welche die Basis der Frauenforschung für die Analyse der Geschlechterfrage bilden an dieser Stelle zu erläutern.

2.7 Konstruktivismus und Ethnomethodologie in der Frauen- und Geschlechterforschung

Kennzeichen für Untersuchungen mit konstruktivistischem, bzw. ethnomethodologischem Hintergrund ist die Beschäftigung mit wissens- und alltagstheoretischen Fragestellungen, wobei eine besondere Präferenz auf der empirischen Erschließung der unterstellten Konstruktionsprozesse liegt (vgl. LEMMERMÖHLE et.al. 2000: 24).

> „Im Mittelpunkt (..) dieser konstruktivistischen Perspektive steh(t) die Konstruktionsmaschinerie von Wirklichkeit und die der Konstruktionsprozesse der Teilnehmenden. Die Konstruktionsmechanismen machen in dieser Sichtweise die Wirklichkeit aus. Soziale Realität kann demnach nicht unabhängig von den Mechanismen identifiziert werden, die diese Realität konstituieren. Soziale Realität unterliegt zwar nicht zwangsläufig ständigen Veränderungen und ständig neuen abweichenden Konstruktionen. Sie muss aber reproduziert werden und enthält insofern kontinuierlich geforderte Konstruktionsarbeit."
> (LEMMERMÖHLE et.al. 2000: 24)

Frauen- und Geschlechterforschung die konstruktivistisch ausgerichtet ist, beschäftigt sich vor allem mit Fragen aus der Alltagssoziologie und untersucht aus der „Froschperspektive" (TREIBEL 1993: 133) alltägliche Bedingungen und Situationen in denen das Geschlechterverhältnis eine Rolle spielt. (vgl. LEMMERMÖHLE 2000 ebd.). Diese Vorgehensweise der Frauen- und Geschlechterforschung basiert auf Arbeiten zum

Symbolischen Interaktionismus von ERVING GOFFMAN (1994) und aus der Ethnomethodologie von HAROLD GARFINKEL (1967).

GOFFMAN untersucht in seinen Arbeiten, die als Verbindung des traditionellen symbolischen Interaktionismus[4] mit der Ethnomethodologie gelten, die vielfältigen Aushandlungsprozesse und Interpretationsprozesse, denen Individuen in der alltäglichen Wirklichkeit unterliegen. Die Benennungen seiner Grundbegriffe Interaktion, Darstellung und Rolle sind bewusst an die Begrifflichkeit des Theaters angelehnt, denn für GOFFMAN ist die Alltagswelt eine mehr oder weniger gelungen Inszenierung von unterschiedlich qualifizierten Darstellern nach spezifischen Regeln auf unterschiedlichen Bühnen, die für die Darsteller aber dennoch sozial bindend und wirksam sind. Nach GOFFMAN hat auch das Geschlecht Darstellungscharakter, da ‚Frauen und Männer' sich als solche darstellen müssen (vgl. ebd.: 25).

Zentrale Impulse erhält die neuere konstruktivistische Frauen- und Geschlechterforschung aus den ethonomethodologischen Arbeiten GARFINKELS. Die Fragestellungen der Ethnomethodologie beschäftigen sich mit der Frage nach dem subjektiven Aspekt der sozialen Wirklichkeit, wie sie von den einzelnen Gesellschaftsmitgliedern erlebt und konstruiert wird.

„Die Ethnomethodolgie erforscht folglich unsere Leistungen, mit Hilfe alltäglicher Perspektiven und/ oder alltagssprachlicher Regeln soziale Situationen aufzubauen, ständig als ‚Normalität' wiederherzustellen oder abzubauen" (AG SOZIOLOGIE 1992: 83)."

GARFINKELS Fallstudie über die Transsexuelle Agnes (GARFINKEL1967) beschreibt den Übergang von einem Geschlecht ins andere. Dabei wird deutlich, dass der geschlechtliche Status alle alltäglichen Interaktionen prägt und Geschlechtlichkeit somit ständig neu konstruiert und inszeniert werden muss und von Verhaltenserwartungen der Umwelt an eine bestimmte Geschlechterrolle geknüpft sind. „Im Alltag ist folglich eine permanente Konstruktion von Geschlecht notwendig (*doing gender*)" (ebd.: 26).

Geht man von dieser Prämisse aus, stellen sich für die weitere Untersuchung folgende Fragen: Wie gestaltet Frau ihre berufliche Rolle, welche Faktoren beeinflussen Verhalten und Handlungen im Berufsalltag? Antworten hierzu findet man u. a. in der Analyse feministischer Sozialisationstheorie, die in den letzten Jahren einen Paradigmenwechsel erfahren hat – weg von den determinierenden Umständen und hin zu individueller ‚Selbstbildung in sozialen Praktiken' (BILDEN 1991). Dabei wurden zwei Fragestellungen aufgeworfen, angesiedelt auf unter-

---

[4] Vgl. hierzu auch Kap. 3.1, S. 45 Methodologische Überlegungen

schiedlichen Ebenen, einer sozialstrukturellen und einer erkenntnistheoretischen:

> „welche Unterschiede und ob überhaupt lassen sich in Verhalten und Selbsteinschätzungen von weiblichen und männlichen Individuen (im Verlauf ihres Lebens) beobachten? Und in welcher Beziehung stehen diese Differenzen zum Prozess der Angleichung, Differenzierung und Hierarchisierung zwischen den Geschlechtern?
> Wie wird Geschlecht in der sozialwissenschaftlichen Frauenforschung theoretische konzipiert und wie beeinflusst dies die Wahrnehmung von Geschlechterunterschieden?" (BÜHRMANN et.al. 2000: 104)

2.7.1 Geschlechtsspezifische Sozialisation

Die Forschung zur Sozialisation der Geschlechter wird somit dominiert durch eine Diskussion um Begriffe, wie Defizit und Differenz, Differenzierung, Konstruktion und Dekonstruktion, die im Folgenden erläutert werden sollen.

Defizitorientierte Ansätze bestimmten die Frauenforschung in den 70er und 80er Jahren. Grundthese war, dass Frauen von Natur aus im Gegensatz zu Männern als Mängelwesen zu begreifen waren, diese Defizite in einer spezifisch weiblichen Sozialisation erworben haben und dadurch in Alltag und Arbeitswelt Benachteiligungen auftraten. Damit wurde das Bild einer im Gegensatz zur männlichen implizit defizitären weiblichen Sozialisation nachgezeichnet, das viele Jahre in den Handbüchern der Sozialisationsforschung präsentiert wurde.

Die frühe Frauenforschung grenzte sich demgegenüber kritisch ab und ging zunächst von einer Differenz der Geschlechter aus. KESSLER/ MC KENNA unterschieden 1978 zwischen der einmaligen Geschlechtszuweisung, die mit der Geburt eines Kindes erfolgt und Geschlechtszuweisung als lebenslangem, interaktiven Prozess (vgl. LEMMERMÖHLE et.al. 2000: 27). Carol HAGEMANN-WHITE stellt in ihrem heute als Standardwerk der konstruktivistischen Frauenforschung geltenden Werk, *Sozialisation: weiblich-männlich?* die so genannte „Null-Hypothese" (HAGEMANN-WHITE 1984: 230) entgegen. Sie bewertete Weiblichkeit und Männlichkeit darin als kulturelle Setzungen und verwies darauf, dass jeglicher geschlechtlicher Unterschied kulturell konstruiert sei (vgl. ebd.).

Diese ‚Zweigeschlechtlichkeit als kulturelles System' (1984) bezeichnet bestimmte Eigenschaften und Verhaltensmuster beider Geschlechter, die sich ursächlich nicht auf biologische Fakten reduzieren lassen, sondern die sich im Rahmen der Sozialisation von Individuen und gesamtgesellschaftlicher Veränderungen historisch entwickelt haben. Geschlecht ist für HAGEMANN-WHITE etwas Spezifisches, das sich je nach Alter, sozialer Schicht bzw. Position, Bildungsstand und anderen sozialen ‚Platzanweisern' ständig verändert. Geschlecht wird somit im alltäglichen Leben immer wieder neu konstruiert.

Diese These wurde in den 90er Jahren von GILDEMEISTER (z.B. 1988, 1990, 1992) aufgegriffen, zugespitzt und auf Arbeiten der feministischen Forschung der 80er Jahre angewendet. GILDEMEISTER bescheinigte diesen eine „alltagstheoretische Definition und Verwendung der Geschlechterdifferenz als ‚natürliche' Zweigeschlechtlichkeit und stellte dies gemeinsam mit Angelika WETTERER in ihrem Aufsatz *„Wie Geschlechter gemacht werden. Die soziale Konstruktion der Zweigeschlechtlichkeit und ihre Reifizierung in der Frauenforschung"* dar (GILDEMEISTER/ WETTERER 1992). Demnach besteht Geschlechtersozialisation darin, dass Jungen und Mädchen in interaktivem Handeln ein Regelsystem übernehmen, dass sie von Geburt an vorfinden und in dem sie lernen sich als Junge und Mädchen darzustellen und sich voneinander abzugrenzen. Dies dient ihnen zu einer eindeutigen sozialen Identifizierung und der damit verbundenen entsprechenden sozialen Anerkennung. In diesem Zusammenhang gilt das Forschungsinteresse den Konstruktionsbedingungen, nach denen Geschlechtszuschreibungen erfolgen:

> „Geschlecht ist diesem Verständnis zufolge nicht ein Merkmal, das eine Person ein für alle mal hat, sondern eine in sozialer Interaktion immer wieder aufs Neue herzustellende Leistung, an der alle Interaktionspartner beteiligt sind." (BEHNKE/ MEUSER 1999: 41)

Dieser Prozess des "doing-gender", der sozialen Konstruktion von Geschlecht im Beruf meint somit

> „... Prozesse einer fortwährenden Ausdifferenzierung und- Re-formierung der Hierarchie zwischen Frauen- und Männerarbeit, (zum anderen) Prozesse einer fortwährenden Ausdifferenzierung des Unterschieds zwischen den Geschlechtern, als Prozesse einer fortwährenden Konstruktion und Rekonstruktion der Geschlechterdifferenz". (WETTERER 1995: 228; vgl. dazu auch Kap. 2.7.4)

BECKER-SCHMIDT/ KNAPP nehmen 1995 eine weitere Differenzierung vor, die den Begriff der Kategorie Geschlecht auf verschiedenen Ebenen ausweitet: Unterschieden wird zwischen:

> „Genus-Gruppe
> Geschlechterdifferenz
> Geschlechterbeziehungen
> Geschlechtsidentität und
> Geschlechterverhältnissen". (BECKER-SCHMIDT/ KNAPP 1995: 16ff)

Für die hier vorliegende Untersuchung sind insbesondere die Begriffe Geschlechtsidentität, Geschlechterbeziehungen und Geschlechterverhältnisse von Interesse und sollen hier kurz skizziert werden.

‚Geschlechtsidentität' liegt auf der individuellen Ebene und umfasst u. a. Aspekte wie Selbst- und Fremdwahrnehmungen, vergeschlechtlichte Wert- und Deutungsmuster (z.B. bei der Berufswahl). Auf dieser Ebene finden individuelle aktive Auseinandersetzungen mit der sozialen Welt statt. Auch der Begriff ‚Geschlechterbeziehungen' bezieht sich auf die Ebene der Individuen, involviert aber vor allem Interaktionsbeziehungen, wie in Partnerschaften, soziales Handeln in öffentlichen Räumen und beruflichen Kontexten, sowie interpersonelle Beziehungen in Institutionen und Organisationen (vgl. VILLA 2000: 23). Besondere Bedeutung bekommt in diesem Zusammenhang die Verbindung zwischen individuellem sozialen Handeln und der sozialen Makro-Ebene: „Geschlechterbeziehungen sind kulturelle, politische und ökonomische Beziehungen, (die) gesellschaftlichen Regelungen und Machtverhältnissen unterliegen" (BECKER-SCHMIDT/ KNAPP 1995: 18). Der dritte Aspekt ‚Geschlechterverhältnisse' bezieht sich auf die Makro-Ebene des Gesellschaftlichen, sie sind struktureller Art und umfassen die Prinzipien der gesellschaftlichen Organisation (vgl. ebd.) und somit ggf. auch Macht- und Herrschaftsverhältnisse.

Der Bezugspunkt zu der hier vorliegenden Untersuchung liegt darin, dass Frauen (Sozialarbeiterinnen) in Führungspositionen sich auf einer beruflichen Ebene befinden, die in der Regel männlich dominiert ist. Zudem ergibt sich eine Diskrepanz aus der Berufswahl - soziale Arbeit als helfender Beruf - und dem berufliche Status (vgl. Kap. 2.3). D.h. Sozialarbeiterinnen in Führungspositionen müssen sich auf individueller Ebene mit ihrer Geschlechtsidentität, den Geschlechterbeziehungen in ihrem beruflichen Umfeld und im Rahmen der Geschlechterverhältnisse mit ihrer beruflichen Position auseinander setzen. In diesem Zusammenhang wird die vermeintliche Geschlechterdifferenz über die unterschiedlichen Berufsfelder in denen Männer und Frauen tätig sind immer wieder neu konstruiert und festgeschrieben.

> „Weit davon entfernt, irgendwelche natürlichen Unterschiede zwischen den Geschlechtern bloß zum Ausdruck zu bringen, bringt die Vergeschlechtlichung von Berufsarbeit also jene Unterschiede zwischen Frauen und Männern, die uns ex post als natürlich erscheinen, immer neu hervor; gibt ihnen für einen spezifischen Teil sozialer Realität eine bestimmte Kontur und Wirklichkeit und bestätigt auf diese Weise den Geltungsanspruch jenes Gleichheitstabus zwischen den Geschlechtern, (...)." (ebd.: 21)

Die Zuordnung verschiedener Berufsbereiche zu einem Geschlecht hat aber auch zur Folge, dass sie zur Sicherung von u.a. Ressourcen und Machtverhältnissen dient. BECKER-SCHMIDT (1995) stellt zudem fest, dass Geschlecht somit zur Strukturkategorie wird, denn als ein soziales Gliederungssystem positioniert es die Genusgruppen in einem Geschlechterverhältnis. Dieses trägt die Merkmale einer hierarchischen Geschlechterordnung und drückt jene in der Sozialstruktur eingelagerten

Abhängigkeiten aus, auf denen die gesellschaftliche Stellung der Genusgruppen beruht (vgl. BECKER-SCHMIDT 1995: 7).

Dieses Denken in Differenzen nimmt auch in den Überlegungen zu dieser Studie größeren Raum ein. Eine der Fragen lautet, warum manche Frauen im Beruf erfolgreich sind, Karriere machen und sich in männliche Domänen und Hierarchieebenen begeben, während andere mit gleichen Möglichkeiten, ausgehend von den gleichen strukturellen Voraussetzungen, hier scheitern. Eine mögliche Erklärung liegt darin, dass ‚unweibliche bzw. unmännliche' Anteile einer Person dennoch unter der jeweiligen Kategorie männlich oder weiblich subsummiert werden (vgl. WETTERER 1992: 32), dass aber das individuelle Handeln einer Person in unterschiedlichen Handlungskontexten nicht im Sinne der jeweiligen Rollenzuschreibung erfolgen muss. Das impliziert gleichzeitig, dass z.b. auch Männer sich in ‚unmännlichen' Handlungskontexten, wie z.B. als ‚Hausmann' außerhalb der Geschlechternorm verhalten können. WETTERER erklärt diese Zusammenhänge folgendermaßen:

> „Zentral für einen theoretischen Ansatz, der die Geschlechterdifferenz als soziale Konstruktion begreift und auf deren Dekonstruktion abzielt, scheint (...) zu sein, dass die Rekonstruktion von Prozessen der Vergeschlechtlichung auf allen Ebenen den *konstruktiven* Charakter des 'doing gender' in den Mittelpunkt stellt; dass sie verdeutlicht, dass wir es in allen sozialen Prozessen - ob das einzelne Interaktionssituationen sind oder historische Professionalisierungsprozessse - immer zugleich mit einer *Re-Produktion* jeweils vorgefundener Strukturierungen des Geschlechterverhältnisses zu tun haben und mit deren *Neu-Produktion*". (WETTERER 1992:: 33)[5]

Auch GEISSLER stimmt im Prinzip mit diesem Ansatz zur Erklärung der Produktion und Reproduktion des Geschlechterverhältnisses als „interaktive Leistung" (GOTTSCHALL 1998: 70) auf mikrosoziologischen Ebene überein. Sie sieht aber auch die Grenzen dieses Ansatzes und zwar auf zwei Ebenen. Zum einen ist die Begrenzung dadurch gegeben, dass die Bedeutung gesellschaftlicher Strukturen und Machtverhältnisse als Handlungskontext nicht systematisch in die mikrosoziologische Perspektive integriert ist. Die weitere Begrenzung liegt ihres Erachtens darin, dass „das doing-gender (...) auf der Seite der Subjekte als Alltagshandeln konzipiert (ist). Berufliches Handeln ist allerdings ohne die biographische Zeitdimension im Prinzip nicht zu analysieren" (GEISSLER 1998: 112). Die berufliche Konkurrenz zwischen den Arbeitnehmer/innen, der intransparente Arbeitsmarkt und die vielfältigen arbeits- und sozialpolitischen Vorgaben und Interventionen zwingen den/die Einzelnen zur Reflexion des biographischen Zeithorizonts - als Bilanzierung wie auch Planung des Lebenslaufs (vgl. ebd.).

---

[5] Im Original kursiv

Somit schlägt sie die Modifikation des doing-gender Ansatzes in zwei Punkten vor. Zum einen soll die *zeitliche Gliederung des Lebenslaufs* in den Ansatz integriert werden. Daraus resultiert eine weitere Modifikation, „die Analyse *verschiedener Dimensionen der Hierarchisierung der Berufsarbeit* [6] und ihre Repräsentanz in den Arbeitsorientierungen von Frauen" (ebd.: 112).

Für die Analyse der in dieser Studie bearbeiteten Problematik ergibt sich aus den o.g. Überlegungen eine Vorgehensweise, die versucht, die genannten Aspekte miteinander zu verknüpfen. Folgende Grundüberlegungen spielen dabei eine Rolle. Es wird untersucht, welche individuellen Voraussetzungen Sozialarbeiterinnen mitbringen, die Führungspositionen erreicht haben.

Daraus ergibt sich die These:

- Diese Frauen verfügen über individuelle Dispositionen, die eher dem männlichen Verhaltensspektrum zugeordnet werden. Und es gibt möglicherweise Faktoren, die manche Frauen hindern aber auch andere zur Karriere führen.

Der Zusammenhang zwischen Karriereverlauf und dem individuellen Lebenslauf steht im dabei im Blickpunkt des Interesses. Dabei ist es besonders interessant zu überprüfen, ob es Zusammenhänge zwischen der Arbeitsorientierung, der Aufstiegsmotivation und dem jeweiligen Lebenslauf gibt. Hierbei wird es auch notwendig sein, die Bedeutung der Familiengründung im Leben dieser Frauen zu überprüfen.

Der dritte Aspekt, der in dieser Arbeit eine wichtige Rolle spielt, bisher aber noch nicht genannt wurde, ist die individuelle familiäre Herkunft der einzelnen Person, bezogen auf die Sozialisation in der Herkunftsfamilie.

2.8 Aspekte der Sozialisationsforschung

In den 60er und 70er Jahren sprach man noch von schichtspezifischer Sozialisation - die Familie galt als sozialer Mikrokosmos der Gesellschaft, der die Grundwerte der Gesellschaft an die nächsten Generationen weitergibt, als die zentrale Vermittlungsinstanz für die Reproduktion gesellschaftlich erwünschter Sozialcharaktere; damit wurden soziale Ungleichheiten von einer Generation zur anderen weitervererbt[7] deren Grundlage allein die Indikation ‚Berufstätigkeit des Vaters' war, (vgl. HURRELMANN 2001: 108 ff). Heute geht man von einer Klassifikation in „soziale Lebenslagen" (BERGER/ HRADIL 1990) aus. Berücksichtigt

---

[6] Im Original kursiv
[7] Siehe dazu auch ROLFF 1980, Übersicht über die wichtigsten Studien der Sozialisationsforschung

man diesen Entwicklungsprozess stellen sich für diese Untersuchung folgende Fragen: Wie nehmen Menschen in gleichen oder unterschiedlichen Lebenslagen ihre Lebensbedingungen wahr und wie interpretieren sie diese? Welche Indikatoren weisen soziale Lebenslagen aus? In welcher Form und in welcher zeitlichen Dimension reagieren sie auf Veränderungen?
Die Antworten auf diese Fragen geben Aufschluss darüber, wie Menschen in ihrer subjektiven Weise äußere Realität verarbeiten. In Untersuchungen seit Mitte der 70er Jahre ist unter Berücksichtigung der Kritik an der schichtspezifischen Sozialisationsforschung versucht worden lebenslagenspezifische Bedingungen für die Persönlichkeitsentwicklung zu analysieren. Der in dieser Arbeit zu Grunde liegende Sozialisationsbegriff (HURRELMANN 1983/ 86) wird definiert als ein Prozess lebenslanger Entwicklung des Individuums in Korrespondenz mit der sozialen Umwelt auf der Grundlage der individuellen Dispositionen. Bevor dieser in den folgenden Kapiteln erläutert wird, gilt es die theoretischen Konzepte von Sozialisations- und Biographieforschung voneinander abzugrenzen und zu erläutern, welchen Stellenwert sie in dieser Arbeit haben.

2.8.1 Sozialisations- und Biographieforschung

Der Gegenstandsbezug von Sozialisation und Biographie, und damit verbunden die jeweilige Konzeptualisierung im expliziten Forschungsprozess basiert für beide Konzepte auf dem

> „Prozess der Vergesellschaftung individueller Subjekte, das Hineinwachsen der Individuen in historisch konkrete Gesellschaftsformen und die aktive Aneignung, Reproduktion und Veränderung der Gesellschaft durch handelnde Subjekte" (DAUSIEN 2002: 65/66).

Beide Konzepte sind sozialwissenschaftlich-empirisch orientiert, werden in interdisziplinären grenzüberschreitenden Untersuchungen eingesetzt und sind als eigenständige Arbeitsgebiet in ihren jeweiligen Fachdisziplinen etabliert (vgl. ebd.: 66). In der Forschungspraxis werden sowohl Sozialisations- als auch Biographieforschung im Hinblick auf politische Gestaltungsperspektiven und gesellschaftliche Praxisfelder eingesetzt. Während sozialisationstheoretische Konzepte vor allem zur Begründung demokratischer Erziehung- und Bildungskonzepte herangezogen werden, dienen Erkenntnisse der Biographieforschung in den Arbeitsfeldern z.B. der Sozialen Arbeit als Grundlage für Bildung-, Beratungs-, und Unterstützungsprozesse (vgl. ebd.).
Dennoch lassen sich bei näherer Untersuchung auch Unterschiede feststellen. Die Sozialisationsforschung stellt sich als bereits seit langer Zeit etablierte Wissenschaft dar, die als Grundbegriff in der Allgemeinen

Pädagogik Fuß gefasst hat. Die Biographieforschung beginnt erst jetzt Gegenstand der Erziehungswissenschaften zu werden. Untersuchungen der Sozialisationsforschung finden sich in groß angelegten multivarianten Studien wieder, Untersuchungen der Biographieforschung sind insbesondere durch kleine Fallzahlen mit fallrekonstruktiver Forschungslogik gekennzeichnet (vgl. ebd.: 67). Während in Längsschnittstudien der Sozialisationsforschung Beziehungen zwischen Personengruppen und Bedingungsfaktoren im Vordergrund stehen, wird in biographischen Studien der Einzelfall zum Mittelpunkt der Betrachtung (vgl. FAULSTICH 2000: 249). Aus sozialisationstheoretischer Perspektive stellen Biographiestudien somit einen „methodisch relevanten Zugang für Sozialisationsforschung dar" (ebd.).

> „Im Konzept der biographischen Re-Konstruktion wird, wenn man so will, der ‚Sozialisationsprozess' aus einer anderen Perspektive heraus untersucht: Es geht nicht um die Suche nach Kausalzusammenhängen einzelner Faktoren(bündel), in der Hoffnung, auf diese Wiese allgemeine Gesetze oder Regeln zu entdecken, sondern um Rekonstruktionen je konkreter *Geschichten* des Gewordenseins. Statt eines Ursache- Wirkungs-Modells liefern Biographieanalysen Erklärungen vom Typ einer ‚wie es dazu kam, dass' Erzählung" (DAUSIEN 2002: 79).

In dieser Studie werden die Erkenntnisse der Sozialisationsforschung genutzt, um die im Vorfeld erarbeiteten Thesen und Forschungsfragen zu untersuchen, die mittels biographischer Analyse am Einzelfall aufgezeigt werden. Weitere Erläuterungen zur Methodologie der Biographieforschung finden sich deshalb in Kapitel 3 wieder. In den folgenden Abschnitt sollen nun die theoretischen Grundannahmen der Sozialisationsforschung erläutert werden.

2.8.2 Persönlichkeitsentwicklung und lebenslagenspezifische Bedingungen

Die Persönlichkeitsentwicklung, bereits durch ERIKSON (1950) als lebenslanger Entwicklungsprozess in den Bereich der Forschung gerückt, unterliegt vielfältigen Einflüssen, die nicht zuletzt abhängig von den Lebensbedingungen sind, die für die entsprechende Familie Gültigkeit habe; wenn auch entsprechend der allgemeinen Alltagserfahrung die menschliche Identität in ihrem Kern etwas gleich bleibendes ist. (vgl. JÜTTEMANN 1998: 113). Zu nennen sind an dieser Stelle Einkommen, Besitz, Macht und Einfluss, gesellschaftliches Prestige und Bildung (vgl. HURRELMANN 2001: 107) sowie Wohnlage, Infrastrukturversorgung des Wohngebietes, Wohnungsausstattung und -größe, soziale Herkunft, kulturelle Tradition der Familie u. ä. (vgl. ebd. a.a.O.: 114). Geht man davon aus, dass die Verteilung der materiellen und immateriellen Ressourcen in der Bundesrepublik durch ein großes Maß an Ungleichheit gekennzeichnet ist, so unterliegen in gleichem Maße Sozialisationsprozesse diesen unterschiedlichen Gegebenheiten. Wie an anderer Stelle bereits erörtert (vgl. Kap. 2.4.2), beeinflusst zudem die Geschlechtszughörigkeit den Prozess der Sozialisation.

Die Entwicklung und Veränderung der menschlichen Persönlichkeit stehen im Zentrum des Sozialisationsprozesses. Ohne den Persönlichkeitsbegriff lässt sich Sozialisation nicht definieren. Persönlichkeit kann bezeichnet werden als

> „das spezifische Gefüge von Merkmalen, Eigenschaften, Einstellungen und Handlungskompetenzen, das einen einzelnen Menschen kennzeichnet. Entstanden ist dieses organisierte Gefüge auf der biologischen Lebensgrundlage des Menschen durch die Erfahrungen, die der Einzelne im Laufe seiner Lebensgeschichte gemacht hat" (TILLMANN 1989: 11; vgl. dazu auch HURRELMANN 1986: 14).

Persönlichkeit, nach HURRELMANN als Definitionsbestandteil der Sozialisation, wird verstanden als

> „das einem Menschen spezifische organisierte Gefüge von Merkmalen, Eigenschaften, Einstellungen und Handlungskompetenzen (...), das sich auf der Grundlage der biologischen Ausstattung als Ergebnis der Bewältigung von Lebensaufgaben jeweils lebensgeschichtlich ergibt. Als Persönlichkeitsentwicklung lässt sich die überdauernde und langfristige Veränderung wesentlicher Element dieses Gefüges im historischen Zeitverlauf und im Verlauf des Lebens bezeichnen." (HURRELMANN 2001: 14)

In diesem Zusammenhang wird deutlich, dass der Begriff der Persönlichkeit nicht nur von außen beobachtbare Verhaltensweisen meint, sondern auch innerpsychische Prozesse und Zustände, Gefühle und Motivationen, sowie Wissen, Sprache und Werthaltungen (vgl. TILLMANN 1998: 11). Gleichzeitig ist an dieser Stelle erkennbar, wie die unterschiedliche Wahrnehmung der äußeren Realität die innere Realität des Einzelnen beeinflusst und somit bei den einzelnen Menschen zwangsläufig sehr unterschiedliche Ausprägungen der Persönlichkeit anzutreffen sind, die ihre Individualität ausmachen (vgl. ebd.: 12).

Während Individualität die eine Seite der Persönlichkeit eines Menschen ausmacht, wird die andere Seite als Sozialcharakter bezeichnet. Man bezeichnet damit den Teil der Persönlichkeit,

> „der signifikanten sozialen Gruppen gemeinsam ist und der (...) das Produkt der Erfahrung dieser Gruppen darstellt. (...) Eine solche Definition erlaubt es zwischen unterschiedlichen Sozialcharakteren in einer Gesellschaft zu unterscheiden" (ebd.).

So lernt ein heranwachsender Mensch im Laufe seiner Sozialisation alle Besonderheiten ‚seiner' Gruppe kennen und erwirbt damit die entsprechenden Anteile des Sozialcharakters. Gleichzeitig befindet er sich aber auch in einem ständigen Auseinandersetzungsprozess zwischen Vergesellschaftung und Individualisierung und mit beginnender Pubertät in einem beständigen Abgrenzungsprozess zur Außenwelt und insbesondere innerhalb der Familie.

2.8.3 Familie und soziale Herkunft als Determinanten beruflichen Aufstiegs

Neben den individuellen Eigenschaften, dem Selbstkonzept und Verhaltensmustern sowie der bewussten Karriereplanung können insbesondere die Familie und die soziale Herkunft als Determinanten des beruflichen Aufstiegs genannt werden. Dieser Aussage liegt die Annahme zu Grunde, dass Familie als erste Sozialisationsinstanz in diesem Zusammenhang als soziales System von Beziehungen, Prozessen, Handlungen und Kommunikation verstanden wird. Familie grenzt sich von ihrer Umwelt ab, korrespondiert jedoch mit ihr und muss auf Veränderungen reagieren. Sie ist eingebunden in gesellschaftliche Strukturen, komplexe Regelsysteme und unterschiedliche Netzwerke. Der Begriff ‚soziales System' wird hier verstanden im Sinne von WILKE (1993), der System definiert als

> „... einen ganzheitlichen Zusammenhang von Teilen, deren Beziehung untereinander quantitativ intensiver und qualitativ produktiver sind als ihre Beziehungen zu anderen Elementen. Diese Unterschiedlichkeit der Beziehungen konstituiert eine Systemgrenze, die System und Umwelt des Systems trennt". (WILKE 1993: 55)

Die Sozialisation in der Herkunftsfamilie unterliegt einerseits der Beeinflussung durch die ihr zugehörigen Personen (Eltern, Geschwister, evtl. Großeltern) und dem innerhalb der Familie geltenden Wertesystem. Zum anderen befindet sie sich in einem ständigen Auseinandersetzungsprozess mit der umgebenden Lebenswelt, deren Werten, Normen und den gesellschaftlichen Rahmenbedingungen. Dies macht auch JÜTTEMANN deutlich, wenn er aussagt, dass:

> "die Menschen einen vielschichtigen Sozialisationsprozess durchlaufen müssen, um adäquat an die von ihnen selbst hergestellten und sich ständig verändernden gesellschaftlichen Bedingungen angepasst zu bleiben und zugleich die Aufrechterhaltung der jeweiligen Gesellschaftsordnung sicher zu stellen" (JÜTTEMANN 1998: 115).

Studien aus verschiedenen Industriegesellschaften über die Sozialisation in der Familie und soziale Ungleichheit, zu nennen sind hier u.a. KOHN

(1981/ 83), GRÜNEISEN und HOFF (1978), STEINKAMP/ STIEF (1978) und BERTRAM (1981), verweisen auf einen

> „komplexen Vermittlungsprozess zwischen sozialer Lage, Arbeitsanforderungen und beruflichem Werdegang der Eltern einerseits und Interessen, Wertvorstellungen und psychosozialen Kompetenzen von Kindern andererseits. Für diesen Vermittlungsprozess ist die Sozialisationsagentur Familie zuständig; dort fließen die Arbeitsfahrungen und beruflichen Werdegänge von Vater und (seltener) Mutter in die Erfahrungspraxis, Interaktionsbeziehungen und Gesprächsthemen ein" (HEINZ 1995: 129).

Weiterführende Untersuchungen zur familialen Sozialisation, zu nennen sind hier die Bundesrepublik aus den 80er Jahren vor allem die Untersuchungen von SCHNEEWIND u.a. (1983), zielen darauf ab, die familienspezifische Umwelt nach der Qualität der Bedingungen für die Entwicklung der Kinder abzufragen, diese sozusagen als ‚Sozialisationsumwelt' zu verstehen. Im Vordergrund des Forschungsinteresses stehen hier die räumliche und soziale Erscheinungswelt der Umwelt als Erfahrungsbereich der Kinder mit differenzierten Anregungs-, Erfahrungs- und ggf. auch Belastungspotenzialen (vgl. ebd. S. 121). Schwerpunkt dieser so genannten „ökologischen Forschungsansätze" (ebd.) ist die Betrachtung des gesamten Beziehungsgefüges, dem das Erziehungshandeln der Eltern zu Grunde liegt. Die zentrale Funktion der familiären Sozialisation besteht somit darin, die Kinder

> „auf die diejenigen sozialen und kognitiven Kompetenzen vorzubereiten, die zum Leben in der jeweiligen subkulturellen Familienwelt notwendig sind. Im Prozess der familialen Interaktion und Kommunikation werden ja nach Bedingungen der Lebenslage unterschiedlich differenzierte und komplexe Fähigkeiten und Fertigkeiten zur Bewältigung von Lebensaufgaben und Handlungsanforderungen in den außerfamilialen Bereich vermittelt" (ebd.: 138).

Die Persönlichkeitsentwicklung wird auf diesem Hintergrund also nicht von einzelnen Faktoren bestimmt, sondern von einem Geflecht von Beziehungen aller Faktoren zueinander in einem voneinander abhängigen System.
Weitere Faktoren, die außerhalb der Familie die Persönlichkeitsentwicklung eines Menschen entscheidend beeinflussen sind Schul- und Ausbildungszeit. Nach Aussagen HURRELMANNs fehlen derzeit noch differenzierte theoretische Konzepte die Aufschluss darüber geben können, „welche Bedeutung Prozesse der schulischen Sozialisation auf die Persönlichkeitsentwicklung von Schülern haben" (ebd.: 142). Fest steht aber, dass die soziale und materielle Lebenslage der Familie als Ausgangspunkt der schulischen und später auch der beruflichen Laufbahn angesehen werden muss und dass diese Rahmenbedingungen entscheidenden Einfluss darauf haben, wie sich der schulische Erfolg oder Misserfolg eines Menschen darstellt und welche Optionen sich ihm

dadurch eröffnen. Am Ende der Jugendphase, werden durch Ausbildungsabschluss bzw. Berufseintritt, die Weichen für den weiteren Lebenslauf maßgeblich gestellt und diese Entscheidungen sind dann nur noch unter erschwerten Bedingungen zu korrigieren (vgl. ebd.: 143). Grundlage.

2.8.4 Das Theorem des „produktiv realitätsverarbeitenden Subjekts"

Der in bereits in Kapitel 2.7.1 erläuterte Sozialisationsbegriff beruht auf der Konzeption des ‚produktiv realitätsverarbeitenden Subjekts' (HURRELMANN 1983/ 86), die die aktiven reflexiven Komponenten eines Individuums betont.

> „Menschliche Entwicklung und Entwicklung der sozialen und gegenständlichen Umwelt werden in wechselseitiger Abhängigkeit gesehen. Das menschliche Subjekt befindet sich in einem produktiven Aneignungs- und Auseinandersetzungsprozess mit der Umwelt. Das menschliche Subjekt kann die eigene Situation bewusst reflektieren und in die eigenen Handlungsabläufe einbeziehen. Es wählt bestimmte Mittel zur Erreichung bestimmter Ziele aus, bedenkt die Folgen des entsprechenden Handelns und stellt in Rechnung, dass diese Folgen die kontextuellen Bedingungen für das eigene Handeln verändern." (HURRELMANN 2001: 21)

HURRELMANN beschreibt fünf Grundannahmen (vgl. ebd.: 65/ 66), auf denen dieses Theorem basiert und die hier verkürzt, zum besseren Verständnis aufgeführt werden sollen:

1. Kern der Überlegungen ist, im Gegensatz zu früheren Sozialisationsmodellen die Abkehr von der Passivität, mit der das Individuum Sozialisation ‚erleidet', bzw. passiv hinnimmt. Vielmehr geht HURRELMANN davon aus, dass Sozialisation in einem Wechselspiel von Aktion und Reaktion zwischen Individuum und Umwelt abläuft, und das sich das Individuum dadurch verändert, dass es aktiv in das Geschehen um sich herum eingreift.

2. Die zweite Überlegung ist, dass Sozialisation als prozessuales Geschehen abläuft, wobei der Begriff ‚produktiv' ohne Bewertung zu verstehen ist. Gemeint ist hier nur, dass der Sozialisationsprozess als ein Geschehen darstellt, dass sich in einem ständigen Wechsel zwischen Individuum und Umwelt abspielt. Dabei werden Umweltveränderungen aktiv aufgenommen und mit dem eigenen Verhalten abgeglichen, was ggf. dazu führen kann dass sich dieses als Reaktion darauf verändert, bzw. verändern muss.

3. Eine weitere Grundlage für diese Konzeption der soziologischen Sozialisationsforschung ist die Einbeziehung neuerer persönlich-

keits- und entwicklungspsychologischer Konzepte, im Sinne der Berücksichtigung der Person-Umwelt-Reaktion, wobei die soziale Umwelt als konstitutives Element der Persönlichkeitsbildung und – entwicklung zu berücksichtigen ist.

4. Basis des von HURELMANN entwickelten Theorems ist eine mehrdimensionale kontextuelle Theoriekonzeption, die sich gegen eindimensionale Erklärungsansätze in Soziologie, Psychologie und Pädagogik wendet.

5. Als wichtigster Faktor dieser Konzeption ist festzuhalten, dass hier mehrere Dimensionen und Ebenen aus unterschiedlichen Kontexten in modifizierter Form zueinander in Beziehung gesetzt werden und dass diese auch nur dann dem Gegenstandsbereich gerecht werden, d.h. „jede Sozialisationstheorie muss zum Ausdruck bringen, dass sich Individuen im sozialen Kontext entwickeln, dass intraindividuelle und extraindividuelle Prozesse aufeinander bezogen sind" (ebd.: 66).

Legt man nun den aus diesen Überlegungen formulierten Sozialisationsbegriff zu Grunde besteht, somit auch der Prozess der beruflichen Entwicklung aus einem multidimensionalen Bedingungsgefüge, das miteinander in Abhängigkeit steht. Außerdem wird deutlich, dass Sozialisation nicht mit dem Eintritt ins Erwachsenenalter aufhört, sondern als lebenslanger Prozess wirkt, der sich in verschiedenen Lebensphasen in unterschiedlicher Ausprägung darstellt.

> „Jeder Übergang setzt Umorganisationen und Neudefinitionen des Selbstbildes voraus, was meist mit Bilanzierungen zurückliegender Erfahrungen und Erlebnisse sowie Antizipation vorausliegender Erfahrungen und Erlebnisse verbunden ist." (ebd.: 152)

Dies bedeutet, dass Menschen in der Lage sein müssen Veränderungen in ihrem Leben zu antizipieren, Optionen und Chancen wahrzunehmen und angemessen darauf zu reagieren. Sie können dies nur, wenn sie im Verlauf ihrer Sozialisation Strategien und Handlungsoptionen erworben haben, die ihnen dies ermöglichen. Somit stellt sich der Sozialisationsprozess als Basis für die Gestaltung der eigenen Biographie dar, unterscheidet sich allerdings dahingehend von der sogenannten "Biographisierung" (MAROTZKI 1991) (vgl. Kap. 3.2) als das Individuum in einem konstruktivistischen Prozess perspektivisch zukunftsorientiert vorausschauend agiert, während es sich im Verlauf der Sozialisation reaktiv rückblickend verhält und neue Verhaltensmuster auf der Basis der Reaktion der Umwelt auf alte Verhaltensmuster aufbaut.

Für diese Studie ist dieser Aspekt außerdem zusätzlich unter dem Geschlechterfokus zu betrachten, da sich die Frauen dieser Untersuchungsgruppe in einem beruflichen Umfeld bewegen, dass durch männliche Strukturen dominiert wird. Somit stellt sich die Frage nach der beruflichen Sozialisation unter geschlechtsspezifischen Gesichtspunkten.

2.8.5 'Doing gender while doing work'

Wie stellt sich der Aspekt des 'doing gender' in Professionalisierungsprozessen dar? Hat der aktive Auseinandersetzungsprozess im Verlauf der beruflichen Sozialisation Folgen für das Selbstverständnis dieser Berufgruppe oder wird die bestehende geschlechterkonstituierende Arbeitsteilung festgeschrieben? Sozialarbeiterinnen in Führungspositionen befinden sich in einem Arbeitsbereich, der sich als komplexes Gebilde sich im Grunde widersprechender Inhalte darstellt. Deutlich wird dies bereits im Vorfeld der Untersuchung, als bei der Suche nach Interviewpartnerinnen allein deshalb Probleme auftreten, weil die Frauen sich nicht selbst mit den herkömmlichen Begriffen von Führung und Karriere in Beziehung setzen können. Dabei werden mehrere Aspekte offenkundig. Zum einen arbeiten die Frauen in einem ursprünglich reinen Frauenberufsfeld. Sozialarbeit als Frauenberuf, als sogenannte 'Semi-Profession' (vgl. Kap. 2.5) impliziert die Aspekte der ‚geistigen Mütterlichkeit' und des 'Helfenswollens' auf professioneller Ebene, ist also traditionell geschlechtsspezifisch auf Frauen zugeschnitten und somit erst einmal mit dem individuellen weiblichen Selbstverständnis vereinbar. In der Regel wurde dieses Berufsfeld auch unter diesen Aspekten ausgewählt. Die Definition der eigenen beruflichen Position als Führungsposition verändert dieses weibliche Selbstverständnis insofern, als Führung primär als männlich definierte Tätigkeit gilt und de facto auch im sozialen Bereich die Führungspositionen mehrheitlich mit Männern besetzt sind. Somit sind bisher auch in diesem ursprünglich spezifischem Frauenberuf die Geschlechtergrenzen und mit ihnen Hierarchie und Differenz im Verhältnis der Geschlechter zueinander im Inneren dieses Berufes etabliert (vgl. WETTERER 1999: 237). Ein weiterer Hintergrund für dieses andere Selbstverständnis der eigenen beruflichen Tätigkeit ist, dass Sozialarbeit und Karriere, wie es im Rahmen dieser Untersuchung thematisiert wird, bisher ebenfalls nicht in das Selbstverständnis der Zielgruppe passt, da der Karrierebegriff eher dem Managementbereich der freien Wirtschaft zugeschrieben wird und auf den ersten Blick nicht zum Berufsbild der SozialarbeiterIn passt. Auf diesem Hintergrund stellt sich die Frage nach dem 'doing gender' im Berufsalltag in Zusammenhang mit dem oben beschriebenen Sozialisationsbegriff unter verschiedenen Aspekten. Zum einen stellt sich die Frage, wie die Frauen auf diesen männlich dominierten Hierarchieebene ihre berufliche Position ausgestalten. Haben sie die männlichen Verhaltensmuster/ Spielregeln im Laufe der Zeit übernommen, sind sozusagen assimiliert, haben sie es geschafft diese in ihrem Sinne zu verändern, oder haben sie mit ihrem Eindringen in diese Hierarchiestufe eigene Verhaltensmuster/ Spielregeln entwickelt? Weiterhin ist zu untersuchen, ob sie sich thematisch mit sogenannten 'harten facts', wie z.B. Controlling oder Finanzen etc. befassen oder in spezifisch weiblichen Themenbereichen, wie Frauen, Familie und Kinder verhaftet geblieben sind. Diese beiden Punkte implizieren also die Frage nach der Konstruktion, bzw. Dekonstruktion der Geschlechtlichkeit im Rahmen des Berufsalltags, bzw. die Festschreibung der Marginalisierung. Als drittes ist abschließend zu fragen, wie sich ihr Selbstverständnis in der Realität tatsächlich darstellt, bzw. ob sich nach der Untersuchung etwas daran verändert hat.

Im Hinblick auf die Forschungsfrage und in Zusammenhang mit den o. g. theoretischen Überlegungen ergibt sich für die vorliegende Untersuchung folgende

These:

- Es gibt in der Biographie der einzelnen Frauen Hinweise auf Besonderheiten, die ihre heutige Karriere begünstigt haben. Sie können individuelle Ressourcen nutzen, die sie im Verlauf ihrer primären und beruflichen Sozialisation erworben haben und die andere Frauen nicht haben.

Ob und wie die befragten Frauen diese Ressourcen im Verlauf ihrer beruflichen Entwicklung genutzt haben, wird sich im Verlauf der empirischen Untersuchung erweisen und unter folgenden Fragestellungen untersucht:

- Haben bestimmte vorgegebene Faktoren in der Konstellation der Herkunftsfamilie der einzelnen Frau ihre Karriere beeinflusst?
- Gibt es individuelle Verhaltensmuster, die sich im Lebenslauf der Person wiederholen?
- Wurden Handlungskompetenzen erworben oder waren sie vorab schon vorhanden und notwendig?
- Gibt es individuelle Ressourcen, welche die Karriere begünstigt haben?
- Konnten spezifische Unterstützungssysteme genutzt werden?

3 Das Forschungsdesign

Um die Konzeption der Studie in schlüssiger Weise nachvollziehbar zu machen, ist es notwendig kurz noch einmal auf die Vorüberlegungen zu verweisen, die zu dieser Konzeption geführt haben. Ziel der Untersuchung war die Suche nach subjektiven Erklärungsmustern für den Verlauf individueller Karrierewege von Sozialarbeiterinnen in Führungspositionen aus biographischer Perspektive, wobei die subjektive Sichtweise der einzelnen Frau einerseits und die Suche nach generalisierbaren Mustern andererseits den Forschungsprozess determinierten. Wurde in bisherigen Forschungsansätzen nur eine defizitäre Sichtweise der Thematik angewandt, unterscheidet sich diese Arbeit darin, dass sie einen ressourcenorientierten Ansatz verfolgt. Die Fragestellung heißt hier nicht, was hindert Frauen (Sozialarbeiterinnen), daran Karriere zu machen, sondern was befähigt insbesondere diese Frauen im Gegensatz zu anderen. Aus diesem Grund ist es notwendig eine Forschungsmethodik zu wählen, die sowohl die individuelle Komponente berücksichtigt, als auch die Komplexität der Thematik.

Folgende Überlegungen waren also zu berücksichtigen:

➢ die Zielgruppe ist gekennzeichnet durch ihre geschlechtliche und berufliche Identität, was erfordert, sich theoretisch sowohl mit dem aktuellen Stand der Frauen- und Geschlechterforschung als auch mit der berufssoziologischen Perspektive der Sozialen Arbeit auseinander zu setzen.

➢ die Frauen bekleiden Führungspositionen, die Folge ist eine Berücksichtigung der aktuellen Führungsforschung, ebenfalls im Bezug auf die Geschlechterproblematik und auch in Bezug auf Soziale Arbeit.

➢ der individuelle Blickwinkel auf den eigenen Lebensweg, d.h. die biographische Perspektive, zieht zwangsläufig die Berücksichtigung der Grundlagen biographischer Forschung nach sich

➢ die ressourcenorientierte Sichtweise der Untersuchung verlangt außerdem eine Einbeziehung sozialisationstheoretischer Konzepte.

Aus dieser Komplexität der Untersuchungsthematik ergibt sich eine Vorgehensweise, die den aktuellen Stand der Forschung und das theoretische Vorwissen berücksichtigt.

3.1 Methodologische Überlegungen

Im folgenden Kapitel werden die methodologischen Überlegungen vorgestellt, die die Ausgangsbasis für die Konzeption des Forschungsdesigns darstellen. Dabei werden die für diese Untersuchung grundlegenden theoretischen Grundannahmen aus den Bereichen der qualitativen Forschungsmethodik, der Biographie- und der Frauenforschung erörtert und auf ihre Relevanz in Bezug auf die theoretische Fundierung dieser Untersuchung erläutert.

Die Zielsetzung der Untersuchung basiert auf der Analyse individueller biographischer Abläufe, ihrer Interpretation und Bewertung, also einer subjektbezogenen Perspektive. Die auf diesem Hintergrund entwickelten Fragestellungen rücken die individuelle Sichtweise und die daraus resultierenden Handlungen der Sozialarbeiterinnen in den Vordergrund des Erkenntnisinteresses. Aus diesem Grund ist es nicht möglich theoretische Ansätze der normativ-deduktiven Tradition zu verfolgen. Ausgangsbasis dieser Untersuchung sind vielmehr die Überlegungen, dass der Mensch eine aktive Rolle bei der Gestaltung der Gesellschaft in der er lebt und bei der Gestaltung seines Lebens übernimmt (vgl. ABELS 1998: 39). Gleichsam unterliegen alle Handlungen einem vorausgehenden subjektiven Deutungsprozess des jeweiligen situativen Kontextes und der individuellen Lebensumstände. Die Bedeutungen von Handlungen werden als subjektiv bestimmte Relevanzen konzipiert. Damit können die Handlungsbedeutungen nur über das subjektive Bewusstsein des Handelnden erschlossen werden (vgl. Schneider 1987). Aus diesem Zusammenhang begründet sich für diese Untersuchung die Verortung im Rahmen der qualitativen Methoden im Sinne des Interpretativen Paradigmas[8]. Das 'interpretative Paradigma' (WILSON 1970) beruht auf der Überlegung, dass es kein "intersubjektiv gemeinsam geteiltes, als selbstverständlich voraussetzbares System von Symbolen (...) gibt" (ebd.: 38). Der Handelnde

> „... nimmt (...) nicht einfach einen Status mit festgeordneten Regeln und Rollenerwartungen ein, sondern Sinn und Bedeutung einer jeden Rolle sind abhängig von den individuellen Einschätzungen der Situation, von den situationsspezifischen Möglichkeiten ihrer Auslegung und von dem, was in der Interaktion mit allen Beteiligten als gemeinsame Definition der Situation herauskommt." (ebd.: 39/ 40)

Handeln bedeutet also in diesem Zusammenhang das Strukturieren einer Situation, im Sinne des Interpretierens. Gleichsam werden zukünftige Handlungen aus der subjektiven Interpretation der Erfahrungen vorangegangener Handlungen antizipiert. Aus dieser Perspektive lassen

---

[8] Der Begriff des Interpretativen Paradigmas wurde 1970 von WILSON in Abgrenzung zum normativen Paradigma geprägt.

sich in der qualitativen Forschung verschiedene interpretative Ansätze heranziehen, die auf der Basis der gesellschaftlichen Konstruktion von Wirklichkeit (vgl. BERGER/ LUCKMANN 1993/ Orig. 1966) operieren. Zu nennen sind an dieser Stelle die Ethnomethodologie (vgl. GARFINKEL 1967), die Phänomenologie (vgl. SCHÜTZ 1974/ SCHÜTZ & LUCKMANN 1979) und der Symbolische Interaktionismus (vgl. MEAD 1968, Orig. 1934/ BLUMER 1973, Orig. 1969).
Stellen das Handeln des Einzelnen und die Interpretation dieses Handelns die zentralen Untersuchungsgegenstände dar, wie es im Rahmen von Biographie- und Lebenslaufforschung der Fall ist, bietet die Theorie des 'Symbolischen Interaktionismus' eine angemessene Grundlage.

3.1.1 Die Theorie des Symbolischen Interaktionismus im Begründungszusammenhang

Das Kernthema dieser Untersuchung, die Frage nach dem individuellen Karriereverlauf von Sozialarbeiterinnen in Führungspositionen unter der Berücksichtigung der Bewertung der subjektiven biographischen Perspektive, ist eingebettet in die gesamtgesellschaftlichen und wirtschaftlichen Entwicklungen in der individualisierten Gesellschaft (vgl. Kap. 2.1). Für jeden Menschen, insbesondere aber für Frauen, die durch die Individualisierung in allen Lebensbereichen kaum noch Orientierungslinien vorfinden, ergibt sich vor diesem Hintergrund die Notwendigkeit eine aktive Rolle bei der Gestaltung der sozialen Wirklichkeit zu übernehmen, wenn individuelle Vorstellungen und Träume der eigenen Lebensplanung realisiert werden sollen. Insbesondere bei der Gestaltung der Berufsbiographie ergeben sich in diesem Zusammenhang permanente situative Aushandlungsprozesse, die nur dann zufrieden stellend bewältigt werden können, wenn ein ständiger Abgleich zwischen Ansprüchen, Erwartungen und Vorgaben der Außenwelt und individuellen Vorstellungen und Kompetenzen erfolgt. Dieser Abgleich erfolgt bei jedem Individuum einzig und allein aus einer subjektiven Perspektive, d. h. die Wahrnehmung der Außenwelt mit allen ihren Facetten ist subjektiven Interpretationsprozessen unterworfen, denen das Individuum einen subjektiven Sinn, eine subjektive Bedeutung zuordnet. Diese wiederum wird abgeglichen mit normativen gesellschaftlichen Vorgaben und erst aus diesem Interaktionsprozess ergeben sich individuell begründete Handlungen, die in ihrer Summe die Gestaltung der individuellen Biographie bedingen.

„ Die Konstruktion der je eigenen Biographie durch eine Person vollzieht sich im radikalen Sinn des Wortes autonom. Alle Einflüsse aus der gesellschaftlichen Umwelt, ob gezielt oder absichtslos, werden gemäß den internen Strukturen des personalen Systems verarbeitet (...) und können allein so biographische Bedeutung erlangen (SCHIMANK 1988: 58)."

Diese Gestaltungsprozesse vollziehen sich naturgemäß im Rahmen kommunikativer Auseinandersetzungsprozesse des Individuums mit seiner Umwelt.

„(Der Symbolische Interaktionismus) betont (...) in seinen Grundannahmen die aktive Rolle des Individuums bei der Gestaltung sozialer Wirklichkeit, verweist in seinen Handlungslinien auf die Rolle eingelebter kultureller, symbolisch vermittelter Normen, die in der Interaktion erst zur konkreten Handlungswirklichkeit für die Beteiligten werden (FLICK et. al. 2000: 107)."

3.1.2 Die Begrifflichkeit des symbolischen Interaktionismus

Die Begrifflichkeit des symbolischen Interaktionismus setzt sich zusammen aus den Teilen ‚symbolisch' und ‚Interaktion'. ‚Symbolisch' bezieht sich auf Sprache und meint, dass verbaler Kommunikation eine bestimmte symbolische Bedeutung zugemessen wird – ‚Interaktion' beschreibt, dass handelnde Individuen in wechselseitiger Beziehung zueinander stehen. Der symbolische Interaktionismus, wie BLUMER ihn weiterentwickelt hat, findet seinen Ursprung bei G.H. MEAD (1934/ 1968). MEADS These, dass Individuen soziale Interaktionen gestalten durch wechselseitige Rollenübernahme, die gegenseitige Anzeige und Interpretation des Verhaltens, erfährt bei BLUMER (1973/ Orig. 1968) eine weitere Spezifizierung. BLUMERS Kernannahme besagt, dass „nach der Theorie des Symbolischen Interaktionismus Individuen handeln, indem sie sich und anderen die symbolische Bedeutung ihres Handelns anzeigen" (ABELS 1998: 58).
Soziale Interaktion ist bei BLUMER ein Prozess wechselseitigen Verhaltens zwischen Handelnden. Er betrachtet Interaktion als einen Prozess, der menschliches Verhalten formt (vgl. ebd.).

G.H. MEAD hat aus der amerikanischen sozialphilosophischen Tradition heraus eine Handlungstheorie entwickelt, die offen beobachtbares Verhalten von Menschen in ihren Mittelpunkt stellt, in der Analyse aber gleichzeitig die subjektive und intersubjektive Interpretation innerhalb einer Kommunikationssituation berücksichtigt. Grundlage der Theorie ist somit die Auseinandersetzung des Menschen mit der natürlichen und sozialen Umwelt (vgl. HURRELMANN 2001 a.a.O.: 49). Nach MEAD entsteht Persönlichkeit als Produkt zweier Größen. Er nennt die eher soziale Komponente des 'me' und die eher physische Komponente des 'I'. Das 'me' ist in diesem Sinne zu verstehen als das ‚reflektierte Ich', das ‚I' als das ‚impulsive Ich'.

Während das 'I' nie vollständig sozialisierbar ist und zu spontaner Reaktion neigt, bezeichnet das 'me' die Vorstellung von dem Bild, das andere sich von mir gemacht haben (vgl. ABELS 1998 a.a.O.: 34). „Das 'me' ist das, was das Subjekt über sich selbst im Prozess der Rollenübernahme erfahren hat" (ebd.). ‚Rollenübernahme' meint die Fähigkeit, von der Position des anderen aus zu denken (vgl. ebd. a.a.O.: 21). 'Me' und 'I' stehen in wechselseitiger Abhängigkeit, das 'me' ist sinngemäß zu verstehen als soziale Kontrollinstanz des 'I', während das 'I' dazu da ist, Widerstände zu zeigen und Veränderung anzuregen. Dieser wechselseitige Dialog führt dazu, dass 'me' und 'I' ständig in Bewegung sind und sich beständig verändern, d.h. im Prozess entwickelt sich ein reflexives Bewusstsein, das durch die Vielheit der Perspektiven immer wieder in Gang gesetzt wird (vgl. ebd. a.a.O. S.35/ 36). Gelingt die dauerhafte beständige Kommunikation zwischen diesen beiden Ebenen, entsteht Identität. Wenn beide Seiten des 'Ich' in einer gleichgewichtigen Spannung zueinander stehen, kann man von einer gelungenen Identität sprechen (vgl. ebd.).
Aus diesem Begründungszusammenhang wird es somit möglich, die individuelle Gestaltung biographischer Prozesse zu betrachten ohne den gesamtgesellschaftlichen Zusammenhang aus den Augen zu verlieren.

3.2 Aspekte der Biographieforschung

„Die Biographieforschung hat in den letzten Jahren in der Erziehungswissenschaft mit verschiedenen Gegenstandsbereichen und mittlerweile hohem theoretischen Anspruch eine zentrale Position erhalten. In der Erwachsenenbildung , in der biographisches Erzählen immer schon einen Stellenwert hatte, fand sie über Modernisierungs- und Individualisierungsdiskussionen besondere Aufmerksamkeit, (...)" (SCHLÜTER 2002: 287).

‚Biographie' bedeutet wörtlich: Beschreibung des Lebens, der Lebensgeschichte eines Individuums. Der Wissenschaft sind diese Daten z.B. in Form von Autobiographien, Lebenslaufbeschreibungen, Briefen und Interviews zugänglich. Neben anderen Schwerpunkten stehen zurzeit 'Biographien als subjektive Organisation des Lebens im Spannungsfeld von Vergesellschaftung und Individuen' im Interesse der ForscherInnen (vgl. REINHOLD 1991: 64).
WILHELM DILTHEY (1852 – 1911) hat bereits zu Beginn des 20. Jahrhunderts "mit seiner Grundlegung der Geisteswissenschaften ein Verständnis des menschlichen Lebenslaufs eröffnet" (MAROTZKI 2000: 178), das darauf abzielt, menschliches Leben im Rahmen der Geisteswissenschaften als "gesellschaftlich aufeinander bezogene individuelle Lebenseinheiten zu verstehen" (ebd.). Werden diese im Rahmen des Verstehensprozesses aufeinander bezogen, ergibt sich aus dieser Herstellung von Zusammenhängen eine Sinnbildung, der allein die

Analyse menschlichen Lebens möglich macht. Dieses Grundverständnis wurde allerdings in bisherigen Rezeptionen kaum genutzt (vgl. ebd.). Die eigentlichen Impulse für eine an den Standards der qualitativen Sozialforschung orientierten Biographieforschung stammen aus der Entwicklung des qualitativen (interpretativen) Paradigmas (HOFFMANN-RIEM 1980) aus den Sozialwissenschaften.

Die Analyseebene Biographieforschung involviert eine Vielzahl theoretischer Rahmenkonzepte und empirischer Forschungsmethoden, zu nennen sind an dieser Stelle Wissenssoziologie, Symbolischer Interaktionismus (vgl. dazu Kap. 3.1.1), Ethnotheorie und Ethnomethodologie und die Konversationsanalyse, die entsprechend dem jeweiligen Forschungsschwerpunkt eingesetzt werden.

Die hier vorliegende Forschungsarbeit befasst sich mit den individuellen Erfahrungen einer bestimmten Berufsgruppe und mit den daraus resultierenden Konsequenzen im Verlauf ihres weiteren Lebens. Daraus ergibt sich die Notwendigkeit einen genaueren Blick auf die theoretischen Grundannahmen biographischer Forschung zu werfen.

Wie entstehen Biographien? Den erzählten Ereignissen werden Daten zugeordnet, es werden Bezüge untereinander hergestellt und es erfolgt eine konstruierende Überarbeitung der ErzählerIn, die die Ereignisse des Lebensverlaufs situativ an die aktuelle Lebenssituation anpasst. Dies meint nicht, dass Ereignisse erfunden werden, die es nicht gegeben hat oder Dinge weggelassen werden, die passiert sind. Vielmehr wird die Wertigkeit einzelner Geschehnisse und Erfahrungen und die Interpretation derselben den Erfordernissen der Lebenssituation angepasst, in der die ErzählerIn sich aktuell befindet. Somit entsteht Biographie erst durch die produktive Gestaltungsleistung eines Individuums (vgl. hierzu SCHULZE 1985: 37f; FISCHER/ KOHLI 1987: 29f; SIEBERS 1996: 25f; HOERNING 2000: 4; ABELS 2001: 267). Dabei wird deutlich, dass diese Erzählungen in der Retrospektive bereits interpretativ subjektiv gefärbt sind.

> „Die Biographie ist in dieser Sicht also ein vom Subjekt hervorgebrachtes Konstrukt, das die Fülle der Erfahrungen und Ereignisse des gelebten Lebens zu einem Zusammenhang organisiert" (MAROTZKI 1991: 410).

BUDE erfasst diesen Sachverhalt unter dem Begriff "Lebenskonstruktion" (vgl. BUDE 1998: 248). Er bezieht sich dabei auf die Interpretation transkribierter offener Interviews (KOHLI 1978), die den Zusammenhang von persönlicher und gesellschaftlicher Geschichte thematisierten (vgl. ebd.: 247).

Gleichzeitig wird anhand der Analyse der Handlungsweise eines Individuums deutlich, dass die zeitliche Abfolge nur so und in keiner anderen Reihenfolge ablaufen konnte, dass sich Ereignisse aus vorangegangenen Ereignissen entwickeln, bzw. auf der Erfahrung gewonnen in vorangegangenen Situationen aufbauen, immer korrespondierend mit den sich ständig verändernden Bedingungen der Alltagswelt.

„Der Alltagswelt gehört ein prinzipiell offener Horizont an, ein 'woher' und 'woraufhin' individuellen Lebens, in dem Vergangenheit und Zukunft aus der jeweiligen Gegenwartsperspektive immer erneut konstruiert werden." (FISCHER/ KOHLI 1987: 29)

Durch die Einbeziehung der zeitlichen Dimension wird dabei gleichzeitig die subjektive Beeinflussbarkeit und damit auch die Einzigartigkeit des einzelnen Lebenslaufs hervorgehoben.
In diesem Zusammenhang wird deutlich, dass Biographien bzw. biographischen Erzählungen auch eine zentrale Funktion für die Entwicklung eines Individuums zukommen, durch sie wird lebensgeschichtliche Kontinuität erzeugt (vgl. ebd.: 27) und es wird deutlich, dass ständige soziale Veränderungen und Individualisierungsprozesse individuelle biographische Anpassungsleistungen erforderlich machen (vgl. ebd.: 26). Aus handlungstheoretischer Sicht heißt dies, dass „das Subjekt selber aktiv an der Gestaltung seiner Lebensverhältnisse beteiligt ist" (vgl. ebd.: 24). Das heißt, das Individuum konstruiert seine eigene Biographie auf der Basis individueller subjektiver Erfahrungen in Antizipation möglicher in der Zukunft eintretender Ereignisse. Dabei greift es zurück auf gemachte Erfahrungen, denen es je nach den Erfordernissen der Situation entsprechende Bedeutungen zuordnet und diese in einen nur für das Individuum gültigen Zusammenhang stellt.

„Die Zusammenhangsbildung sei Ausdruck eines synthetischen Vermögens des Subjekts, das ihm ganz grundlegend zukomme, und zwar als Leistung des Bewusstseins, das Beziehungen zwischen Teilen und einem Ganzen beständig herstelle und in neuen biographischen Situationen überprüfe, bzw. modifiziere. Die konstruktive Leistung, Zusammenhänge herzustellen sei gleichzeitig die Leistung der Sinnerzeugung" (MAROTZKI 1991: 411)

MAROTZKI nennt den Begriff der Zusammenhangsbildung „Biographisierung" (ebd.) und stellt in seinen eigenen Überlegungen die Thematik der Sinnbildung in den Mittelpunkt. Die Lebenskonstruktion von der BUDE (1998) spricht, basiert auf drei Voraussetzungen. Erstens geht er davon aus, das "das Individuum ein eigenkonstruktives Wesen ist", das "(...) sein eigenes Leben [führt] (BUDE 1998: 250). Dabei fällt der Berücksichtigung des "Zeitpfeil(s) der Biographie" (ebd.) eine besondere Bedeutung zu, denn das einzelne Individuum

"setzt durch seine Handlungen und Unterlassungen bestimmte Bedingungen für den Spielraum weiterer Ereignisse, die dann wieder als Bedingungen auf seine nächsten Entwürfe und Bilanzen zurückwirken" (ebd. S. 250/251).

Der zweite Aspekt, den BUDE nennt ist, "dass das Leben einer Person von Regeln geleitet ist, die diesem eine wieder erkennbare Form verleihen, aber dass der einzelne über keinen bedienbaren Regelapparat verfügt" (ebd. S. 251). Gemeint ist damit, dass das Individuum nach Regeln handelt, die er aus seinem Erfahrungsschatz ableitet, diese aber nicht immer objektiv erklären kann. Als dritter Aspekt ergibt sich, "dass sich der Wirkungsbereich dieser Regeln auf die gesamte Existenz erstreckt" (ebd.). BUDE definiert seinen Begriff der 'Lebenskonstruktion' somit anhand der Variablen "Konstruktivität, Regularität und Totalität (...) (und versteht ihn als) das gestaltbildende und formgebende Regelgerüst eines individuellen Lebens" (ebd.). An dieser Stelle wird somit noch einmal der konstruktivistische Hintergrund dieses Ansatzes deutlich, der die prozesshafte Perspektive der Konstruktion sozialer Realität als eine ständig zu reproduzierende Anpassungsleistung des Individuums aufzeigt (vgl. LEMMERMÖHLE et. al. 2000: 24)

Im Zeitalter der Individualisierung, in dem Menschen gezwungen sind aktiv an der Gestaltung ihres Lebens mitzuwirken, da tradierte Vorgaben und Normen immer mehr in den Hintergrund rücken (vgl. dazu Kap 2.), stellt sich Biographie als „Sinnressource" dar, „...der einzelne [muss] immer stärker aus sich heraus Sinn erzeugen" (MAROTZKI 1991: 412). Insbesondere für Frauen, für die die so genannte männliche Normalbiographie kein Maßstab sein kann, da sie aufgrund der doppelten Vergesellschaftung von Frauen nicht linear verläuft, sondern durch Brüche und 'Um'wege gekennzeichnet ist, ergibt sich hieraus eine besondere Anforderung, die nur dann erfüllt werden kann, wenn Frau im Verlauf ihrer Sozialisation funktionierende Handlungsstrategien erlernt hat. Dies gewinnt besonders an Wichtigkeit, wenn man davon ausgeht, dass heutzutage 'Unsicherheit'[9] als bestimmendes Strukturmerkmal weiblicher Biographien betrachtet werden muss. Während für die männliche Bevölkerung auch heute noch die männliche Normalbiographie, wenn auch mit Einschränkungen auf Grund der wirtschaftlichen und arbeitsmarktpolitischen Entwicklung weiterhin Gültigkeit hat, erleben Frauen ein immer höheres Maß an Unsicherheit. Für Monika WOHLRAB-SAHR (1993) sind

"weibliche Biographien (...) heute mehr denn je Biographien im Übergang: die alten auf die Familie zentrierten Modelle verlieren an Gültigkeit, während neu entstehende noch nicht eingelebt und institutionalisiert sind. Die Spannung zwischen 'nicht mehr' und 'noch nicht', zwischen verblassenden Vorbildern und unpräzisen neuen Leitbildern, oder schlicht die zwischen geweckten Ansprüchen und deren mangelnder Realisierbarkeit ist zum charakteristischen Merkmal der gegenwärtigen Situation von Frauen geworden." (WOHLRAB-SAHR 1993: 12)

---

[9] Unsicherheit wird in den klassischen soziologischen Theorien "meist implizit (...) in Zusammenhang mit sozialen Institutionen, im Kontext von Untersuchungen zum sozialen Wandel oder zur sozialen Mobilität behandelt" (ebd. WOHLRAB-SAHR)

Daraus ergibt sich für Frauen ein hoher Anspruch an die Gestaltung der individuelle Lebensführung auf allen Ebenen, die derzeit insbesondere in Bezug auf die berufliche Perspektive unter erschwerten Bedingungen stattfindet.

3.2.1 Biographieforschung und feministische Wissenschaft

Die Entwicklung der Frauenforschung basiert auf dem Hintergrund der Frauenbewegung der 70er Jahre, die erstmalig den Ausschluss der Frauen aus Wissenschaft und Forschung aufzeigte und deren Ziel es auch war, "Frauen in ihren Lebenszusammenhängen sichtbar zu machen" (KRAUL 1999: 456). Durch die enge Verbindung von Forschung und politischer Bewegung ergab sich, dass neben der Erarbeitung neuer Theorien bis hin zu einer spezifisch feministischen Methodologie (vgl. THÜRMER-ROHR 1984, GÖTTNER-ABENDROTH 1983, BECKER-SCHMIDT 1984) vor allem der Abbau von aktuellen realen Benachteiligungen von Frauen im Mittelpunkt des Interesses stand. Somit kam der parteilichen aktivierenden Sozialforschung ein hoher Stellenwert zu (vgl. GILDEMEISTER 2000: 213f).

Es kann an dieser Stelle nicht Ziel der Arbeit sein, den gesamten Entwicklungsprozess der Frauenforschung der 70er Jahre hin zur heutigen Geschlechterforschung (Gender Studies) aufzuzeigen. Vielmehr sollen an dieser Stelle die Aspekte erläutert werden, die für die Themenstellung der Untersuchung in Bezug auf die Biographische Perspektive von Bedeutung sind und das Forschungsdesign beeinflusst haben.

> „Die Maxime qualitativer Sozialforschung, soziale Wirklichkeit dadurch zu erfassen, dass die Perspektiven, Sinngebungen und Relevanzstrukturen der Gesellschaftsmitglieder rekonstruiert werden, wird von der Frauenforschung in der Weise aufgegriffen, dass sie emanzipatorische Ansprüche daran anschließt" (BEHNKE/ MEUSER 1999: 14).

In dieser Arbeit liegt das Erkenntnisinteresse u.a. in der Analyse individueller und struktureller Bedingungen, welche die Personen der Zielgruppe in ihre heutige berufliche Position gebracht haben. Der Weg dahin ist gekennzeichnet durch ein Sich-Einlassen-Müssen auf männliche Strukturen, die Auseinandersetzung mit dem männlichen Karrieremuster und der Festschreibung stereotyper Rollenzuweisungen. Die so genannte männliche Normalbiographie kann für Frauen kein Maßstab sein; dass Lebens- und Berufsalltag von Frauen auf Grund ihrer geschlechtsspezifischen Sozialisation anderen Bedingungen unterliegen, findet hierbei keine Berücksichtigung. Dies wirkt sich in der Realität für Frauen fatal aus, denn sie sind in diesem Spannungsfeld gezwungen, sowohl ihre Weiblichkeit als auch ihre Berufsrolle ständig neu zu konstruieren. In diesem Prozess des alltäglichen ´doing gender` kommt der Analyse von Interaktionsprozessen ein zentraler Stellenwert zu (vgl. WEST/ ZIMMERMANN 1991).

In der feministischen Wissenschaft kommt der Biographieforschung eine besondere Bedeutung zu, da Frauenforschung "Wertfreiheit und Objektivität (KRAUL 1999: 457) "als androzentische Kategorien ablehnt und sich „...auf Grund der Unterdrückung, Verzerrung und Ausgrenzung von Frauen aus der traditionellen Wissenschaft nicht ohne weiteres auf bewahrte und bewährte Traditionen..." beziehen kann (BECKER-SCHMIDT 1985: 97). Dies mag einerseits hinderlich sein, da es impliziert, neue Methoden suchen bzw. finden zu müssen, mit denen „... eine autonome Erforschung weiblicher Realität im Interesse von Frauen gelingen kann" (ebd.). Andererseits eröffnet sich damit die Chance, Methoden anzuwenden, die möglichst genau an die Subjekte der Untersuchung angepasst werden können. Dabei sind verschiedene Aspekte hervorzuheben, wie sie DAUSIEN (1994) in ihrem Aufsatz ‚Biographieforschung als „Königinnenweg"?' beschreibt.

Biographische Methoden versuchen nicht ‚Neutralität' im Sinne von Objektivität aller am Forschungsprozess Beteiligten zu bewahren, sondern setzen bewusst an der Subjektivität der einzelnen Person an. Subjektperspektive und persönliche Erfahrungen der einzelnen Frauen sollen sichtbar gemacht und zum Ausgangspunkt der Theoriebildung werden.

Ein biographischer Ansatz betont die Zeitlichkeit, Prozesshaftigkeit und Veränderbarkeit sozialer Phänomene. Damit eröffnet sich die Perspektive auf die Entwicklung individueller und kollektiver Lebenslagen von Frauen und deren zukünftige Veränderungsmöglichkeiten, sowie für die Facetten weiblicher Lebenswelten in ihrer gesamten Differenziertheit (KRAUL 1999: 459). Dazu im Gegensatz steht die statische, auf Wiederholbarkeit und ‚allgemein gültige' Gesetzmäßigkeiten abzielende herrschende Wissenschaftslogik, die den gesellschaftlichen Status quo stabilisiert.

Biographieforschung eröffnet eine ganzheitliche Perspektive als Zugang zur sozialen Wirklichkeit. Dadurch ist es möglich alle Aspekte des weiblichen Lebenszusammenhangs zu untersuchen, einschließlich historischer und zukünftiger Entwicklungen (vgl. DAUSIEN 1994: 131/132).

Somit stellt sich der Biographieforschung als geschlechtsgebunder Konzeption die Aufgabe, das Verhältnis von Biographie und Geschlecht in einer sich ständig verändernden modernen Gesellschaft zu untersuchen. Sie ist aber nicht der einzige mögliche Weg, im Sinne eines „Königinnenweges", wie DAUSIEN abschließend feststellt, denn das würde dem breiten und differenzierten Spektrum feministischer Wissenschaft nicht gerecht werden.

Feministische Biographieforschung setzt direkt am Subjektbegriff, d.h. an den subjektiven Erfahrungen der einzelnen Frau an. So wird es möglich, unter der hier implizierten Fragestellung individuelle Ressourcen und Strategien zur Bewältigung des individuellen Aufstiegs in einem männlich dominierten hierarchischem System aufzuspüren.
Gleichzeitig sollen die gewonnenen Erkenntnisse Frauen, die ebenfalls Karrierepositionen anstreben, den Weg ebnen; dies ist nur dann möglich, wenn es gelingt, die individuellen Erfahrungen sichtbar zu machen und deren Auswirkungen auf den Karriereverlauf zu verdeutlichen. An dieser Stelle wird das Prinzip der 'persönlichen Betroffenheit' in der Frauenforschung deutlich. 'Betroffenheit' wurde erstmals von Maria MIES in ihren Methodischen Postulaten als Begriff formuliert. Sie beschreibt damit

„... einen subjektiven Prozess, der mit Gefühlen der Empörung, Wut, Angst beginnen mag, aber dann zu Reflexion, Analyse und Erforschung der Ursachen dieser Gefühle führen muss. Und schließlich müssen diese neuen Erkenntnisse zu transformativer Praxis führen, wenn das ganze einen Sinn haben soll".
(MIES 1984, in VÖLGER 1997: 56)

Betroffenheit im Sinne von Selbsterfahrung spielt in dieser Studie insofern eine Rolle, als dass sich aus Erfahrungen der Einzelnen mögliche neue Chancen für viele ableiten lassen. OSTNER meint dazu:

„Selbsterfahrung in der feministischen Wissenschaft zielt auf das einzelne Allgemeine, auf das was Frauen im Unterschied zu Männern trifft. Zumindest die feministische Soziologie - und das gilt dann auch für die sozialwissenschaftliche Lebenslauf- und Biographieforschung - ist an der Rekonstruktion von Strukturierungsprozessen, z.B. der Herstellung von Normalität interessiert, in die das Leben von Frauen eingespannt war oder ist, die zugleich das Handeln von Frauen leitet." (OSTNER 1987: 114)

Fest steht, dass Frauen insbesondere in Bezug auf die Konstruktion ihrer Berufsbiographie anderen Gegebenheiten unterworfen sind als Männer, da für sie, unabhängig davon, wie sie sich letztendlich entscheiden, immer Überlegungen zur Problematik der Integration von Familie und Beruf zu berücksichtigen sind. Diese Form der „doppelten Vergesellschaftung" (BECKER-SCHMIDT 1985) stellt das entscheidende Strukturelement dar, das männliche und weibliche Biographien grundlegend voneinander unterscheidet, das aber andererseits alle Frauen betrifft. Unter diesem Aspekt wird die Relevanz der Biographieforschung für die Erforschung weiblicher Karrieren insofern deutlich, als dass die Bewältigung dieser Problematik durch die einzelne Frau beispielhaft mögliche Lösungsansätze für viele ergeben kann.
Dabei findet die soziale Konstruktion von Geschlecht (HAGEMANN-WHITE/ GILDEMEISTER etc., vgl. Kap. 2.4) besondere Berücksichtigung.

Aus diesen vorhergehenden Überlegungen ergab sich der methodische Ansatz für die Strukturierung der Interviews und die Auswertung. Es bietet sich folgende Vorgehensweise an, die KELLE/ KLUGE folgendermaßen beschreiben:

> „...die Forscherin beginnt den Forschungsprozess einerseits mit allgemeinem und empirisch wenig gehaltvollen Vorwissen. Alltagsnahes Vorwissen erlaubt dem Forscher oder der Forscherin dabei, die untersuchten Situationen und Handlungen der Akteure alltagsnah zu *verstehen* (im Original kursiv). Im Idealfall erhält der Forscher oder die Forscherin dabei einen Zugang zum empirisch gehaltvollen Alltags- und Theoriewissen der Akteure im Feld. Die Verwendung theoretischer heuristischer Konzepte hilft dabei, das im Forschungsprozess langsam wachsende empirisch gehaltvolle Wissen auf eine theoretische Ebene zu heben, d.h. die untersuchten Situationen und Handlungen der Akteure auch *theoretisch* (im Original kursiv), einzuordnen und zu klären." (KELLE/ KLUGE 1999: 36)

3.2.2 Untersuchungsmethoden der Biographieforschung

Als Zugang zur Erschließung der Lebensgeschichten der Interviewpartnerinnen (vgl. HOPF 2000: 353) lässt sich ein biographisches Interview sowohl als teilstandardisierte Variante als auch in Form eines narrativen Interviews durchführen. SCHÜTZE entwickelte diese Form des Interviews 1967/77 im Rahmen einer Studie über kommunale Machtstrukturen. Es wird besonders im Zusammenhang mit lebensgeschichtlich bezogenen Fragestellungen eingesetzt. Der Begriff des narrativen Interviews wird dabei recht weit gefasst und oft auch als Kürzel für teilstandardisierte biographische Interviews verwendet. Von SCHÜTZE ist dies ursprünglich jedoch so nicht vorgesehen. Vielmehr gilt eine durch eine Eingangsfrage („die erzählgenerierende Frage") angeregte Stegreiferzählung als Grundelement des narrativen Interviews (vgl. HOPF 2000: 355).
Verschiedene andere Autoren, z.B. FUCHS 1984 schlagen vor, diese unterschiedlichen Interviewformen miteinander zu verbinden, wie es z. B. im problemzentrierten Interview (WITZEL 1985) oder im episodischen Interview (FLICK 1995) geschieht. Für diese Untersuchung bietet sich das problemzentrierte Interview an, weil in der Ausgangsfragestellung bereits verschiedene Problembereiche impliziert sind, die in einem offenen narrativen Interview, dass im Anschluss an die Eingangsfrage keine weitere Lenkung erfährt, möglicherweise nicht berücksichtigt würden und somit das Erkenntnisinteresse nicht abdeckten.

3.2.3 Das problemzentrierte Interview als Untersuchungsinstrument biographischer Forschung

Das problemzentrierte Interview, eignet sich insbesondere, weil es einerseits als halbstrukturiertes Interview versucht

> „spezifische Situationen, Ereignisse und Entwicklungen - ausgehend von deren Repräsentanz im subjektiven Erleben des Gesprächpartners - möglichst ganzheitlich und authentisch zu erfassen, wobei thematische Bereiche und prototypische Fragen in Form eines Interviewleitfadens vorgegeben sind, die je nach Verlauf des Interviews ergänzt und ggf. modifiziert werden sollen" (KRUSE/ SCHMITT 1998: 162)

andererseits aber das Prinzip der Offenheit gewährleistet. Dies bekommt besonders im Zusammenhang der Abgrenzung zum vorherrschenden männlichen Wissenschaftsverständnis eine besondere Bedeutung, denn erst die Subjektperspektive der am Forschungsprozess Beteiligten lässt die persönlichen Erfahrungen der Frauen sichtbar werden und ermöglicht gleichzeitig, diese als Ausgangspunkt der Theoriebildung zu nehmen (vgl. DAUSIEN 1994: 131). Somit voll zieht sich die Entwicklung der theoretischen Annahmen unter „Berücksichtigung des Subjektstatus der Befragten auf datenbasierten Erkenntnissen" (JÜNEMANN 2000: 68).

Dabei kann allerdings eine Problematik auftreten, die laut WITZEL (1985) darin liegt, dass es manchen Kommunikationsteilnehmern ggf. nicht möglich ist, über ihre im Alltag gewohnten Reflektions- und Kommunikationsstrategien hinaus zu agieren. Aus seiner Sicht wird,

> „soweit die Befragten nicht in der Lage sind, die Rekonstruktion, Konstruktion und Antizipation von thematisch zentrierten Situationen und Verarbeitungsmustern zu leisten, (...) [eine] Unterstützung z.B. in Form von Abtasten des Problemfeldes mit Hilfe von exmanenten Fragen notwendig. Mithin werden die sich am narrativen Erzählfluss orientierenden Kommunikationsstrategien um Kommunikationsformen mit einer *verständnisgenerierenden Funktion* ergänzt, um Kernkonflikte und Problemfelder nicht nur auf der Oberfläche widersprüchlich, kürzelhaft und stereotyp dargestellter Ergebnisse und Problemfelder zu belassen." (WITZEL 1985: 239)

Bezüglich der Zielgruppe dieser Untersuchung steht allerdings möglicherweise eine andere Problematik im Mittelpunkt. Da die zu befragenden Personen in der Regel in ihrem beruflichen Alltag in ständigen Kommunikationsprozessen stehen, selbst häufig supervisorisch tätig sind, bzw. über Zusatzqualifikationen in diesem Arbeitsfeld verfügen und rhetorisch gut geschult sind, können im Verlauf des Interviews, ausgelöst durch die Leitfadenfragen, Prozesse der Selbstanalyse bzw. -interpretation in Gang gesetzt werden. Obwohl hier Eigenreflexion und retrospektive Bewertung angestrebt ist, kann es nicht Ziel des Interviews sein, individuelle Tiefenanalysen zuzulassen, zumal die Gefahr besteht, dass die Gesprächspartnerinnen im Verlauf des Erzählvorgangs bewusst oder unbewusst biographische Ereignisse ‚glätten' um ihre eigene Biographie für sich selbst schlüssig zu machen. An dieser Stelle sei auch verwiesen auf die Aussagen von BÖTTGER (2001), der im Rahmen einer Panel-Studie insbesondere auf die Erkenntnisebenen verweist, auf die im Rahmen der Interpretation einer empirisch-sozialwissenschaftlichen Untersuchung Bezug genommen werden soll. Er stellt fest, dass

> "(...) die objektive *Verlaufsebene* (biographischer) Ereignisse und Phänomene, die subjektive *Erlebensebene* dieser Ereignisse bzw. Phänomene sowie ihre *Aktualisierungsebene* zur Zeit der empirischen Untersuchung bzw. Erhebungswelle [zu unterscheiden sind][10]" (BÖTTGER 2001: 272)

und dass diese Unterscheidung es ermöglicht

> "(...) verschiedene Rekonstruktionen derselben biographischen Ereignisse und Phänomene nicht vorschnell als Validitäts- bzw. Reliabilitätsproblem zu begreifen, sondern [auch] als Folge spezifischer biografischer Erfahrungen, die zu verschiedenen Zeiten die Produktion verschiedener 'Realitätsversionen" als subjektiv sinnvoll [oder sogar notwendig] erscheinen lassen" (ebd. : 273).

Da die hier befragten Personen als Expertinnen ihrer eigenen Biographie akzeptiert werden, befinden sie sich mit ihren Aussagen immer auf der subjektiven Erlebensebene. Damit kann es im Verlauf der Interviews zu Interpretationen der eigenen Biographie kommen. Für die Interviewerin ergibt sich daraus die anspruchsvolle Aufgabe, situativ gesprächsübergreifende Zusammenhänge zu durchschauen, diese mit den 'objektiven' Lebenslaufdaten abzugleichen und direkte Bezüge zum Interviewleitfaden im Auge zu behalten, sowie sich auf den individuellen Kommunikationsstil der interviewten Person einzulassen. Weiterhin muss ein Gespür dafür entwickelt werden, individuelle Grenzen der Interviewpartnerin zu erkennen und zu respektieren, um die Gesprächsbereitschaft nicht zu beeinträchtigen. Die Gesprächssituation gestaltet sich also als Balanceakt zwischen inhaltlichem Interesse an der Problemsicht der Befragten einerseits und wissenschaftlicher Neugier im Hinblick auf das eigene Forschungsinteresse.

Der Forschungsprozess wird somit also zur Synthese einer retrospektiven Darstellung der subjektive Interpretation der Biographie der einzelnen Frau während des Erzählvorgangs und der Interpretation unter Berücksichtigung der Forschungsfrage im Rahmen der Auswertung der transkribierten Interviews durch die Forscherin. Diese Vorgehensweise berücksichtigt somit auch, den Hauptaspekt der Problemzentrierung, d.h. die Offenlegung der wissenschaftlichen Vorannahmen und die

---

[10] im Original kursiv

Zentrierung der methodischen Vorannahmen auf das zu erforschende Problem, wobei

> „der Exploration der tatsächlichen Rahmenbedingungen der Befragten und deren Berücksichtigung in dem theoretischen Konzept des Forschers (...) gerade bei Untersuchungen, in denen es auf die Rekonstruktion von Erfahrungs- und Deutungsmustern ankommt, besondere Relevanz zuzubilligen (ist)" (JÜNEMANN 2000: 68).

3.3 Überblick über die Fragestellungen

Aus den vorangehenden theoretischen Überlegungen ergeben sich nun spezifische Fragestellungen für den Interviewleitfaden, die im Folgenden noch einmal zusammengefasst dargestellt werden sollen:
In Bezug auf die Umsetzung individuell biographisch erworbener Ressourcen ergibt sich auf der Grundlage sozialisationstheoretischer und biographischer Forschungsansätze (vgl. Kap. 2.7 u. 3.2) der erste Fragenkomplex des Leitfadens in dem es darum geht den individuellen biographischen Werdegang zu beschreiben. Diesem kommt als Einstieg des Interviews eine hohe Bedeutung zu, denn hier kommt es darauf an, mittels eines gezielten Gesprächsimpulses den Erzählvorgang der Interviewperson in Gang zu setzen, ohne den interpretativen Freiraum einzuengen.

Die Frage nach der Berufsfindung allgemein und insbesondere im Hinblick auf Soziale Arbeit (Fragenkomplex 2) leiten sich aus den Kapiteln 2.5 und 2.6 ab. Das besondere Erkenntnisinteresse in diesem Abschnitt liegt in der Überlegung ob die Frauen den Beruf der Sozialarbeiterin bereits zu Beginn ihres Berufsweges fest geplant hatten, im Sinne von 'Beruf als Berufung', bzw. zu klären, weshalb sie sonst zur Sozialarbeit gekommen sind.

Die Frage nach dem beruflichen Selbstverständnis und dem Führungsstil (Fragenkomplex 3) ergibt sich aus den Überlegungen in Kapitel 2.4.1 zum Karriereverhalten von Frauen und in Bezug auf die Themenstellung unter dem Fokus "doing gender while doing work" (Kap. 2.7.4). Dabei wird zu untersuchen sein ob:

➢ die Frauen ggf. über individuelle Dispositionen und Verhaltensmuster verfügen, die eher dem männlichen Verhaltensspektrum zugeordnet werden können und ob es möglicherweise Faktoren im Verhalten der Frauen gibt, die manche hindern aber auch andere zur Karriere führen.

Fragenkomplex fünf (Beruf und Familie/ Beziehung) ergibt sich aus den Überlegungen zu den Leitbildern weiblicher Lebensplanung in Kapitel 2.3. Dabei ist insbesondere der Aspekt der Berufs- und Karriereorientierung von besonderem Interesse. Hier gilt es folgende Thesen zu überprüfen:

> Sozialarbeiterinnen in Führungspositionen weisen eine berufszentrierte Lebensplanung auf, die sich aber nicht am männlichen Biographiemodell orientiert; die individuelle Ausgestaltung dieser berufszentrierten Lebensplanung ist abhängig von den individuellen Rahmenbedingungen und Ressourcen.
> Diese impliziert unterschiedliche Leitbilder weiblicher Lebensführung, die vermutlich auch von der Zugehörigkeit zu unterschiedlichen Generationen abhängen.
> Wenn Frauen sich vorrangig arbeitsmarktorientiert verhalten und ausschließlich ihre persönlichen Aufstiegschancen im Blick haben, verzichten sie auf Familie und Kinder.

Fragenkomplex sechs nimmt Bezug auf die Bedeutung der Herkunftsfamilie für die berufliche Entwicklung (Kap. 2.5.2). Anhand der hier noch einmal im einzelnen aufgeschlüsselten Fragestellungen:

- Haben bestimmte vorgegebene Faktoren in der Konstellation der Herkunftsfamilie der einzelnen Frau ihre Karriere beeinflusst?
- Gibt es individuelle Verhaltensmuster, die sich im Lebenslauf der Person wiederholen?
- Wurden Handlungskompetenzen erworben oder waren sie vorab schon vorhanden und notwendig?
- Gibt es individuelle Ressourcen, die die Karriere begünstigt haben?
- Konnten spezifische Unterstützungssysteme genutzt werden?

gilt es zu erfahren, ob die These bestand hat, dass es:

in der Biographie der einzelnen Frauen Hinweise auf Besonderheiten gibt, die sie in ihrer Sozialisation in der Herkunftsfamilie aufgenommen haben und die ihre heutige Karriere begünstigt haben. Sie können individuelle Ressourcen nutzen, die andere Frauen nicht haben.

3.4 Methodische Problemstellung

Auf Grundlage der vorangegangenen Überlegungen und durch die Problemstellung der Untersuchung ergeben sich für den Interviewleitfaden und die sich daraus entwickelnde Interviewsituation bestimmte Strukturvorgaben, die eine Kombination verschiedener Arbeitsmethoden verlangen. Die Reihenfolge der Themengebiete ist dabei nicht starr festgelegt, sondern ergibt sich situativ aus dem Gesprächsverlauf. Die Inhalte orientieren sich an den einzelnen Themenschwerpunkten und sollen möglichst ausnahmslos erfasst werden. Daraus resultiert ein Methodenmix aus freien narrativen Passagen und den vorstrukturierten Leitfadenfragen.

3.4.1 Spezifizierung der Erhebungsmethode

Auf der Grundlage der im Vorfeld beschriebenen theoretischen Vorgaben ergibt sich die empirische Untersuchung im Rahmen einer persönlichen Befragung (mit Hilfe eines Aufnahmegerätes). Obwohl keine festgelegten Hypothesen vor den Befragungen erarbeitet wurden, gab es im Vorfeld der Untersuchung Thesen, die sich aus Alltagsbeobachtungen und Erfahrungen der Forscherin ableiten und sich in den Themenstellungen des Interviewleitfadens widerspiegeln. Gleichzeitig wird den Interviewpartnerinnen ein höchstmögliches Ausmaß an Freiraum gelassen, um ihre Aussagen nicht zu beeinflussen.

3.4.2 Methodisches Vorgehen der Erhebung

Die Untersuchung der in der Forschungsfrage enthaltenen Problematik basiert auf einer qualitativen Leitfadenerhebung. Als Datenerhebungsmethode wurde das problemzentrierte Interview (vgl. Kap. 3.2.3) gewählt, da es der offenen und dialogisch angelegten Fragestellung der Untersuchung gerecht wird.

3.4.2.1 Der Interviewleitfaden

> „Der Leitfaden hat nicht die Aufgabe, ein Skelett für einen strukturierten Fragebogen abzugeben, sondern soll das Hintergrundwissen des Forschers thematisch organisieren, um zu einer kontrollierten und vergleichbaren Herangehensweise an den Forschungsgegenstand zu kommen." (WITZEL 1985: 236)

WITZEL betrachtet den Leitfaden als eine Art Gedächtnisstütze für den Forscher/ die Forscherin. In ihm bietet sich eine Möglichkeit die Forschungsfrage thematisch zu strukturieren. Gleichzeitig stellt er einen Orientierungsrahmen dar, der im Verlauf des Interviews dazu dient, zu überprüfen, ob die einzelnen Themenbereiche bereits erwähnt wurden oder ob nachgefragt werden muss. Dabei bietet der Leitfaden keine starre Linie, sondern ist zu verstehen als 'roter Faden', der die Inhalte immer wieder auf die Aspekte der Forschungsfragen fokussiert (vgl. ebd.).

Um ein möglichst umfassendes Bild der Biographie der einzelnen Befragten zu erhalten, sind im Interviewleitfaden alle Bereiche erfasst, die eine möglichst umfassende Informationsgewinnung versprechen. Obwohl im offenen Interview eine prozessuale Vorgehensweise der Theoriegewinnung vorliegt, gibt das Rahmenthema (vgl. LAMNECK 1989: 43) bestimmte Aspekte vor, die den Aufbau des Interviewleitfadens strukturieren.
Auch KUCKARTZ (1999: 96) misst dem Interviewleitfaden dahingehend eine besondere Bedeutung zu, als er ihn in Bezug auf das Auswertungsverfahren betrachtet.

> „Auf der Basis der Vorinformationen, die man über den Untersuchungsgegenstand hat, wird häufig ein Interviewleitfaden konstruiert, der [später] auch als Grundgerüst für das Kategoriensystem dient" (KUCKARTZ 1999: 96).

Die praktische Vorgehensweise gestaltete sich über den Einstieg mit offenen Sondierungsfragen hin zu vorgegebenen sachorientierten Themenkomplexen. Diese wurden unter Gesichtspunkten konstruiert, von denen erwartet wurde, dass sie für den Verlauf der Berufsbiographie Bedeutung haben könnten. Dabei liegt der Theorie des interpretativen Paradigmas folgend (vgl. WILSON 1970/ 1982) eine prinzipielle Offenheit der Interviewsituation vor, die es sowohl der Befragten als auch der Fragestellerin überantwortet, das Interview als soziale Interaktion zu gestalten.
Aus diesen Überlegungen ergaben sich 6 Themenbereiche für den Interviewleitfaden:

- Lebenslauf (in chronologischer Abfolge)
- Herkunftsfamilie und Schulzeit
- Beruflicher Werdegang (allgemein und spezifisch SA/ SP)
- Berufliches Selbstverständnis und Führungsstil
- Beruf und Familie/ Partnerschaft
- Rückblick und Zukunftsperspektive (Bilanzierungsteil)

Anhand dieser Gliederung wurden präzise Fragestellungen formuliert, die in einem Pretest überprüft wurden.

3.4.2.2 Pretest

Um die Angemessenheit des Leitfadens zu erproben, wurden zwei Testinterviews als Pretest durchgeführt. Daraus ergaben sich anschließend Veränderungen bezüglich der Auswahl der Zielpersonen. Obwohl beide befragten Personen Leitungsfunktionen hatten, zeigte es sich, dass diese nicht unbedingt mit der hier vorliegenden Definition von Führung gleichgesetzt werden konnte, obwohl beide Begriffe häufig synonym verwendet werden. Daraus ergab sich für die weitere Auswahl der befragten Personen die Maßgabe, die Kriterien, die Führungspositionen im Sinne der Untersuchung definieren sollten, noch einmal genauer zu überdenken. Insbesondere der Aspekt Personalverantwortung/ Weisungsbefugnis wurde insofern verändert, als dass ihm bei der Auswahl der weiteren Interviewpartnerinnen ein höherer Stellenwert eingeräumt wurde. Der weitere Verlauf der Untersuchung bestätigte im Nachhinein, dass dies richtig war.

Die für den Leitfaden ausgewählten Themenbereiche erwiesen sich als angemessen. Allerdings zeigte es sich, dass die ursprünglich geplante Möglichkeit zur Sammlung der biographischen Daten (Alter/ Familienstand etc.) in Kurzform am Anfang des Interviews von den befragten Personen nicht angenommen wurde. Die Interviewpartnerinnen schilderten ihren Lebenslauf von Beginn an sehr ausführlich und erwähnten die erwünschten Daten an den entsprechenden Stellen der chronologischen Reihenfolge, bzw. auf Nachfrage. Deutlich wurde im Pretest, aber auch in den anderen Interviews, dass, obwohl die Einstiegsfragen bei allen Interviews gleich gestellt wurden, die innere Struktur und die Reihenfolge der angesprochenen Themenbereiche in jedem Interview anders waren. Aus der Interviewerinnenperspektive wurde dies durchgängig berücksichtigt. Die erwünschte Offenheit des Interviews wurde somit gewährleistet, was sich auch in den offenen Antworten bestätigt.

3.4.2.3 Die Zielgruppe

Wie schon in den vorangegangenen Kapiteln beschrieben, sollten Sozialarbeiterinnen in Führungspositionen interviewt werden. Als konkrete Definitionsmerkmale für die Auswahl der Zielpersonen wurden folgende Kriterien angesetzt:

➢ Abgeschlossenes Studium der Sozialarbeit/ Sozialpädagogik (FH-Diplom)

➢ Einstufung in Gehaltsstufe BAT III (o. vergleichbar) und höher

➤ Personalkompetenz

➤ Budgetkompetenz (ggf.)

Das Alters des Personenkreises wurde im Vorfeld nicht festgelegt. So ergab sich die Möglichkeit, Sozialarbeiterinnen unterschiedlicher Generationen befragen zu können, die möglicherweise Veränderungstendenzen in der individuellen Sozialisation erkennen lassen, und die wiederum mit den gesellschaftlichen Veränderungsprozessen korrespondieren.

3.4.2.4 Kontaktaufnahme

Die Kontaktaufnahme zu den Interviewpartnerinnen erfolgte auf unterschiedliche Weise. Mit Hilfe der beiden Kooperationspartnerinnen, der Frauenbeauftragten der Stadt Braunschweig und der Frauenbeauftragten der Ev.-luth. Landeskirche Braunschweig wurde über ein Anschreiben (s. Anhang) Kontakt zu in Frage kommenden Zielpersonen aufgenommen. In diesem Schreiben wurde das Anliegen der Untersuchung verdeutlicht. Telefonisch wurden anschließend Terminabsprachen durchgeführt. Nach einigen Anlaufschwierigkeiten auf Grund der Urlaubszeit erwiesen sich die interviewten Personen als Multiplikatorinnen und nannten weitere Gesprächspartnerinnen. Dieses so genannte Schneeballverfahren gilt als anerkannte Methode zur Auswahl eines personellen Samplings, wobei darauf zu achten ist, dass man nicht nur einem Netz von Bekanntschaften im Feld folgt, um mit ein variantenreiches Material zu erzielen (vgl. FUCHS-HEINRITZ 1998: 10), wie es auch hier der Fall war.

Die Kontaktaufnahme zu den benannten Gesprächspartnerinnen erfolgte dann den Umständen entsprechen schriftlich oder telefonisch, in Berufung auf die Kontaktperson. So ergab sich die letztendlich die Zahl von 20 Interviews. Diese für eine qualitative Studie geringe Anzahl begründet sich durch die Thematik der Untersuchung, die Eingrenzung auf die in Kap. 3.4.2.3 beschriebene Zielgruppe und möglicherweise durch den vorgegebenen Projektzeitraum. Da es keine statistischen Daten gibt, die Sozialarbeiterinnen in Führungspositionen nach den hier angelegten Kriterien klassifizieren, war es leider nicht möglich weitere Kandidatinnen für eine Befragung zu finden.

3.5 Praktische Durchführung der Untersuchung

Für die praktische Durchführung der Untersuchung galt als Maxime, soweit möglich die Arbeitsbedingungen der Interviewpartnerinnen als Planungsgrundlage zu nehmen. Bei der Terminabsprache wurde darauf

geachtet, die Interviewpartnerinnen die Zeit, als auch den Ort des Interviews auswählen zu lassen, um ein Höchstmaß an Ungezwungenheit zu erreichen und Terminstress zu vermeiden. Auch wurde von Seiten der Interviewerin darauf geachtet, ausreichend Zeit für ein angemessenes Setting und eine entsprechende Nachbereitung einzuplanen.
Vor Beginn der Interviews erhielten die Gesprächspartnerinnen genaue Informationen in Bezug auf das Forschungsinteresse und eventuelle Bedenken z.B. hinsichtlich der Weitergabe von Daten an Dritte wurden ausgeräumt.
Die Länge der Interviews gestaltete sich unterschiedlich. In der Regel lag die reine Interviewzeit zwischen 45 Minuten und 2½ Stunden.

3.5.1 Die Durchführung der Interviews

Die Erhebung wurde im Zeitraum August 1999 - März 2000 durchgeführt. Interviewt wurden 20 Frauen in unterschiedlichen Führungspositionen. Auf Grund der geringen Anzahl von Sozialarbeiterinnen in Führungspositionen musste die Erhebung bundesweit durchgeführt werden. Dies ergab sich auch dadurch, dass sich, wie o. e., einige Interviewpartnerinnen als Multiplikatorinnen erwiesen und weitere Interviewpartnerinnen nannten (Schneeballsystem, s.o.).

Die Interviews wurden durchgeführt in Braunschweig, Wolfsburg, Hannover, Berlin, Wilhelmshaven, Rendsburg, Münster, Stuttgart, Mühlheim/ Ruhr.
Durch die Hilfestellung der Kooperationspartnerinnen ergaben sich neun Interviews im Diakonischen Werk, acht im Öffentlichen Dienst, zwei bei Freien Trägern und eins in der freien Wirtschaft. Die Positionen gliederten sich wie folgt:

➢ 2 Geschäftsführerinnen

➢ 1 Stabsstellenleitung

➢ 8 Abteilungsleiterinnen

➢ 1 stellvertretende Abteilungsleiterin

➢ 1 Stellenleiterin

➢ 1 Bereichsgeschäftsführerin

➢ 2 Leiterinnen einer Familienbildungsstätte

- 2 Referentinnen
- 1 Referatsleitung
- 1 Leiterin einer Altenbegegnungsstätte

Die befragten Frauen waren zum Zeitpunkt der Befragung zwischen 35 und 59 Jahren alt. Davon waren:

- 2 Frauen zwischen 35 und 40
- 16 Frauen zwischen 41 und 50
- 2 Frauen zwischen 51 und 60

Von ihnen sind:

- 2 ledig
- 3 ledig mit Kind(ern)
- 7 in Partnerschaft/ Ehe
- 8 in Partnerschaft/ Ehe mit Kind(ern)

Die Aufgaben der einzelnen Frauen gliedern sich abhängig vom jeweiligen Tätigkeitsfeld wie folgt:

- Dienst- und Fachaufsicht, Personalkompetenz, dazu gehören Zielvereinbarungsgespräche, Konfliktmanagement, Dienstbesprechungen leiten, Koordination abteilungsintern, PraktikantInnenausbildung, Anleitung, Beratungstätigkeit
- Budget- und Finanzverantwortung
- Geschäftsführung, Qualitätsmanagement, Verhandlungen mit Gewerkschaften und Betriebsrat
- Koordination zwischen Kirche und Diakonie, Vertretung des Trägers nach Außen, Gremienarbeit, Vernetzung mit anderen Trägern und Anbietern

Die Aufgabengebiete der Frauen sind sehr vielfältig sind und sie verlangen absolute Managementfähigkeiten. Die wenigsten Frauen befassen sich noch mit sozialpädagogischer, d.h. klientenzentrierter Basisarbeit.

Diejenigen, die noch Klientenkontakte haben, wenden nur einen geringen Teil ihrer Zeit dafür auf.
Zudem verfügen einige von ihnen über die verschiedensten Zusatzqualifikationen, wobei manche auch mehrere Zusatzqualifikationen haben:

- Therapeutische Zusatzqualifikation (1)

- Sozialmanagement (2)

- BWL Fernstudium (nicht abgeschlossen) (1)

- Jura (nicht abgeschlossen) (1)

- Psychodrama (1)

- Beratung (1)

- Supervision (2)

Diese hier genannten Zusatzqualifikationen standen nicht als Bedingung für die Besetzung der Leitungsstellen im Vordergrund. Vielmehr haben einige der Sozialarbeiterinnen sie erst während ihrer Tätigkeit erworben.

3.5.2 Auswertung

Die Vorgehensweise zur Auswertung der Interviews beruht auf der Überlegung, Zusammenhänge zwischen der heutigen Karriereposition der einzelnen Person und der individuellen Biographie herzustellen. Dabei sollen zum einen mögliche individuelle Ressourcen, die zu dieser Karriereposition geführt haben, analysiert werden. Zum anderen soll untersucht werden, ob sich Muster in den einzelnen Lebensläufen finden lassen, die vergleichbare Ausprägungen aufweisen.
Unter dieser Fragestellung wird auf der Grundlage der Einzelfallanalyse eines jeden Interviews im anschließenden Quervergleich nach Gemeinsamkeiten gesucht, die es im Anschluss daran ermöglichen generalisierende Aussagen zu treffen.
Da im Vorfeld der Untersuchung zur Erstellung des Leitfadens bestimmte thematische Schwerpunkte festgelegt wurden, verfolgt die Auswertung das Ziel diese Themenbereiche im Ganzen miteinander zu vergleichen. Für die methodologische Verortung, die methodische Vorgehensweise und die Wahrung des Erkenntnisinteresses bedeutet dies, dass alle Überlegungen dazu aus der o. g. Zielvorstellung ableitbar sein müssen.

Die Gesamtanalyse der Interviews trägt der Erkenntnis Rechnung, dass die Sozialarbeiterinnen in Führungspositionen als Expertinnen ihres eigenen Handelns wahrgenommen werden, was sich in der Auswertung auch in der Wiedergabe einiger längerer Textpassagen widerspiegelt.

3.5.2.1 Die qualitative Inhaltsanalyse

Die qualitative Inhaltsanalyse nach MAYRING (1983) eignet sich im Rahmen dieser Forschungsarbeit als Auswertungsmethode, da sie

> „... eine Methode zur Erhebung sozialer Wirklichkeit (ist), bei der von Merkmalen eines manifesten Textes auf Merkmale eines nicht manifesten Kontextes geschlossen wird" (MERTON 1983: S.57, im Original kursiv/ ähnliche Def. auch bei KRIPPENDORF 1980: 188).

MAYRING definiert Inhaltsanalyse nach folgenden Gesichtspunkten:

> „Inhaltsanalyse hat Kommunikation zum Gegenstand, also die Übertragung von Symbolen (...), In der Regel handelt es sich zwar um Sprache, es können aber auch Musik, Bilder u. ä. zum Gegenstand gemacht werden." (MAYRING 1990: 12)

Weiterhin stellt er fest, dass Inhaltsanalyse „mit Texten, Bildern, Noten, also mit symbolischem Material" (ebd.: 12) arbeitet, d.h. mit Kommunikation, die in „irgendeiner Art protokolliert" vorliegt (ebd.). „Gegenstand der Analyse ist somit fixierte Kommunikation" (ebd.).
Dem Wissenschaftsverständnis der qualitativen Inhaltsanalyse entsprechend ist es möglich, sich verstehend und interpretierend auf den Einzelfall einzulassen (vgl. KÖCKEIS-STANGL 1980: 191).
Die Vorgehensweise ist dabei streng methodisch am Text orientiert. Das vorhandene Material wird schrittweise analysiert und in kleineren Einheiten nacheinander bearbeitet.

> „Im Zentrum steht dabei ein theoriegeleitet am Material entwickeltes Kategoriensystem; durch dieses Kategoriensystem werden diejenigen Aspekte festgelegt, die aus dem Material herausgefiltert werden sollen." (MAYRING 1990: 91)

Als grober Orientierungsrahmen zur Kategorienbildung können zu Beginn der Interpretation die im Interviewleitfaden angesprochenen Themenkomplexe gelten. Im Verlauf der weiteren Bearbeitung werden diese immer weiter zergliedert und in neue Kategorien, die sich im Verlauf des Interpretationsprozesses entwickeln, eingeordnet.
Der Begriff Kategorie hat im Prozess der qualitativen Inhaltsanalyse eine besondere Bedeutung, die KUCKARTZ (1999) in seinem Buch 'Computergestützte Analyse qualitativer Daten' so definiert:

> „Kategorie bedeutet hier – technisch gesprochen – nichts anderes als eine Bezeichnung, die vom Bearbeiter der Texte definiert wird, d.h. ein Wort oder eine Wortkombination, die nicht notwendigerweise im Text vorkommen muss." (KUCKARTZ 1999: 77)

und an anderer Stelle

> „Es sind analytische Kategorien, die benutzt werden, um bestimmte Phänomene im Text zu identifizieren und gegebenenfalls im späteren Auswertungsprozess wieder zu finden. Es müssen aber keine Begriffe der Akteure sein, die sich im Text finden lassen." (ebd.)

MAYRING bezeichnet die Erarbeitung der einzelnen Kategorien aus dem inhaltlichen Zusammenhang als „induktive Kategorienbildung" (MAYRING 1999: 92). Hier bietet sich ein Vergleich mit der ‚grounded theory' von GLASER und STRAUß (1969) an, bei der sich die Kategorien aus dem Text entwickeln sollen.

3.5.2.2   Exkurs: Grounded Theory

3.5.2.2.1   Ursprünge

Der Begriff der „Grounded Theory" wurde 1967 von den amerikanischen Soziologen ANSELM STRAUSS und BARNEY GLASER entwickelt. ANSELM STRAUSS von der University of Chicago, einer Universität, die eine lange Geschichte und eine starke Tradition in qualitativer Forschung besitzt, wurde in seiner Denkweise von den Schriften der Pragmatisten und Interaktionisten, wie ROBERT E. PARK, W. I. THOMAS, JOHN DEWEY, H. G. MEAD, EVERETT HUGHES und HERBERT BLUMER beeinflusst. Seine Erfahrungen in der Feldforschung und seine Ansätze über das „subtile Zusammenspiel von Datenerhebung und Analyse" (ebd.: 10), sowie Überlegungen zu Kodierungsverfahren, trugen erheblich zur späteren Erarbeitung der Grounded Theorie bei. BARNEY GLASER, von der Columbia University, beeinflusst von PAUL LAZARSFELD, der als Erneuerer quantitativer Forschungsmethoden bekannt ist, erkannte „die Notwendigkeit einer Reihe gut durchdachter, ausführlich formulierter und systematischer Verfahren, um Hypothesen, die während des Forschungsprozesses aufgestellt werden, sowohl zu kodieren als auch zu testen" (ebd.). Auch die Columbia University betonte die empirische Forschung in Verbindung mit der Entwicklung von Theorien. Gemeinsam wendeten die beiden Wissenschaftler in einer Studie über Sterbende erstmalig den Analysestil der Grounded Theorie an.

3.5.2.2.2 Theoretische Grundlagen

„Eine Grounded Theory ist eine gegenstandsverankerte Theorie, die induktiv aus der Untersuchung des Phänomens abgeleitet wird, welches sie abbildet" (STRAUSS/ CORBIN 1996: 7). Sie stellt sich als eigenständige Methodenlehre insbesondere durch vier Merkmale dar. Diese sind

> „der Fall, als eigenständige Untersuchungseinheit, soziologische Interpretation als Kunstlehre, Kontinuität von alltagsweltlichem und wissenschaftlichen Denken und die Offenheit sozialwissenschaftlicher Begriffsbildung." (STRAUSS 1998: 11)

Das Ziel der Grounded Theory ist die Entwicklung einer Theorie, ohne an theoretische, institutionelle oder forschungsprogrammatische Vorgaben gebunden zu sein. Sie kann deswegen mehr als besonderer Forschungsstil, weniger als spezifische Methodik oder Technik bezeichnet werden. Das wichtigste Kennzeichen, das Grounded Theory von anderen Verfahren der soziologischen Forschungstradition unterscheidet, ist die Entwicklung einer Theorie aus dem Datenmaterial heraus, d.h. auf induktive Weise, während bei anderen interpretativen Verfahren bereits vorhandene Theorien deduktiv auf vorhandene Daten angewendet werden. Am Anfang der Überlegungen steht somit das Datenmaterial in dem Kontext, aus dem es entnommen wurde und nicht eine Theorie die es zu beweisen gilt. Vielmehr wird versucht eine Theorie zu entwickeln, die sich am Datenmaterial (Texte im weiteren Sinne, wie z.B. transkribierte Interviews, Beobachtungsprotokolle etc.) selbst verifiziert und die ggf. zukünftig in anderen Forschungszusammenhängen als Vergleich herangezogen werden kann (vgl. STRAUSS/ CORBIN 1996: 8). Besonderes Kennzeichen der Grounded Theory ist, dass der Forscher sein theoretisches Wissen nicht bereits zu Beginn der Exploration der Daten auf diese bezieht, sondern es erst in einem zweiten Schritt, zu einem späteren Zeitpunkt mit den neu gewonnenen Daten abgleicht. Die inhaltliche Vorgehensweise ist gekennzeichnet u. a. durch das theoretische Datensampling und gewisse methodologische Leitlinien, wie die Anwendung eines Kodierparadigmas und das kontinuierliche Vergleichen kodierter Inhalte, um prozesshaft die Verdichtung und Entwicklung von Konzepten zu sichern (vgl. ebd.: 30).

Diese Konzepte bzw. Codes haben anfangs immer vorläufigen Charakter, werden dann aber im Verlauf der Untersuchung immer ausdifferenzierter, zahlreicher und abstrakter und in ihrer differenzierteren Form als Kategorien bezeichnet (vgl. BÖHM 2000: 477). Während des Analyseprozesses ist die ForscherIn beständig aufgefordert, so genannte Memos (Notizen über übergreifende Zusammenhänge die sich im Verlauf des Kodierens ergeben) anzufertigen, um eine Distanzierung zu den Daten zu erlangen (vgl. ebd.). Das so genannte ‚*Offene Codieren'* (STRAUSS 1998: 57f), bei dem dafür Sorge zu tragen ist, dass weniger theoretische Codes im Sinne von Begriffen aus wissenschaftlichen Theorien verwendet werden, als vielmehr „in-vivo-codes, die als umgangssprachliche Deutungen der Phänomene direkt aus der Sprache des Untersuchungsfelds erhebliche Mengen an Interpretation hinzuzufügen (vgl. ebd.: 478). Beim *„Axialen Codieren"* (STRAUSS 1998: 63) wird eine Kategorie in den Mittelpunkt gestellt, die aus den bisher entwickelten Konzepten verfeinert und ausdifferenziert wurde und um die herum nun ein Beziehungsnetz ausgearbeitet wird (vgl. BÖHM 2000: 479). Das Axiale Codieren erfolgt zu einem späteren Zeitpunkt der Analyse und dient dazu zwischen der Achsenkategorie und den damit in Beziehung stehenden Konzepten Beziehungen auf unterschiedlichen Ebenen herzustellen.

> „Die Achsenkategorie wir in ihren zeitlichen und räumlichen Beziehungen, Ursache-Wirkungs-Beziehungen, Mittel-Zweck-Beziehungen, argumentativen, motivationalen Zusammenhängen ausgearbeitet. Die Hypothetischen Beziehungen sind beim Axialen Codieren in einem deduktiven Vorgehen immer wieder anhand neuen Datenmaterials zu überprüfen." (ebd.)

Der dritte, sich anschließende Arbeitsschritt ist das „Selektive Codieren" (STRAUSS 1998: 63). In dieser Phase, die der Festlegung des zentralen Phänomens der Analyse dient, werden alle bis dahin festgehaltenen Ergebnisse gesichtet, verglichen und im Zusammenhang analysiert, um anschließend so genannte Kernkategorien festzulegen. Dabei kann es dazu kommen, dass sich andere als bisher angenommene Phänomene als Kernkategorien herausstellen was zu einer Verschiebung der Forschungsperspektive und damit zu neuen überraschenden Erkenntnissen führen kann.

> „Nach Festlegung der Kernkategorie, ihren Eigenschaften und Dimensionen werden andere relevante Kategorien systematisch und schemageleitet (z.B. im Sinne des Codierparadigmas) n Beziehung zur Kernkategorie gesetzt. Sind die Relationen der zentralen Kategorien formuliert, lassen sich ihre jeweiligen Eigenschaften und Dimensionen auf Regelmäßigkeiten und Muster vergleichen." (BÖHM 2000: 483)

3.5.2.3 Die Qualitative Inhaltsanalyse nach Mayring

Die qualitative Inhaltsanalyse geht im Gegensatz zur Grounded Theory von einem theoretischen Vorverständnis aus, das im Vorfeld der Untersuchung in Bezug auf die Themenstellung analysiert wird und die Kategorienbildung erfolgt systematischer. In einem reflexiven Prozess wird im Verlauf der zeilenweisen Analyse immer wieder auf dieses theoretische Vorverständnis zurückgegriffen (vgl. MAYRING 1999: 20). Dies heißt

nicht, dass die Kategorien durch eine allein deduktive Vorgehensweise im Voraus festgelegt sind. Vielmehr ermöglicht dieses daraus resultierende Skelett, neu auftauchende abweichende Muster als induktive Kategorien zu klassifizieren.
Für die Auswertung der Interviewtexte ergibt sich die Möglichkeit, die im Leitfaden angedachten Themenkomplexe auf Grund des Informationsgehalts zu überprüfen, sie neu zu strukturieren und angestellte Vorüberlegungen zu verifizieren oder zu verwerfen.

> „Durch die Strukturierung des Interviews mit Hilfe des Auswertungsplans und mittels der inhaltlichen Zuordnung einzelner Sequenzen zu den Themenkomplexen werden Mehrfachnennungen, Widersprüche, tendenzielle Antwortverweigerungen u.v.a.m. erfasst. Auf diese Weise erstellt, liefert die Inhaltsanalyse nicht nur die systematisierte Erfassung der 'harten facts', sie lässt darüber hinaus auch besondere Probleme der Befragten z.B. Rationalisierungen, Leitgedanken etc. deutlich zutage treten, da nun der gesamte Informationsgehalt des Interviews anhand der Themenkomplexe, sozusagen neu geordnet, vorliegt." (ebd.: 99)

Auch die Überprüfung von vorgefertigten Theorien und Hypothesen, die üblicherweise quantitativen Untersuchungen vorbehalten ist, wird so auch innerhalb qualitativer Untersuchungen möglich (vgl. MAYRING 1999: 22).

3.5.2.4 Vorgehensweise

Zuerst wird eine Kurzbiographie, die sich aus dem verschriftlichten Datenmaterial ergibt, aus jedem Interview erarbeitet. Dabei handelt es sich um die gezielte Aufbereitung des chronologisch dargestellten Lebenslaufs der Interviewpartnerin in Kurzform (vgl. HAUPERT 1991: 228).
Als Nächstes wird eine Form der Fallkontrastierung gewählt, bei der es darum geht, das Datenmaterial mit Hilfe von Kodekategorien zu indizieren bzw. zu kodieren, um anschließend einen systematischen Vergleich von Textstellen vornehmen zu können (vgl. KELLE/ KLUGE 1999: 54). Diese so genannte 'thematische Indizierung' und die anschließende 'synoptische Analyse' geht zurück auf ein Verfahren, das BECKER und GEER 1960/ 1979 erstmals vorstellten (vgl. ebd.: 55). Dabei werden „Textpassagen, welche anhand relevanter Begriffe indiziert wurden, zum Zweck der vergleichenden Analyse aneinander gehalten" (ebd.). Von BECKER und GEER werden im Zuge dieser Vorgehensweise (für die Operation der Kennzeichnung von Textstellen und deren Zuordnung zu Themen) erstmals die Begriffe 'Kodiervorgang' und 'verkoden', die aus der quantitativen Sozialforschung entlehnt sind (vgl. ebd.: 56) benutzt. Ziel ist es, die Analyse des Datenmaterials durch

eine „synoptische, interpretative Analyse der Rohdaten, d.h. der verkodeten Texte" (ebd.: 56) zu erreichen.

Das so genannte 'offene Kodieren' (vgl. GLASER/ STRAUSS 1969) hat zum Ziel induktive Kategorien festzulegen. Dabei wird ein schrittweises, zeilenweises Vorgehen empfohlen. Auch hier bedeutet Kodieren das Zuordnen von Textsegmenten zu Kategorien (vgl. KELLE/ KLUGE 1999: 56).
Auch in der strukturierenden Inhaltsanalyse, wie sie Mayring vorschlägt, ist es möglich, anhand des Datenmaterials Kategorien zu entwickeln (vgl. MAYRING 1999: 94). Dabei wird ein „aus den Strukturierungsdimensionen zusammengestelltes Kategoriensystem, so genau definiert, dass eine eindeutige Zuordnung von Textmaterial zu den Kategorien möglich ist" (ebd.: 95). Dieses Vorgehen entspricht

> „... forschungslogisch dem Prozess, den PEIRCE (1991) als 'hypothetisches Schlussfolgern' bezeichnet. Ein empirisches Phänomen, repräsentiert durch eine Textstelle, wird begrifflich 'auf den Punkt gebracht' und durch die Zuordnung zu einer Klasse von Begriffen beschrieben, verstanden und ggf. auch erklärt." (KELLE/ KLUGE 1999: 58)

Im weiteren Verlauf der Untersuchung werden die aus dem Material entwickelten Kategorien anhand des aus dem sensibilisierenden Konzept entwickelten Kodierschemas weiter bearbeitet. Dabei bietet es sich an, eine computerunterstützte Methode zur Datenanalyse zu benutzen. Diese ermöglicht es, „Textsegmente zu kodieren und zu vergleichen, ohne sie aus dem Kontext zu lösen" (ebd.: 58).
Es gibt zwei mögliche Vorgehensweisen, die auch miteinander kombinierbar sind. Zum einen ist die subsumptive Kodierung zu nennen, bei der Kategorien anhand eines vorgegebenen Kategorienschemas zugeordnet werden. Bei der abduktiven Kodierung werden neue Kategorien aus dem Datenmaterial entwickelt (vgl. ebd.: 59).
Das von KUCKARTZ (1997) entwickelte Programm WinMAX zur 'computergestützten Analyse qualitativer Daten' macht die beschriebene Vorgehensweise möglich. Kategorien bedeuten hier auch „Werkzeuge zur Phänomenklassifizierung mit der Möglichkeit der Bildung von Unterklassen" (ebd.: 95). Diese Kategoriendefinition stimmt mit der von MAYRNG überein, der die daraus resultierende Vorgehensweise so beschreibt:

> „... wird das erste Mal eine zur Kategoriendefinition passende Textstelle gefunden, wird dafür eine Kategorie konstruiert. Ein Begriff oder Satz, der möglichst nahe am Material formuliert ist, dient als Kategorienbezeichnung. Wird im weiteren Analyseverlauf wieder eine dazu passende Textstelle gefunden, so wird sie dieser Kategorie ebenfalls zugeordnet (Subsumption)." (MAYRING 1999: 93)

KUCKARTZ bezeichnet diese Vorgehensweise als "Codieren" (KUCKARTZ 1999: 75).

> „Wenn die neue Textstelle die allgemeine Kategoriendefinition erfüllt, aber zu der (den) bereits induktiv gebildete(n) Kategorie(n) nicht passt, so wird eine neue Kategorie induktiv aus dem Material heraus formuliert." (ebd.)

Wenn nach einem Teil des Materialdurchgangs so gut wie keine neuen Kategorien mehr gebildet werden können, muss überprüft werden, ob die Logik der Bearbeitung klar ist und der Abstraktionsgrad zum Untersuchungsgegenstand und zur Fragestellung passt. Müssen Veränderungen des Kategoriensystems vorgenommen werden, wird das Material noch einmal überarbeitet. Am Ende dieses Schritts ergibt sich ein Set von Kategorien zu einer bestimmten Thematik, dem verschiedene Textstellen zugeordnet sind. Jetzt kann das gesamte Kategoriensystem im Bezug auf die Fragestellung im Quervergleich interpretiert werden (vgl. MAYRING 1999: 93).

Diese Vorgehensweise ermöglicht eine regelgeleitete systematische Entwicklung von Auswertungsschwerpunkten und gewährleistet gleichzeitig eine themenorientierte Reduktion des Textmaterials.

3.5.2.5 Das Kategoriensystem

Zur Konstruktion des Kategoriensystems stehen in der Regel drei Arten des theoretischen Vorwissens zur Verfügung:

> „Empirisch nicht gehaltvolles Theoriewissen, d. s. allgemeine theoretische Konzepte bzw. 'sensitizing concepts', die es ermöglichen, empirische Sachverhalte theoretisch einzuordnen. Empirisch gehaltvolles Alltagswissen, das die Grundlage für alltagsweltliches Verstehen bildet. Empirisch gehaltvolles Theoriewissen (...)." (KELLE/ KLUGE 1999: 59)

Bei den hier im Interviewleitfaden (s. o.) implizierten Themen, die auf Grund der Forschungsfrage und der theoretischen Vorannahmen ausgesucht wurden, handelt es sich zu Beginn um „empirisch wenig gehaltvolle Alltagskategorien" (ebd.: 63). Diese müssen erst im Verlauf der Analyse empirisch gefüllt, ggf. modifiziert und ergänzt werden. Dieses kann durch die Hinzunahme von zusätzlichen Kategorien, die sich aus den Daten ergeben und die Bildung von Subkategorien, auch Dimensionalisierung genannt, realisiert werden.

> „Die Suche nach Subkategorien und deren Dimensionen dient dazu, das empirische Spektrum zu erschließen, das von anfangs festgelegten Kodierkategorien aufgespannt wird, und diese damit zu konkretisieren bzw. empirisch anzureichern." (ebd.: 68)

Dies kann bereits vor der Analyse durch eine *„rein begriffliche Explikation"* (im Original kursiv, ebd.: 68) des Vorwissens geschehen oder durch *eine empirisch begründete* Konstruktion von Subkategorien und Dimensionen (vgl. ebd.).

Die weitere Vorgehensweise könnte sich dahingehend gestalten, Subkategorien mittels der synoptischen Analyse des Datenmaterials zu konstruieren. Dies kann fallvergleichend auf der Ebene der Einzelfälle, bzw. thematisch vergleichend und fallübergreifend für jede einzelne Kategorie geschehen (vgl. ebd.: 70).

Bevor aber mit der Kategorieentwicklung begonnen werden kann, machen die in der Fragestellung der Untersuchung implizierten Themen an dieser Stelle einen Zwischenschritt erforderlich, der ebenfalls zur inhaltlichen Strukturierung des Materials dient und sich an die phänomenologische Analyse anlehnt. Nach Sichtung des Gesamtmaterials wird eine so genannte Sequenzierung (GIORGI 1985) vorgenommen, "um im Hinblick auf das zu untersuchende Phänomen Bedeutungseinheiten zu finden" (MAYRING 1999: 86). Sequenzen werden hier verstanden als „inhaltlich zusammengehörende Aussageblöcke" (vgl. HAUPERT 1991: 230). Sie werden mit inhaltsbestimmenden Kurzüberschriften versehen und ermöglichen so einen ersten Überblick über das Gesamtmaterial. Gleichzeitig ergibt sich daraus das erste übergeordnete Raster für das Kategoriensystem.

Dann wird das sequenzierte Material paraphrasiert. Die Kernaussagen werden zu einem Fließtext zusammengefasst und im Anschluss daran zur Überprüfung mit dem Originaltext verglichen. Dies ist in Anlehnung an einen hermeneutischen Zirkel erforderlich, weil

> „... eine gute Paraphrase (...) sich auszeichnet durch ihr nicht-selektives Verhältnis zu den behandelten Themen und Inhalten (...); sie sollte so ausführlich oder abkürzend, jedenfalls protokollarisch auf den Inhalt gerichtet sein, so dass nicht antizipierte Themen und Aspekte nicht verloren gehen. Nicht die Redundanz ist das Problem des Paraphrasierens, sondern die Reduktion von Komplexität. Denn die Gültigkeit einer Paraphrase beruht darauf, dass das Expertinnenwissen so ausgebreitet wird, dass jede, die Interview und Paraphrase miteinander vergleicht, zu dem Schluss gelangt, dass nicht unterschlagen, nicht hinzugefügt und nicht verzerrt wiedergegeben wurde - z.B. Äußerungen nicht übergangen wurden, die als generalisierte die heuristischen Annahmen und theoretischen Kategorien der Untersuchung in Frage stellen."
> (MEUSER/ NAGEL 1991 : 457)

Auf Interpretationen der einzelnen Paraphrasen wurde so weit möglich verzichtet. Am Ende dieses Prozesses erfolgte für jedes einzelne Interview eine kurze Gesamtinterpretation.

Im Anschluss an diesen Schritt erfolgt nun in Anlehnung an die Inhaltsanalyse die Definition der Kategorien und die Festlegung der Auswahlkriterien für die Kategorienbildung (vgl. MAYRING 1999: 92). „Dies ist ein deduktives Element und muss mit theoretischen Erwägungen über Gegenstand und Ziel der Analyse begründet werden" (ebd.). Im Anschluss daran wird das sequenzierte Material Zeile für Zeile analysiert und mit der Kategorienbildung begonnen. Diese orientieren sich an den im Leitfaden beschriebenen Themenkomplexen und dem theoretischen Vorwissen.

3.5.2.6 Fallvergleich und empirisch begründete Typenbildung

Die empirisch begründete Typenbildung hat in der qualitativen Sozialforschung eine lange Tradition (u. a.: MENGER 1883/ 1921) und wird seit den 80er Jahre in qualitativen Studien wieder verstärkt durchgeführt (vgl. KELLE/ KLUGE 1999: 75). Der von Max WEBER geprägte Begriff des „Idealtypus" (WEBER 1904/ 1988) beschreibt „idealisierte (reine) Gedankenbilder typisierter geschichtlich-gesellschaftlicher Zusammenhänge, die dazu dienten, empirische Phänomene (Strukturen und Prozesse) verstehend zu erklären" (GERHARD 1998: 197). Das Erkenntnisinteresse besteht darin, die empirischen Daten an den idealisierten Typologisierungen zu messen um dann anhand der Abweichung in ihrer Einzigartigkeit bestimmbar zu werden (vgl. ebd.) WEBER entwickelte sein Konzept zur Erklärung gesellschaftlich-geschichtlicher Lebenszusammenhänge. Da sich die Biographieforschung mit der Untersuchung gesellschaftlich-lebensgeschichtlicher Daten beschäftigt, scheint die Verwendung dieses Gedankenganges im Rahmen biographischer Untersuchungen angemessen (vgl. ebd.: 198).
Ziel dieser Vorgehensweise ist es, „komplexe soziale Realitäten und Sinnzusammenhänge zu erfassen und möglichst weitgehend verstehen und erklären zu können" (vgl. KELLE/ KLUGE 1999: 75). Auf der Basis der vergleichenden Kontrastierung von Einzelfällen wird es möglich, einen Überblick über Unterschiede und Ähnlichkeiten im Datenmaterial zu erhalten, „sodass (möglichst) ähnliche Fälle zu Gruppen zusammengefasst und von (möglichst) differenten Fällen getrennt werden können" (ebd., dazu auch GERHARD 1986/ 1991).
Die Vorgehensweise bei der Typenbildung ist nicht stringent vorgeschrieben. Auf der Basis der vor den Fallvergleichen durchgeführten Einzelfallanalysen, die dem Verstehen der Texte dienen und die bei den meisten Studien vorangestellt werden, sind verschiedene Vorgehensweisen praktikabel. HONER (1993) und WOHLRAB-SAHR (1994) gelangen direkt vom Einzelfall zum Typus und vergleichen erst die konstruierten Typen miteinander. NAGEL (1997) führt nach der Einzelfallanalyse erst einen Fallvergleich durch, um danach Typen zu bilden und auch GERHARD (1986/ 1991) geht auf diese Weise vor. Somit dienen Fallvergleich und Fallkontrastierung

„(1.) dem Erarbeiten von Vergleichsdimensionen und Kategorien, Begriffen und Hypothesen, die zwar teilweise schon anhand theoretischen Vorwissens bestimmt, aber erst durch die Datenanalyse ergänzt und konkretisiert werden können. Mit Hilfe der erarbeiteten Begriffe bzw. Dimensionen können schließlich (2.) Ähnlichkeiten und Unterschiede ermittelt und (3.) die untersuchten Fälle je nach ihrem Verlaufsmuster unterschiedlichen Gruppen zugeordnet werden, wobei sich diese Fallgruppen teilweise überschneiden können" (KLUGE 1999: 76/ vgl. auch GERHARD 1991).

Eine etwas andere Vorgehensweise wird von KUCKARTZ vorgeschlagen. Bei ihm steht „nicht (...) die minutiöse Interpretation der einzelnen Interviews, sondern (...) eine auf Vergleichbarkeit zielende Systematisierung des Datenmaterials" (KUCKARTZ 1988: 41) im Zentrum. KUCKARTZ geht in 4 Schritten vor.
Separate Einzelfallanalyse mit anschließendem Textvergleich. Dieser soll dazu dienen, den subjektiven Sinn jedes einzelnen Textes herauszukristallisieren.
Erste Kodierung des Datenmaterials (KUCKARTZ 1990: 498/ 1996: 241) und anschließende Themenanalyse unter verschiedenen Aspekten. Dafür werden alle Textsegmente eines Kodeworts zusammengestellt und inhaltlich interpretiert.
Vergleichende Themenanalyse verschiedener Kodes, um den Zusammenhang zwischen ihnen zu analysieren. Ziel dieses Verfahrens ist die Suche nach Ähnlichkeiten zwischen den Fällen und nach Besonderheiten des einzelnen Falls, sowie das Finden von Zusammenhängen zwischen den Kategorien (KUCKARTZ 1996: 238).
Im Anschluss an dieses Vorgehen erfolgt der nächste Schritt dieser so genannten „Typologischen Analyse", in dem Variablen definiert werden, bzw. ein Kodierungsprozess zweiter Ordnung durchgeführt wird. In diesem wird das Datenmaterial noch einmal durch eine sorgfältige Klassifikation reduziert, Variablen gebildet und anschließend werden per EDV gestützter Datenanalyse komplexe Zusammenhänge ermittelt und Typen gebildet (vgl. KELLE/ KLUGE 1999: 77).

Die Vorgehensweise in dieser Untersuchung orientiert sich an der von KLUGE beschriebenen Methode zur empirisch begründeten Typenbildung (vgl. KLUGE 1999: 257-283). Dabei ist von einer Forschungsfrage und dem damit verbundenen theoretischen Vorwissen auszugehen, die zur Formulierung des Leitfadens, sowie zu den Vergleichsdimensionen für die Gruppierung der Fälle im Rahmen des Vergleichs einzelner Kategorien, letztendlich zur Typenbildung beitragen.

In dieser Studie, wurden mittels qualitativer Inhaltsanalyse nach MAYRING (1983) (vgl. Kap. 3.5.2.1) induktive Kategorien entwickelt und im weiteren Verlauf der Untersuchung anhand des aus dem sensibilisierenden Konzept entwickelten Kodierschemas weiter bearbeitet. Daraus ergab sich ein Kategoriensystem, welches sich inhaltlich an den Themenschwerpunkten des Interviewleitfadens orientiert und das es ermöglichte, die sich daraus ergebenen Kernkategorien sowohl im Einzelfall, als auch im Quervergleich zwischen den einzelnen Fällen interpretativ auszuwerten. An dieser Stelle setzt nun die Typenbildung ein. Die kategorisierten Basisaussagen der einzelnen Interviewpartnerinnen werden nach Gemeinsamkeiten und Unterscheidungen in Bezug auf die forschungsleitenden Themenschwerpunkte des Leitfadens zusammengefasst und systematisch miteinander verglichen.

Aus dieser Systematisierung ergibt sich im Zusammenhang mit den spezifisch individuellen Bewertungen der Frauen eine Typisierung, die nicht darauf abzielen kann, einen Idealtypus nach WEBER (1968) zu erarbeiten, da dies möglicherweise im Widerspruch steht zu sich aus den Typisierungen ergebenden Widersprüchlichkeiten einerseits und die Gefahr besteht:

> "...den am häufigsten auftauchenden 'Typ' als Regelfall zu nehmen..., und die anderen Typen quasi als Abweichung davon zu konzipieren. Das erschwert dann einen echten Vergleich, in dem es nicht darum geht, einen Typ mit den Kriterien des anderen zu messen, sondern die Differenzen deutlich zu machen und zu analysieren." (DIETZINGER 1991: 78).

Diesem Tatbestand kommt insbesondere da es sich hier nur um ein sehr kleines Sample handelt besondere Bedeutung zu.

3.5.2.7 Problematik der Gütekriterien

Wie ist qualitative Forschung zu bewerten? Im Gegensatz zu quantitativer Forschung, in der die Kriterien Objektivität, Reliabilität und Validität als Maßstab gesetzt werden können, ist es in qualitativen Forschungsprozessen schwierig, objektive Kriterien für die Bewertung der Ergebnisse zu finden. Dies gilt insbesondere, da es auf Grund der Vielzahl der Forschungsprogramme und die durch ihre Methodenvielfalt stark eingeschränkte Standardisierbarkeit methodischer Vorgehensweisen qualitativer Forschung schwerlich möglich ist, einen allgemein verbindlichen Kriterienkatalog zu formulieren (vgl. STEINKE 2000: 323).

Dennoch kann auch qualitative Forschung ohne kritische Überprüfung nicht bestehen. In diesem Sinne müssen Gütekriterien qualitativer Forschung neu definiert und mit neuen Inhalten gefüllt werden (vgl. MAYRING 1999: 115). MAYRING schlägt sechs allgemeine Gütekriterien qualitativer Forschung vor:

- Verfahrensdokumentation

- Argumentative Interpretationsabsicherung

- Regelgeleitetheit

- Nähe zum Gegenstand

- Kommunikative Validierung

- Triangulation (ebd.: 119f).

In dieser Untersuchung wurden folgende Kriterien eingehalten:

Verfahrensdokumentation: Der Forschungsprozess ist durch genaue Dokumentation der Vorgehensweise in Durchführung und Auswertung und durch genaue Explikation des theoretischen Vorverständnisses nachvollziehbar.

Argumentative Interpretationsabsicherung: Die Interpretationen sind argumentativ begründet und durch Vergleich mit dem theoretischen Überbau in sich schlüssig.

Regelgeleitetheit: Die Analyse der transkribierten Interviews erfolgte in einzelnen Verfahrensschritten gleichermaßen und ist methodisch kontrollierbar. Die Analyseschritte wurden im Voraus festgelegt und systematisch nacheinander abgearbeitet.

Nähe zum Gegenstand: Die Erhebung wurde in Abstimmung mit den befragten Personen durchgeführt. Sie konnten den Verlauf durch die Offenheit der Interviewsituation selbst mitbestimmen und eigene Interessenschwerpunkte einbringen. Untermauert wird dies auch durch das Stimmungsbild zu Beginn der Auswertung, das ein eindeutiges Interesse der Betroffenen an der Thematik der Untersuchung erkennen lässt.

Kommunikative Validierung: Die kommunikative Validierung[11] (HEINZE/ THIEMANN 1982: 635-642) zur Überprüfung der Interpretationsergebnisse wurde nicht mit den Betroffenen, sondern im ExpertInnenkreis (Mitglieder des Projektes, wie Professorinnen, Berufspraktikantinnen, Lehrbeauftragte, Studierende) vorgenommen.

Wie bereits TERHART feststellt,

---

[11] TERHARDT spricht hier von argumentativer Validierung, als kommunikative Validierung bezeichnet er die Bewertung der Daten und Ergebnisse der Forschung durch die interviewten Personen

> „ist es im Zuge der praktischen Umsetzung und Erprobung qualitativer Postulate und Prinzipien zu einer Entspannung zwischen quantitativer und qualitativer Sozialforschung gekommen. Die jeweiligen Erkenntnischancen und -grenzen wurden herausgearbeitet (...) (und) da die Konfrontationssituation überwunden ist, hat die Validitätsproblematik viel von ihrer ursprünglichen Brisanz verloren (TERHART 2000: 168).

In diesem Zusammenhang wird deutlich, dass es nicht nur ein Validitätskonzept innerhalb qualitativer Forschung geben kann, sondern das dies von der expliziten Fragestellung, der Strategie von Datengewinnung und -analyse und dem jeweiligen Kontext des Forschungsprojekt abhängig ist (vgl. ebd.). Somit gelangt TERHART zu der Einschätzung, dass:

> „Im Zuge der aktuellen wissenschafts- und erkenntnistheoretischen Diskussion die Idee der Beschaffbarkeit einer sicheren wahrheitsverbürgenden für die Entscheidung über Akzeptanz oder Verwerfung wissenschaftlicher Erkenntnisse durch Rekurs auf eine außerhalb des Erkenntnisprozesses liegende ‚Welt von Objekten' zunehmend fragwürdig geworden; die konstruktivistische Erkenntnis- und Wissenschaftsauffassung z.B. orientiert sich am bescheideneren Ziel der „Viabilität" (E. GLASERSFELD), d.h. der „Lebbarkeit", der „Annehmbarkeit", des Zurechtkommens mit..." dem erreichten Erkenntnisstand" (ebd.).

Berücksichtigt man zudem die o. g. von MAYRING vorgeschlagenen Überprüfungsmechanismen, soweit sie für das Forschungsdesign anwendbar erscheinen, kann man m. E. für die eigene Untersuchung Überprüfbarkeit gewährleisten.

4 Ergebnisse der Untersuchung

4.1 Stimmungsbild zu Beginn der Interviews

Bevor die Ergebnisse im Detail dargestellt werden, soll hier ein kurzes Stimmungsbild zum Verlauf der Untersuchung gezeichnet werden, das, ergänzt durch einige Zitate, das Interesse und die Bereitschaft der befragten Sozialarbeiterinnen in Führungspositionen widerspiegelt. Die Antworten auf die Sondierungsfragen zu Beginn jedes einzelnen Interviews ergeben ein sehr einheitliches Bild in Bezug auf das Interesse der befragten Personen an der Forschungsfrage.

Zum einen war das Interesse groß zu erfahren, ob es zwischen Führungsfrauen im sozialen Bereich Gemeinsamkeiten gibt und ob diese sich möglicherweise durch Ähnlichkeiten in den Biographien erklären lassen. In diesem Rahmen wurde auch antizipiert, ob nicht besondere persönliche Voraussetzungen dazu führen, dass manche Frauen Führungspositionen besetzen und andere nicht. Das folgende Zitat macht das deutlich:

> *Also zum einen finde ich es ja sehr schmeichelhaft, dass sich jemand dafür interessiert, wie so der Werdegang ist und zum anderen würden mich wirklich die Ergebnisse interessieren. Ob es da wirklich Gemeinsamkeiten gibt oder was einen da besonders prädestiniert, warum bestimmte Frauen in bestimmte Führungspositionen kommen. (Frau O 20-25)*

Parallel dazu wurden die Aspekte problematisiert, die auch bei der Konzipierung des Projektes eine Rolle gespielt hatten, die Themen 'Frauen und Führung' und insbesondere 'Sozialarbeit(erinnen) und Führung und Karriere'. Folgende Zitate veranschaulichen dies:

> *Ansonsten, ich zumindest finde es spannend, da was raus zu kriegen, warum die Sozialarbeiterinnen, es ist ja nicht nur bei Sozialarbeiterinnen so, es ist ja bei anderen Berufen auch so, also warum in der Sozialarbeit überwiegend Frauen studieren und dann in der Führungsebene in der Regel die Männer übrig bleiben. (Frau C 31-36)*

> *Ich fand das sehr interessant, dass dieses Projekt gestartet wurde, um zu gucken, welche Karriereverläufe Frauen genommen haben, die Sozialarbeit studiert haben, weil ich denke, dass gerade in dieser Fachrichtung Karriere für Sozialarbeiter sehr schwach ausgeprägt ist, sag ich mal. (Frau L 5-9)*

Zwei weitere wichtige Aspekte sind hier zum Schluss noch anzumerken. Zum einen sahen die Befragten mehrheitlich bereits vor der Befragung einen direkten Zusammenhang zwischen ihrer Biographie und ihrer

Karriere, bzw. waren sich ziemlich sicher, dass es einen Zusammenhang gibt.

Weiterhin wurde deutlich, dass die meisten Frauen sich spontan mit dem Gedanken beschäftigt haben, ob ihre Position überhaupt eine Führungsposition ist, bzw. ob sie zum Kreis der zu Interviewenden gehören. Hier zeigt sich m. E. ein typisch weibliches Phänomen, das an anderer Stelle der Auswertung auch noch deutlich wird, nämlich die Tendenz von Frauen 'ihr Licht erst einmal unter den Scheffel zu stellen':

> *... aber dann war mein erster Gedanke, bin ich eigentlich damit gemeint? Das hat damit zu tun, dass mein Arbeitsbereich, das ist natürlich auch bei so einer Struktur, (...) in der es unterschiedlich starke und einflussreiche Arbeitsbereiche gibt (, wie ...) so. Insofern habe ich mich erst mal gefragt, bin ich überhaupt gemeint, was ist Leitungskraft? Bin ich Leitungskraft? Dann dachte ich ja, eigentlich bin ich Leitungskraft, aber ich finde dass das schon etwas frauenspezifisches ist, dass man erst mal die Position, die man bekleidet runter dekliniert oder erst mal in Frage stellt, ob man die Berechtigung hat, das für sich in Anspruch zu nehmen. (Frau F 12-28)*

4.2 Sozialisation in der Herkunftsfamilie

Als Grundlage der Auswertung der Sozialisation in der Herkunftsfamilie dient der Ansatz von HURRELMANN (2001), der mit seinem Modell der „produktiven Realitätsverarbeitung" (vgl. Kap. 2.7.2) sieben Maximen der Sozialisationstheorie festlegt, von denen als Grundlage dieser Untersuchung dienen soll:

> „Sozialisation bezeichnet den Prozess der Entstehung und Entwicklung der Persönlichkeit in wechselseitiger Abhängigkeit von der gesellschaftlich vermittelten sozialen und dinglichen Umwelt." (Hurrelmann 2001: 70)

Zunächst wird in dieser Untersuchung die Herkunftsfamilie als erste Sozialisationsinstanz der befragten Frauen betrachtet. Dabei wurden verschiedene Gesichtspunkte untersucht, die im Sinne der Fragestellung: 'welchen Einfluss hat die Sozialisation in der Herkunftsfamilie auf eine mögliche Karriere?' opportun erschienen.
Vermutet wurde unter anderem, dass die befragten Frauen eine besondere Förderung in der Herkunftsfamilie erfahren haben, Vorbilder innerhalb der Herkunftsfamilie hatten, an denen sie sich orientierten oder eine besondere Rolle im Familienverband übernommen haben, z.B. im Sinne von frühzeitiger Übernahme von Verantwortung.

4.2.1 Beziehungen zu den Eltern

Bevor die Beziehungen zu den Eltern im Folgenden detailliert erläutert werden, möchte ich auf einen Aspekt hinweisen, der mir für die weitere Auswertung bemerkenswert erscheint. Die befragten Frauen sind bis auf eine Ausnahme in der Ursprungsfamilie aufgewachsen. Dies sagt natürlich grundsätzlich nichts darüber aus, welcher Art die Familienbeziehungen waren, zumal in den fünfziger Jahren, in denen die Mehrheit dieser Frauen ihre Kindheit erlebt haben, eine Scheidung oder Trennung eher eine Ausnahme darstellten. Zwei Elternpaare trennten sich, als die Kinder erwachsen waren, was auf frühere Konflikte schließen lässt. Auffällig ist aber dennoch, dass keine Frau über durchgängig schwierige häusliche Verhältnisse berichtet. Bleibt noch anzumerken, dass eine Frau ohne Vater groß geworden ist, eine andere mit einem Stiefvater, der für sie aber mehr ein 'richtiger' Vater war, als der leibliche Vater, zu dem in der Kindheit kein Kontakt bestand.

Als Erstes wurden auf dem Hintergrund dieser Gegebenheiten die Beziehungen zu den Eltern untersucht. Gesucht wurden Aussagen, die diese am deutlichsten charakterisieren. Diese wurden in die Kategorien 'konflikthaft und unterstützend' unterteilt. Hierbei ergab sich kein einheitliches Bild, es wurden aber keine Aussagen gemacht, die auf familiäre Besonderheiten hindeuten.

Konfliktfelder zeigen sich in den Bereichen Schule und Leistung, pubertären Abnabelungsprozessen und der Übernahme elterlicher Wertvorstellungen, sowie im Bereich geschwisterlicher Eifersucht. Auch wenn keine detaillierten Probleme beschrieben wurden, äußerten einige Befragte sich so, erst als Erwachsene 'ihren Frieden mit ihren Eltern gemacht zu haben'.

Unterstützung erhielten die meisten Frauen vor allem indem ihnen vermittelt wurde, 'wir unterstützen dich auf dem Weg, den du gehen willst'. Gleichsam wurde ihnen signalisiert, 'du kannst dich auf uns verlassen, wir bieten dir Rückhalt, egal was passiert'. Eine außergewöhnliche *Förderung* in der Familie konnte nicht festgestellt werden.

> *Dass die nicht so gesagt haben, Mädchen sollen nicht studieren, aber das auch nicht besonders gefördert haben. Sie haben immer gesagt, Kind wenn du das willst, dann sollst du das machen, aber wenn du nicht zurecht kommst, also wenn du schlecht bist in der Schule, dann kannst du auch runtergehen. Da gab es nicht so eine sonderliche Förderung, sondern ich hatte immer so das Gefühl, was ich mache, wird so akzeptiert und auch unterstützt, aber ich musste auch selber was für tun. Das bleibt auch so eine grundlegende Erkenntnis. (Frau P 676/684)*

Frau P beschreibt hier, das sie für ihren eigenen Weg ein hohes Maß an Eigenverantwortung übernehmen musste, dass ihre Eltern sie nicht behinderten, aber auch nicht zusätzlich förderten. Sie musste ihre Entscheidungen selber treffen, konnte sich aber sicher sein, zumindest Akzeptanz bei ihren Eltern dafür zu finden.

Weiterhin wurden familiäre *Bindungen* untersucht. Die Frauen beschreiben in gleichem Maße zur Mutter oder zum Vater enge Bindungen, was nicht heißen muss, dass diese konfliktfrei waren.

> *Heftig, also insbesondere zu meiner Mutter. Ich habe eine sehr, sehr enge Beziehung immer gehabt zu meiner Mutter, aber in dem ganzen Abnabelungsprozess gab es ganz viel Ärger zu Hause. Also über zwei, drei Jahre wahnsinnig viel Stress. Ich denke, ich war meiner Mutter zu selbstständig, zu aufmüpfig. Mir war es zu eng. Also ich wollte nicht bis einundzwanzig, zweiundzwanzig zu Hause sein. Es gab ganz viele Reglements. Ich musste spätestens um zwölf abends zu Hause sein. Meine Eltern wollten sich nicht beeinträchtigt fühlen. Es waren ganz viele Reglementierungen da und ich war eigentlich ein ganz braves Kind. Ich habe nicht getrunken. Ich habe nicht geraucht. Ich habe mich nicht um die Häuser getrieben. Ich war in der Kirche engagiert. Ich habe eine Kindergruppe aufgebaut mit vierzehn. Ich war im Freizeitheim. Ich war eigentlich ein ganz tolles Kind, denke ich. Aber zu Hause hat es eben ganz wahnsinnig gekracht. Ganz gut, wenn wir nicht zu lange zusammen waren. (Frau O 683/698)*

Die Beziehung zwischen Frau O und ihren Eltern charakterisiert sich als Kampfbeziehung. Während Frau O sich sozial angepasst verhält, sich kirchlich engagiert und schon frühzeitig ein hohes Maß an Verantwortung zeigt, erweist sie sich zudem als eigenständige Persönlichkeit, die ihren Eltern zwar keinen Kummer macht, ihnen aber unbequem ist. Sie versuchen sie zu durch strenge Regeln zu Hause zu halten und sehen nicht, dass sie durch ihre Eingriffe massiven Widerstand erzeugen, der ihnen und der Tochter enorme Spannungen beschert. Das Verhalten der Eltern lässt sich aber auch aus der Sorge heraus um die heranwachsende Tochter erklären, die viele Eltern erst dann verlässt, wenn die Töchter behütet zu Hause angekommen ist. Erst dann können sie selber ruhig schlafen.

Die Frage nach *Vorbildern* innerhalb der Herkunftsfamilie brachte folgendes Ergebnis. Wurde der Vater als Vorbild benannt, so geschah dies in dem Sinne, dass er für das Kind einerseits als ständiger Ansprechpartner, andererseits als aktiver Gegenpart in der Pubertät zur Verfügung stand:

> *Ich wollte nie Beamter werden wie mein Vater. Das fand ich schon mal ganz furchtbar. Ansonsten hatte ich ihn immer als Vorbild. Er war irgendwie toll. Der hat mir nie richtig irgendwas verboten. Er war immer sehr nett. Das war manchmal sehr unbequem, aber überwiegend fand ich den immer... Ich habe*

> mich schon lange Zeit politisch mit ihm auseinander gesetzt, das war einfach auch die Generation, und ihn fertig gemacht nach Strich und Faden. Das war auch so, dass wir dann Nächte lang in der Küche saßen und er seinen Standpunkt und ich meinen Standpunkt und häufig endete das dann damit, dass er dann sagte, gehe doch einfach mal rüber in den Osten, gucke wie es da ist. Aber es war nie so, dass wir dann nicht mehr miteinander sprachen. Der hatte schon eine Vorbildwirkung, in der Kindheit jedenfalls. (Frau C 766/779)

Auch wenn Frau C sich vom Beruf ihres Vaters bewusst distanziert, war er für sie als Person jemand, den sie sehr bewunderte und mit dem sie sich bewusst und gerne auseinander setzte. In diesen Diskussionen lernte sie auch, dass unterschiedliche Meinungen nebeneinander bestehen können, ohne dass man sich als Person angreifen muss. In einem anderen Textabschnitt wird deutlich, dass der Vater die Tochter auch darin geprägt hat, sich für sich selbst und ihre Interessen einzusetzen:

> ...also er hat nie mich irgendwie so als Mädchen behandelt. Das stimmt schon. Der hat mir immer beigebracht und mit mir gekämpft, wie man sich wehrt gegen Jungens, dass ich mich nicht verprügeln lasse und heule und hat immer gesagt, komm mir hier nicht heulend an, wenn du verdroschen worden bist. Er hat richtig so mit mir kämpfen geübt und wie ich mich verteidige und hat aber auf der anderen Seite, das weiß ich noch, weil ich habe mal einen verprügelt, der war jünger als ich, da durfte ich hinterher aufschreiben, ich darf nicht kleine Jugens verprügeln. Er hat schon geguckt, dass ich da nicht alle durch die Gegend prügel. Ich glaube, der hat mich einfach immer ernst genommen, schon als Kind... (Frau C 781-793)

Der Vater behandelte sie zudem auch wie einen Jungen, sie erlebte ihn als absolut gerechtigkeitsliebend und von Fairness gegenüber Schwächeren geprägt, erfuhr durch ihn aber keine eindeutig weibliche Geschlechtszuweisung. Dies macht der nächste Textabschnitt noch deutlicher:

> Ich weiß meine Tante, die wollte mich immer so schön machen. Das sind immer noch so Sonntagserinnerungen. Das gelang denn immer für eine Stunde, dann sah ich aus wie ein Schwein. Das Ergebnis war immer, dass meine Mutter dann anfing zu keifen und mein Vater immer sagte, lass Sie doch, das kannst du doch wieder waschen. Sie muss doch üben, über die Pfütze zu springen, das klappt doch nicht beim ersten Mal. (Frau C 793-799)

Gleichzeitig verteidigte er sie gegen die eher konventionelle Einstellung der Mutter und ermöglichte ihr so sich auszuprobieren.
Auch Frau M erlebte ihren Vater sowohl als Partner in Auseinandersetzungen einerseits, aber auch als bedingungslosen Rückhalt andererseits:

> Also mein Vater war immer bedingungslos für uns Kinder da und hat bedingungslos auch so, als ich z. B. in der Pubertät in schulischen Schwierigkeiten steckte, weil ich mich politisch stark engagiert habe, schon mitgeteilt, wenn er

manches kritisch sah, so Aufrufe gegen irgendwas zu demonstrieren, aber dennoch, wenn es dann Ärger gab, bis hin dazu, dass mir mal gedroht wurde, dass ich von der Schule fliegen sollte, dann den Rücken gestärkt und da mit mir an einem Strang gezogen und mich dadurch tatsächlich auch persönlich gestärkt. (Frau M 358-366)

Die Wertschätzung, die Frau M hier erfahren hat, zeigt sich auch bei der Bewertung ihres beruflichen Erfolges. Auf die Frage, ob ihr Vater mit dem zufrieden ist, was sie bisher erreicht hat antwortet sie *"absolut" (Frau M 371)*

Mütter werden als Vorbilder nicht benannt. Dies ist möglicherweise darauf zurückzuführen, dass zwar durchaus einige der Mütter berufstätig oder in einen selbstständigen Geschäftshaushalt mit eingebunden waren, jedoch keine eine eigenständige berufszentrierte Biographie aufweist.

Außerhalb der Familie nannten die Frauen, wenn überhaupt, vor allem Lehrerinnen oder ältere Kolleginnen als Vorbilder.

Eine Äußerung deutet auf eine mögliche Ursache für das Fehlen von weiblichen Vorbildern hin:

Ich habe auch immer Vorbilder gehabt. Das war auch so in meiner Examensarbeit "Frauen brauchen Vorbilder". Unser großes Problem ist, dass wir eben keine Frauen haben oder wenig Frauen, die Vorbilder sein können. (...) es gibt keinen spezifisch weiblichen Leitungsstil. Uns fehlen die Vorbilder. (Frau D 1156-1166)

Auch wenn diese Äußerung das Thema 'Leitung' explizit erwähnt, ist anzunehmen, dass Frauen dieser Generation generell die Vorbilder im Hinblick auf Berufstätigkeit fehlen.

4.2.2 Beziehungen zu Geschwistern

Der Forschungsstand zur Position in der Geburtenfolge und des Einflusses von Geschwistern auf die individuelle Entwicklung eines Menschen stellt sich abhängig vom jeweiligen Forschungsgebiet unterschiedlich dar. Forschungsansätze gibt es aus den Gebieten Psychoanalyse und Zwillingsforschung, Familiensystemtheorie und Forschungen zur Geschwisterreihenfolge und der Familiensoziologie. ADLER (1928) und TOMAN (1961) haben im Rahmen ihrer Forschung herausgearbeitet, dass der Platz in der Geschwisterreihenfolge die Persönlichkeitsentwicklung prägt (vgl. BANK/ KAHN 1989: 11). Allerdings wird dieser Ansatz von anderen Forschern dahingehend kritisiert, dass diese Untersuchungen den Einfluss des familiären Umfeldes und die gesellschaftlichen Rahmenbedingungen, in der eine Familie lebt, nicht berücksichtigen. Die Ergebnisse der Soziologie basieren auf Unter-

suchungen in Form von Fragebögen und Interviews mit einer großen Anzahl von Probanden, wobei die zu beantwortenden Fragen die Personen nicht persönlich betreffen und gehen über allgemeine Trendaussagen nicht hinaus (vgl. ebd.: 12).
BANK und KAHN (1989), die ihre Erkenntnisse aus der klinischen Arbeit gewinnen, bewerten Geschwisterbeziehungen auf der Grundlage der emotionalen Beziehung zueinander, sie nennen dies „Zugang" (ebd. S. 14). Ihre Grundthese ist, dass „je früher der Zugang beginnt und je länger er dauert, desto intensiver wird die Beziehung zwischen den Geschwistern, (...)" (ebd.: 15). Das heißt auch, dass Auseinandersetzungsprozesse stattfinden, Abgrenzung, Rivalität und Positionierungskämpfe gegeneinander.
Der amerikanische Wissenschaftshistoriker SULLOWAY (1997) beschreibt, dass die Position in der Geschwisterfolge und der damit verbundene Kampf um elterliche Liebe und Aufmerksamkeit entscheidenden Einfluss auf eine mögliche berufliche Karriere haben können. Durch diesen Kampf wird die gesamte Persönlichkeit eines Kindes geprägt und es werden Strategien entwickelt, die zur Sicherung existenzieller Ressourcen im Konkurrenzkampf mit den Geschwistern von Nöten sind. Erstgeborene und Einzelkinder sind nach SULLOWAY selbstsicher, leistungsorientiert aber nicht risikofreudig und wollen ständig den Ton angeben. Jüngere Geschwister, die er als 'zum Rebellen geboren' bezeichnet, werden als Suchende beschrieben, als phantasievolle und kreative Menschen, die es schaffen, sich Nischen in der Familienstruktur zu erobern, die noch nicht besetzt sind. Sie wagen von klein auf mehr als ältere Geschwister und reagieren auf Herausforderungen unternehmerischer (vgl. SULLOWAY 1997: 66).
Auch Frauen dieser Untersuchung vermuten selbst einen Zusammenhang zwischen der Position in der Geschwisterfolge und ihrem späteren beruflichen Erfolg:

(I:) Glauben Sie, dass Sie als Erstgeborene irgendwie eine besondere Funktion hatten?

Ja.

(I:) Hängt das auch mit Ihrer Karriere zusammen?

Ja, was ich eben andeutete. Diese hübsche, kleine, niedliche Schwester und ich war die Vernünftige, ganz einfach. Dafür wurde ich gelobt und wenn ich keinen Ärger machte, in der Schule alles nur gut war, dann war das ja toll. Das war meinen Eltern nicht bewusst, nicht klar, aber das war halt meine Wahrnehmung. Darin wurde ich dann bestärkt. Und auch so dieses Reden, wir konnten das früher nicht und solche Dinge. (Frau T 1011-1024)

Während Frau T ihre Rolle in der Geschwisterkonstellation als die der Vernünftigen, Strebsamen beschreibt, die ihre Anerkennung nicht durch ein niedliches Äußeres sondern durch Leistung erhielt, dokumentiert die Aussage von Frau Q die Vorteile die sie als Nesthäkchen hatte, auch wenn sich dies später möglicherweise auch nachteilig erwies.

Ich glaube, dass ich als jüngstes Kind da gute Voraussetzungen hatte. Also ich habe immer so ein Spruch gemacht, dass ich das einzige lebende Beispiel dafür bin, dass sich mein Vater mal durchgesetzt hat, weil meine Mutter kein drittes Kind mehr wollte und ich glaube schon so jüngstes Kind zu sein, dass ich dadurch Vorteile hatte. Ich hatte mich Sicherheit auch Nachteile, die sich erst später herauskristallisiert haben für mich. Als älteste Tochter hätte ich das so nicht, da hatte ich doch Vorteile, ganz eindeutig. (Frau Q 832-840)

SEEG (2000) nimmt ebenfalls diesen Standpunkt ein, sie erläutert:

„Die familiale und soziale Herkunft sowie der Rang in der Geschwisterfolge sind Faktoren, die durch Erfahrungen in der Kindheit Einfluss auf das spätere Leben und eine mögliche Karriere haben können. Diese Erfahrungen spiegeln sich meistens im Selbstkonzept, in den Eigenschaften und Verhaltensweisen einer Person sowie im Umgang mit Aufgaben und Problemen im Erwachsenenalter wider." (SEEG 2000: 75)

Die Auswertung des vorliegenden Materials führt zu Aussagen die beschreiben, wie die Frauen selbst den Einfluss der Geschwisterposition auf ihre Entwicklung bewerten.

Bei der Auswertung dieser Kategorie fielen zwei Aspekte besonders auf. Zum einen war es die Tatsache, dass alle befragten Frauen Geschwister haben und überwiegend die Älteste oder die Jüngste waren.
Der zweite Aspekt der deutlich wurde, beschreibt mehr oder weniger *rivalisierende Geschwisterbeziehungen*, die sich in den verschiedenen Altersphasen unterschiedlich darstellten und zum Teil auch noch bis ins Erwachsenenalter hinein reichen.

Wie soll ich das jetzt beschreiben? Sie liebten und sie schlugen sich? So ungefähr? (Frau O 673/674)

...innerhalb der Geschwisterbeziehung ist es so, dass da natürlich so diese üblichen Eifersüchteleien schon in der Kindheit waren, die ich denke zum Teil auch jetzt bis ins Erwachsenenalter hinein gelten von Seiten meines Bruders. (Frau K 14/18)

(...) Wobei man auch sagen muss, dass unsere Familie eher davon geprägt war, alle gleich zu behandeln. Das war immer ein großes Problem bei uns in der Familie. Wir sind immer alle gleich behandelt worden. Das einzige, was wir eigentlich wollten, war nicht gleich behandelt zu werden, sondern wir wollten eigentlich auch den Unterschied merken, sodass wir eben alle anders sind. Da gibt es keine Lieblinge. (Frau D 1362-1372)

Deutlich wird dies auch daran, dass heute häufig wenig oder nur distanzierte Beziehungen zwischen den Geschwistern gepflegt werden. Wenn freundschaftliche Beziehungen vorhanden sind, war dies entweder schon in der Kindheit so oder sie resultieren aus der Aufarbeitung der Vergangenheit.

4.2.3 Rolle in der Familie

Die wenigen Frauen, die sich in der Untersuchung direkt zu ihrer Rolle innerhalb der Familie geäußert haben, bezeichnen sich mehrheitlich als im Konflikt stehend zu den Interessen der Familie. Konfliktpotenziale lagen in den Bereichen eigene Interessen zu vertreten, vorgegebene Rollen nicht anzunehmen, Erwartungen nicht zu erfüllen oder Leistungen nicht zu bringen.

Die Schwierige:

Unsere Konstellation war so, dass wir, nachdem wir einigermaßen in der Schule waren, in unserer Familie kontinuierlich Pflegekinder aufgenommen worden sind, sodass wir die überwiegende Zeit mit vier leiblichen Kindern und vier Pflegekindern zusammengelebt haben, die aber auch relativ dauerhaft bei uns in der Familie geblieben sind und auch heute wie Geschwister zu uns gehören und dass ich in der Gruppe der leiblichen Kinder allerdings immer eine Rolle hatte, die Schwierige zu sein. Das hat mich begleitet quasi von Geburt an bis hin zur Situation noch heute, dass ich einerseits auch eine Menge an schwierigen Situationen bewältige und andersherum also in der Kindheit also immer das problematische Kind war, weil ich einen ziemlichen Dickkopf hatte, mich durchsetzte und das eben auch meine Rolle war. Wenn ich mich nicht durchgesetzt hätte, dann wäre ich auch an vielen Punkten nicht zum Zuge gekommen. Das heißt, ich habe von Anfang an lernen müssen, mich ich in dieser eigenen und nachher auch in dieser Gruppe der acht Kinder immer durchsetzen zu müssen, um noch irgendwo mit meinen Interessen überhaupt gesehen zu werden. (Frau D 48/66)

Die Aufbegehrende:

Also mein Start war schon schwerer, weil mir meine Eltern die Möglichkeiten nicht gegeben haben. Es stand damals auch fest, meine Eltern wollten eigentlich statt meiner einen Jungen haben und der sollte studieren. Da ist die Mädchenrolle für mich erschwerend gewesen. (Frau I 411/416)

Die Exotin:

> *Also ich denke so in meiner Familie war es so, ich komme aus so einer traditionellen Familie. Wir waren vier Kinder und alle sind auch so in der Gegend geblieben. Ich war immer schon so ein bisschen der Exot. (Frau P 694-698)*

4.2.4 Verantwortung in der Herkunftsfamilie

Da die befragten Frauen in ihrer heutigen beruflichen Position in hohem Maße Verantwortung tragen, wurde untersucht, ob es für die Übernahme von Verantwortung bereits Hinweise in ihrer Herkunftsfamilie bzw. ihrer Sozialisation gibt.

Unter der Übernahme von Verantwortung wurden verschiedene Verhaltensmuster verstanden, wie z. B. das Erledigen von Aufgaben im Bereich der Familie (jüngere Geschwister betreuen, im Haushalt helfen mit konkreter Aufgabenstellung, einkaufen o. ä.) oder z. B. die Mithilfe im familieneigenen Betrieb bei Selbstständigen oder in der Landwirtschaft.

Hier ergab sich ein sehr einheitliches Bild, das folgende Äußerungen belegen:

> *Klar. Älteste Tochter ist ein undankbarer Job. Ja so im Haushalt mithelfen. Auf die jüngste Schwester aufpassen und so. (Frau F 956/958)*

> *Als wir dann so eine große Familie waren, war es dann so, dass wir alle auch Verantwortung mit übernehmen mussten, auch für die Pflegegeschwister, und da war ich immer eine, die ganz schnell auch irgendwelche Aufgaben aufgedrückt bekommen hatte, um mich auch ein bisschen an Zuhause zu binden, weil ich sonst eben immer viel unterwegs war. So musste ich immer besondere Aufgaben übernehmen, wo mich die Schule eigentlich nie interessiert hatte, habe ich da so eine Verantwortungsrolle gekriegt und das hat sich durchgezogen bis heute, dass ich bei uns in der Familie immer noch diejenige bin, die die gemeinsamen Geschenke für meine Eltern besorgt, die an irgendwelche Termine erinnert oder auch irgendwelche Aktivitäten auch organisiert oder die, wenn es einem von meinen Geschwistern schlecht geht, dann da ist. Also das ist eine Prägung, die ich einfach in der Familie bekommen habe und eine ganz große Rolle auch in meiner jetzigen Funktion spielt. (Frau D 68/83)*

Besonders diese Äußerung zeigt sehr deutlich, welchen Einfluss die Bemühungen der Eltern hatten, die Tochter enger an die Familie zu binden, indem sie sie mit verantwortungsvollen Aufgaben betrauten. Frau D hat sich bereits in ihrer Kindheit um Dinge gekümmert, die auch heute zu ihren Aufgabenbereichen gehören. Sie hat Termine koordiniert, Aktivitäten organisiert, beraten und sich um Bedürftige gekümmert und Kommunikation zwischen den Familienmitgliedern aufrechterhalten. Dieses Verhalten hat sich dann auch in ihrem Erwachsenenleben manifestiert.

> *Ich glaube als Jugendliche konnte ich hervorragend eine Kasse bedienen, ich war also im Geschäft mit eingespannt. Jahrzehnte meines Lebens habe ich Inventur Silvester gemacht. Also da war schon eine "besondere" Verantwortung da. (Frau A 1549/1552)*

Gerade die Übertragung einer besonderen Verantwortung, wie hier das 'Kassieren', bzw. 'das Inventur machen' dessen ordnungsgemäße Abwicklung ja auch über das Familieneinkommen entscheidet, bedeutet gleichzeitig, dem Kind ein großes Vertrauen auszusprechen.

> *Ja, ich glaube schon. Also es ist sicherlich bei uns nicht so gewesen, dass ich irgendwelche Versorgungsaufgaben, wie es so häufig bei älteren Geschwistern der Fall ist, übernehmen musste. Jedenfalls nicht so im klassischen Sinne, unabhängig davon dass man in der Landwirtschaft natürlich schon auch als Kind auch damals in den fünfziger Jahren ganz anders mit eingebunden wurde in die Arbeitsprozesse auf so einem Hof. Das war selbstverständlich, das war überhaupt keine Frage. (Frau K 39/46)*

Für Frau K war die Übernahme von Aufgaben auf dem elterlichen Hof eine Selbstverständlichkeit. Wenn sie keine Versorgungsaufgaben im 'klassischen Sinne' übernehmen musste ist damit möglicherweise das sich Kümmern um jüngere Geschwister gemeint, die schon früh mit auf dem Hof eingebunden waren.

Frauen, die in ihrer Kindheit keine Verantwortung in der Familie übernehmen mussten, haben sich selbst in anderen Bereichen verantwortungsvolle Tätigkeiten gesucht und durch diese Möglichkeit etwas Taschengeld verdient:

> *Ich war noch in der Hauptschule am Ort und habe, für die Kinder aus dem Kindergarten die Betreuerin, die hatte ein Kind bekommen und dies Kind habe ich spazieren gefahren. Ich war so um die zehn, unter zehn. Und später als ich älter wurde habe ich in einem Schuhgeschäft abgestaubt. Habe mir etwas Taschengeld verdient damals. Das hat mich auch interessiert und im Verkaufsbereich mitgeholfen. Sodass ich mich also da immer schon etwas betätigt habe. (Frau J 875/882)*

> *Ich habe Baby gesittet. (Frau O 735/735)*

Ob dies aus einer besonderen persönlichen Prägung heraus geschah, in dem Sinne etwas verantwortungsvolles, gesellschaftlich, vielleicht auch familiär anerkanntes zu tun oder evtl. 'nur' um das Taschengeld aufzubessern, aus Langeweile oder auch persönlicher Neigung, lässt sich leider nicht anhand von Äußerungen festmachen.

4.2.5 Familienwerte

Im Verlauf der Sozialisation kommt es insbesondere in der Pubertät zu Auseinandersetzung mit äußeren Lebensbedingungen sowie familiären Werten und Normen. Diese werden zum Teil in Frage gestellt und bewusst missachtet, oder aber für sich geprüft und übernommen. HURRELMANN beschreibt das so:

> „Die soziale und gegenständliche Umwelt wird nach Objekten, Interaktionsabläufen, Werten, Normen und Deutungsmustern und nach dem Beziehungsgefüge zwischen diesen Einzelkomponenten mit den Sinnen aufgenommen, eingeordnet, bewertet und interpretiert, sowohl auf der kognitiven wie der affektiven Ebene, und schließlich mit den eigenen Bedürfnissen und den eigenen Handlungsplänen erneut abgestimmt." (HURRELMANN 2001: 158)

Betont wird in dieser Aussage besonders die interaktive Komponente der Auseinandersetzung, d.h. die aktive Auseinandersetzung der Person mit erlebtem Geschehen.

Die Aussagen dieser Studie weisen bezüglich der Übernahme von Familienwerten unterschiedliche Ausprägungen auf. Übernommen wurden von den Frauen Werte wie Arbeitsethos, *'preußisches Pflichtbewusstsein'* (Zitat Fr. E), Zähheit und Durchsetzungsfähigkeit, sowie Leistungsorientierung.

> *Meine Mutter, die auch irgendwie Flucht und alle Verbrechen, die auf der Flucht widerfahren sind, dann Physik studiert hat und sich das Studium als Hausmädchen bei einem Dozenten verdient hat und zwei behinderte Kinder hat. Das sind alles so Sachen, das hat ein bisschen auch was mit Familiengeschichte zu tun, dass da eine gewisse Zähheit und Durchsetzungsfähigkeit da ist und so ein Spruch in unserer Familie ist so, dass man nicht die Kontenance verlieren soll,... (Frau B 958/966)*

> *...bin also auch sehr eigenständig früh schon gewesen, aber auch so mit dem Ganzen, was vielleicht auch schwierig war. Ich musste mich da an ganz neue Situationen gewöhnen und meinen Stellenwert behaupten und ich weiß, dass so ein Satz für mich war: man muss sich auch zusammennehmen können. Das hat mich eigentlich mein Leben begleitet und kommt mir heute sehr zugute, weil ich heute eine ganz straffe Organisation haben muss, um meinen Tag durchzuhalten und auch das zu erfüllen, was meine Aufgaben sind. Ich bin da eigentlich so erzogen worden in diesem preussischen Pflichtbewusstsein, kann man sagen und immer unter der Prämisse, selbstständig zu sein. (Frau E 61/72)*

Konflikte gab es andererseits, wenn die Frauen aus der familiären Tradition ausbrachen, weil sie z.B. einen anderen Bildungsweg nahmen als ihre Eltern,

> *...ich hatte schon vor der mittleren Reife größere Konflikte im Elternhaus, ich glaube das hing in erster Linie auch damit zusammen, dass man nicht so darauf*

> vorbereitet war, wenn ein Kind einen anderen Bildungsweg nimmt, möglicherweise auch andere Vorstellungen und Entwürfe entstehen, Lebensentwürfe und Vorstellungen, politische Einstellungen oder so, wie man weiterleben möchte und dafür gab es wenig Verständnis. Ich glaube, das war auch eine Überforderung meiner Eltern, das schaffte viele Spannungen. (Frau F 85/93)

Frau F konnte mit ihren Lebensideen kein Verständnis von ihren Eltern erwarten, weil diese damit völlig überfordert waren. Sie kannten sich damit überhaupt nicht aus, was sicherlich zusätzlich Ängste und Abwehr hervorrief.

Konflikte ergaben sich auch, wenn die Frauen dem traditionellen weiblichen Rollenbild der Eltern nicht entsprachen:

> Meine Eltern sind Landwirte und denen war eher wichtig und deshalb wollten sie auch nicht so gern, dass ich dann studiere, Mädchen; Heirat und Kinder. Und dann kam meine Protesthaltung. Ich bin auch allein stehend. Ich lebe bewusst als Single. Meine anderen Geschwister, ich habe drei ältere Geschwister, haben alle diesen Erwartungen entsprochen. (Frau I 356/362)

4.2.6 Zusammenfassung

Die Auswertung der Ergebnisse des vorangegangenen Kapitels ergab im Hinblick auf die Vorüberlegungen folgendes Bild:
Die Frauen berichten über enge, aber häufig konflikthafte Beziehungen zu ihren Eltern. Sie führen diese zurück auf 'normale' pubertäre Abnabelungsprozesse, andererseits spielen aber auch die veränderten gesellschaftlichen Rahmenbedingungen eine Rolle. Die in den fünfziger Jahren aufgewachsenen Frauen der Untersuchung erlebten ihre Kindheit als Nachkriegsgeneration unter gänzlich anderen Vorzeichen als ihre Eltern die ihre.
Die Annahme, die Frauen hätten eine besondere Förderung in der Familie bezüglich Schule und Beruf erlebt, bestätigte sich nicht. Als Vorbilder innerhalb der Familie wurden wenn überhaupt die Väter benannt, die Mütter wurden bewundert und hatten teilweise Vorbildfunktion. Dies wurde aber nicht bewusst erkannt:

> Meine Mutter, die auch irgendwie Flucht und alle Verbrechen, die auf der Flucht widerfahren sind, dann Physik studiert hat und sich das Studium als Hausmädchen bei einem Dozenten verdient hat und zwei behinderte Kinder hat. Das sind alles so Sachen, das hat ein bisschen auch was mit Familiengeschichte zu tun... (Frau B 958-961)

Bemerkenswert für die heutige Zeit, allerdings für die 50er Jahre üblich, erscheint die Tatsache, dass alle Frauen mit Geschwistern aufgewachsen sind. Die Analyse der Geschwisterbeziehungen ergab rivalisierende, häufig konflikthafte Beziehungen. Hier liegt die Interpretation nahe, dass die Frauen bereits in ihrer Kindheit um Führungspositionen innerhalb der Geschwisterhierarchie kämpfen mussten. Sie haben frühzeitig gelernt sich durchzusetzen, ihre Interessen zu vertreten und auf sich aufmerksam zu machen.

Einige Frauen sehen sich selbst in einer besonderen Rolle in der Familie. Diese Einordnung resultiert auch hier aus dem Bestreben heraus, sich von den Eltern und Geschwistern abzugrenzen, aber auch durch die Nichtübernahme tradierter familiärer Vorstellungen, wie z. B. weibliche Rollenvorstellungen und Bildungswege.

Die Frage nach Verantwortung in der Herkunftsfamilie ergab, dass in unterschiedlichen Bereichen in ihrer Kindheit und Jugend Verantwortung in oder auch außerhalb der Herkunftsfamilie übernommen wurde bzw. übernommen werden musste. In dieser Tatsache sehen die Frauen selbst einen Hinweis für ihre Bereitschaft, als Erwachsene Verantwortung in Führungspositionen zu übernehmen.

Familienwerte wurden von den Frauen sowohl akzeptiert als auch in Frage gestellt. Übernommen wurden sie, wenn antizipiert wurde, dass daraus resultierendes Verhalten Vorteile brachte. In Frage gestellt wurden sie, wenn eigene Lebens- und Zukunftsvorstellungen dazu im Gegensatz standen.

Insgesamt deuten bei der Analyse der primären Sozialisation die Aspekte Beziehungen zu Eltern und Geschwistern, Auseinandersetzung mit familiären Werten und Normen und die Übernahme von Verantwortung in der Herkunftsfamilie auf einen Zusammenhang mit der Übernahme von Führungspositionen hin. Inwieweit individuelle intrapersonelle Dispositionen hier eine Rolle spielen, lässt sich im Rahmen dieser Untersuchung nicht beantworten.

4.3 Sozialisation in Schule und Studium

4.3.1 Bildungswege

Die Analyse der *Bildungswege* der Frauen ergab, dass sie in gleichem Maße über den direkten Weg, d. h. Gymnasium und Abitur,

> ... habe eine Volksschule besucht, wie das damals hieß und dort dann die Empfehlung zum Gymnasium bekommen. Ich bin dann nach der fünften Klasse zum Gymnasium gewechselt und habe 1979 Abitur gemacht. (Frau F 53/57)

als auch indirekt über Berufsausbildung, das Nachholen von Schulabschlüssen, Fachoberschule und Fachhochschulreife zum Studium gelangt sind, wobei auch hier die Reihenfolge sehr variiert.

> ... ich habe wie jedes andere Kind die Grundschule besucht, habe dann den Übergang geschafft zunächst mal auf ein Gymnasium. Musste das allerdings

> nach einem Jahr wieder verlassen wegen der Schulleistung. Dann bin ich zurückgegangen auf die Hauptschule. Habe dort den Abschluss gemacht und habe dann eine Frauenfachschule besucht. Über diesen Weg habe ich die mittlere Reife erworben und damit die Fachhochschulreife und die Zugangsberechtigung an die Fachhochschule gehen zu können. (Frau N (23/31)

Manche haben vor oder während dieses Studiums ein anderes Studium begonnen, dann aber nicht beendet.

> Ich habe mit siebzehn Abitur gemacht, ein halbes Jahr früher und bin dann mit siebzehneinhalb ganz weit weg nach X. gegangen und habe angefangen medizinische Informatik zu studieren. (Frau B 54/57)

Einige der Frauen erbrachten auch zu Schulzeiten sehr gute Leistungen, andere wiederum waren schulisch weniger engagiert.

> Ich habe dann ein ziemlich gutes Abitur gemacht, mit dem ich eigentlich alles hätte studieren können, ... (Frau F 100/101)

> Das war bei mir das Ergebnis, dass ich nur die Hauptschule geschafft habe. Ich war aber auch grenzenlos faul. Man kann nicht alles auf die Krankheit meiner Mutter schieben. Ich war irgendwie nicht der Renner. (Frau C56/60)

Insgesamt zeigt sich hier ein sehr differenziertes Bild, das den Rückschluss 'Karrierefrauen zeichnen sich bereits in der Schulzeit durch überdurchschnittliche Leistungen aus', nicht zulässt. Ein Aspekt, der darauf hin deutet, dass nicht nur Leistungsverhalten/ -vermögen, beruflichen Erfolg beeinflusst, wird auch hier deutlich. Es ist der Aspekt der *Verantwortung*.

Die aktive Beteiligung der befragten Frauen in ihrer Schulzeit am Klassengeschehen war sehr auffällig. Viele waren Klassensprecherinnen oder haben sich anderweitig im Schulalltag engagiert.

> Schon als ich die Abiturfeier organisierte... Klassenverband? Durchaus bei ganz vielen Sachen Mitinitiator von neuen Geschichten, auch da schon Verantwortung und Mitarbeit über das übliche Schülermaß hinaus. (Frau A 1622/1625)

Frau K übernahm z.B. die Initiative im Rahmen von verschiedenen Aktionen oder Vorhaben:

> Ich habe da auch schon immer mal, Führungsaufgaben ist jetzt zu viel gesagt, ich war schon eine, die auch so Thema gegeben hat, um die sich eine Clique versammelt hat. Das war schon so. (Frau K 88/91)

Frau M beschreibt sich z.B. als Anführerin oder Wortführerin einer Clique:

> Da gehörte ich auch immer zu den Anführern zu den Wortführern, also zu denjenigen... also ich z. B. ganz häufig Klassensprecherin, einmal Schulsprecherin,

> *also zu denjenigen, die auch etwas bewegen wollten für andere oder im Interesse von anderen. (Frau M 561/565)*

Andere waren aktiv in anerkannten öffentlichen schulspezifischen Positionen, z. B. als Schülersprecherin.

4.3.2 Engagement im Studium

Das Engagement der befragten Frauen während des Studiums war insgesamt gering. Einige waren ehrenamtlich engagiert, andere politisch, beeinflusst durch die jeweilige gesellschaftliche politische Situation. Viele Frauen setzten andere Prioritäten, einige hatten schon Kinder, andere mussten sich ihr Studium selbst verdienen, sodass kaum Zeit für anderweitiges Engagement blieb:

> *Im Studium überhaupt nicht. Ich hatte ein Interesse mein Studium... in meinem Studium wirklich ein Höchstmaß dessen, was mir dort geboten wurde, auch so mitzubekommen, mitzunehmen, war aber auf Grund der finanziellen Eingeschränktheit meiner Eltern sowieso auch angewiesen darauf, arbeiten zu müssen nebenbei, so Jobs zu machen und hab mich im Studium weder in irgendwelchen politischen Gremien noch sonst irgendwo besonders engagiert. Ich habe da wirklich gelernt und gearbeitet und ansonsten keine besondere Funktion ausgeübt. (Frau M 574/582)*

Hier wird deutlich, dass Engagement im Studium einerseits durch den persönlichen Ehrgeiz geprägt wird, möglichst viel an Kompetenzen zu erwerben, andererseits verlangen materielle Probleme ein möglichst straff organisiertes Studium und einen schnellen qualifizierten Abschluss. So bleibt für ehrenamtliches Engagement kaum Zeit.

4.3.3 Schwerpunkte im Studium

Die Annahme, die Frauen hätten sich bereits während des Studiums besonders auf die Bereiche Administration oder Soziales Management, wie es heute zum Teil bezeichnet wird, konzentriert, trifft nicht zu. Nur eine Frau hat sich in diesem Bereich bereits im Studium spezialisiert und hat sich später nach dem Anerkennungsjahr, dass sie noch einmal in den Bereich der klassischen sozialpädagogischen Basisarbeit im Amt geführt hat, auch ganz bewusst entschieden, in diesem Bereich weiter zu arbeiten. Dieser Entschluss wurde auch bestärkt durch die unsichere Arbeitsmarktsituation für SozialpädagogInnen zu der Zeit.

> *Ich habe gesagt gut, jetzt gehst du in das Studium, habe aber im Studium dann schon relativ schnell für mich gesagt, Verwaltung und Administration, das war damals ein Schwerpunkt, da waren damals zehn Studenten drin, das war von*

> den Ansprüchen bei vielen Dozenten schon so ein bisschen der gehobene Standard, kam mir allerdings bei etlichen auch entgegen, weil einfach Themen angesprochen worden sind, die mich sehr gereizt haben. (Frau A 328-335)

> Der Schwenk am Ende des Studiums war noch mal in Richtung klassische Sozialarbeit im Amt, aber danach war eigentlich klar... Ich habe dann nicht noch mal überlegt, willst du noch was anderes studieren, oder wechselst du noch mal die Richtung oder vertiefst du irgendeinen Bereich. Was bestimmt positiv beeinflusst worden ist, das war eine Zeit, wo sehr viele Sozialarbeiter arbeitslos waren. (Frau A 343-350)

Nachdem sie in der ersten beruflichen Phase nach dem Anerkennungsjahr nochmals sozialpädagogische Basisarbeit gemacht hat, hat sie dann anschließend Befriedigung im Bereich Administration und Management gefunden und betreut heute eine Stabsstelle mit vielen unterschiedlichen Tätigkeitsbereichen.

4.3.4 Bewertung des Studiums

Die Bewertung des Studiums lässt sich unter zwei verschiedenen Gesichtspunkte zusammenfassen. Ein Teil der Frauen erlebt in dieser biographischen Phase einen Umbruch ihrer bisherigen Lebensumstände. Für diese Gruppe ist dies als Phase des Prozesses des Erwachsenwerdens besonders wichtig.

> Es war ein Entwicklungsprozess. Dass ich durch äußere Umstände auf Dinge gestoßen bin, die ich mir dann angeschaut habe und an denen ich mich dann entwickelt habe. Also Anregungen von außen, die ich aufgenommen habe und aufgegriffen habe und dann mich ausprobiert habe. Das war ein Entwicklungsprozess. (Frau L 827/831)

Andere bewerten die Qualität des Studiums. Dabei wird in großem Maße Kritik geäußert:

> Dann habe ich studiert, nicht mit besonders großer Begeisterung, weil ich das Studium.... Also ich habe mich nach dem Vorpraktikum gefreut, endlich mal wieder etwas zu lernen und was zu tun. Da kam aber nicht so viel. Ich habe dann im ersten Semester gedacht, o.k., das ist das ganze Vorgeplänkel, da kommt vielleicht ja noch mal was. Im zweiten Semester habe ich das auch noch gedacht und im Dritten habe ich gedacht, o.K., das mache ich jetzt zu Ende, damit ich einen Berufsabschluss habe, aber ich habe mich da eigentlich die ganzen Jahre unterfordert gefühlt. Das kann an den unterschiedlichsten Gründen ... Vielleicht habe ich auch die falschen Sachen ausgewählt? (Frau O 65/76)

Für Frau O scheint das Studium sich insgesamt als Enttäuschung entwickelt zu haben. Nachdem sie zu Beginn annahm, das Studium würde sich erst im weiteren Verlauf zu einer anspruchsvolleren Tätigkeit entwickeln, wurde sie mit zunehmender Semesterzahl immer enttäuschter. Nur ihre Einstellung, Dinge auch zu Ende zu bringen, ließ Sie das Studium beenden. Im Rückblick beschreibt sie ihre jahrelange Unterforderung, ist sich aber nicht darüber im Klaren, ob ihr eigener Anspruch falsch ist oder ob das Studium an sich einfach nicht ihren Erwartungen entsprochen hat.

> Also ich war mir damals nicht bewusst, dass das so eine Sackgasse ist dieses Studium. Ich finde es ausgesprochen klasse, dass sich da jetzt etwas bewegt in Sachen Aufwertung von Fachhochschulen, in Sachen Masterstudiengang, in Sachen Promotionsmöglichkeiten, all das und ich muss Ihnen sagen, ich habe, X. war auch eine prima Stadt und das war für mich eine ganz wichtige Phase, aber in vielerlei Hinsicht persönlich war das eine ganz wichtige Entwicklung in allen möglichen Bereichen, die ich auch nicht missen möchte, aber ich habe mich da auch nicht tot gemacht an dieser Fachhochschule. Es war so ein verschulter Studiengang, den konnte man locker so nebenbei mitmachen. Das war ganz spannend und interessant, aber es war jetzt auch nicht das, was einen rund um die Uhr da ausgefüllt hätte. Mir kam das damals auch ganz entgegen. (Frau F 291/304)

Auch diese Aussage bewertet das Studium in seiner Gesamtqualität eher negativ. Dabei benennt, Frau F insbesondere das fehlen von Perspektiven, wie es sie z.B. nach Abschluss universitärer Studiengänge gibt. Auch Frau F lässt durchblicken, dass sie sich zeitweilig nicht ausgelastet fühlte. Sie sieht allerdings hier den positiven Aspekt, sich auch noch in anderen Interessenbereichen engagieren zu können.

> ...ich sage mal, wir sind professionelle Generalisten. Davon braucht es mehr. Dann das dieses Studium, ich glaube, dass ich sehr sauber studiert habe, aber durch mein Alter und durch die vielen Erfahrungen, ich habe immer Bilder dazu gehabt, dass das Studium noch eine andere, sage ich mal für Neulinge, die jung studieren, anders geplant werden muss, also Integration von praktischen Ansätzen in das Studium und keine Beliebigkeit. Also diese verschiedenen Aspekte Psychologie, Soziologie, Politik, Medizin und Einblicke in wirtschaftliche, gesellschaftliche Zusammenhänge die müssen verpflichtend sein, weil genau diese Teile sind Alltag unserer Arbeit heute und dieses Denken in Zusammenhänge und Fantasieren können, also nicht hier beliebig fantasieren, sondern was bringt die künftige Entwicklung und da müssen wir in Zusammenhang mit gesellschaftlichen Kontexten und wirtschaftlichen Entwicklungen denken. Also ich lese Bücher über Wirtschaften in der Zukunft. Also das so zum Studium. (Frau T 1143/1159)

Die hier geäußerte Kritik ist einerseits aus der Retrospektive der Frauen zu interpretieren, die aus ihrer jetzigen Position heraus sehr gut beurteilen können, welche Kompetenzen sie wirklich gebrauchen und welche ihnen das Studium nicht vermittelt hat. Frau T weist besonders auf die Notwendigkeit der Integration politischer, wirtschaftlicher und sozialer Zusammenhänge hin und betont den hohen Wert der Übertragung des Gelernten in die Praxis. Mit der Bezeichnung 'professionelle Generalisten' beschreibt sie vor allem das, was ihre Tätigkeit als Führungskraft ausmacht. Sie muss mit professionellen Fähigkeiten den Überblick über das Ganze behalten und alle Teile miteinander in Einklang bringen. Gleichzeitig muss sie über so viele Detailkenntnisse verfügen, wie notwendig sind, um den Gesamtzusammenhang zu verstehen.

Weiterhin deutet sich hier auch für einige an, dass die Wahl dieses Studiums für sie nicht die richtige war und sie möglicherweise doch einen anderen Beruf bzw. ein anderes Studienfach hätten wählen sollen. Auf diese Möglichkeit deuten auch Äußerungen hin, die darauf schließen lassen, dass sie sich weniger mit dem Berufsbild 'Sozialarbeiterin/ Sozialpädagogin' identifizieren als eher mit ihrer Funktion als 'Managerin'.

> *Was ich sehr angenehm finde als "Sozialarbeiterin" ist das hier sehr Klienten unabhängig geworden. Ich hatte früher im Studium so die Fantasie, also wenn du mit fünfzig auch noch Jugendarbeit machst, irgendwann ist das ein bisschen unglaubwürdig. In dieser Versuchung bin ich ja gar nicht mehr drin und das finde ich sehr positiv, dass ich nicht mehr auf eine bestimmte Zielgruppe festgelegt bin oder eine Altersgruppe, sondern dass ich mich frei tummeln kann in dem Rahmen der hier ist. Es ist nicht so, dass hier alles uferlos möglich ist.*
> *(Frau A 1888/1897)*

4.3.5 Zusammenfassung

Die Analyse der Bildungswege zeigte auf, dass die Frauen ihre heutige Position über sehr unterschiedliche Pfade erreicht haben. Die Annahme, dass in höheren Positionen vor allem 'Überfliegerinnen' beschäftigt seien, die auf direktem Weg mit überdurchschnittlichen Schul- und Studienleistungen Karriere gemacht haben, bestätigte sich nicht. Vielmehr gab es für viele sowohl in ihrer schulischen als auch in ihrer beruflichen Laufbahn Brüche, sei es durch Zurückstufung in andere Schulformen, sei es durch Studienwechsel oder Arbeitslosigkeit. Auch haben nur die Hälfte der Frauen die Allgemeine Hochschulreife erreicht. Die anderen sind über Berufsausbildungen und Fachhochschulreife zur Sozialarbeit gekommen.
Diese Ergebnisse legen den Schluss nahe, dass überdurchschnittliche kognitive Leistung allein nicht entscheidend für Karriere ist. Die Zitate belegen, dass vielmehr auch hier die Übernahme von Verantwortung während der schulischen Entwicklung eine Rolle spielt. Die Tatsache, dass die Frauen während ihrer Schulzeit Klassensprecherinnen, bzw. sogar Schulsprecherin waren und sich im Rahmen des Klassengeschehens interaktiv für Mitschüler und Probleme der Klasse engagiert haben, weist ebenfalls darauf hin.

Während des Studiums war das Engagement der Frauen eher gering. Sie empfanden dies eher als eine Chance sich persönlich weiterzuentwickeln und neue Erfahrungen zu machen. Zudem mussten sich einige auch ihr Studium verdienen, da die finanziellen Mittel knapp waren. Einige waren aber dennoch in anderen Bereichen ehrenamtlich engagiert. Die Schwerpunkte im Studium wurden von den Frauen sehr unterschiedlich gesetzt. Lediglich eine entschied sich bewusst für den Studienschwerpunkt Soziales Management und Administration. Die anderen verteilten sich auf das gesamte Spektrum der Angebote. Im Grunde genommen hat auch hier noch keine Frau die Möglichkeit eine Karriere im sozialen Bereich zu machen in Betracht gezogen.

Die Studieninhalte und das Studium selbst bewerten die Frauen aus ihrer heutigen Perspektive eher negativ. Sie bestreiten nicht, dass es sie in ihrer Persönlichkeitsentwicklung weiter gebracht hat. Vielmehr sehen sie auf Grund der Anforderungen, die ihre heutige Position an sie stellt, dass die Studieninhalte sie nicht darauf vorbereitet haben, weniger, weil sie sich nicht dafür interessiert haben, als vielmehr, weil es entsprechende Angebote nicht gegeben hat.

Für einige Frauen hat sich die Studienwahl auch als eine falsche erwiesen. Ihnen war nicht bewusst, dass die Aufstiegsmöglichkeiten so gering sein würden und sie sich auch unterfordert fühlen würden. Demgegenüber stehen Aussagen, die deutlich machen, dass das Studium als inhaltliche Basis benutzt wurde um die heutige Position zu erreichen. Damit wurde das bereits vorhandene Interesse an Managementtätigkeiten untermauert.

4.4 Berufliche Entwicklung

4.4.1 Berufsfindung

Die berufliche Entwicklung und die Karriereentwicklung stehen in einer zeitlichen Abfolge zueinander. Die Abgrenzung der Begriffe gegeneinander ergibt sich aus der Annahme, dass mit beruflicher Entwicklung ein linearer Verlauf des Berufsweges gemeint ist, der keinen außergewöhnlichen, d.h. in dem Sinne als vom vorgegebenen Wege abweichenden Kurs einschlägt. Nimmt man den 'normalen' Berufsweg einer Sozialarbeiterin/ Sozialpädagogin als Beispiel, so könnte ihre berufliche Entwicklung folgendermaßen aussehen: nach Beendigung des Anerkennungsjahres, Übernahme einer Sachbearbeiterinnenposition mit den der Stellenbeschreibung zugehörigen Anforderungen; Verbleib auf dieser Position für das weitere Berufsleben; ggf. Erweiterung der inhaltlichen Kompetenzen durch Fort- und Weiterbildung, ggf. auch Veränderung des Aufgabengebiets nach einer gewissen unbestimmten Zeit; im öffentlichen Dienst Veränderung der Gehaltseinstufung gemäß BAT.

Entscheidend für diesen linearen vorhersehbaren Berufsweg ist der Verbleib auf der gleichen Hierarchiestufe.
Als Karriereentwicklung wird in dieser Arbeit das 'Abweichen' von dem o. g. vorgezeichneten Weg verstanden. D.h. in dem Moment, wo sich die Sozialarbeiterin entscheidet, die anfangs antizipierte Laufbahn zu verlassen und sich auf höhere, verantwortungsvollere Positionen bewirbt oder dazu aufgefordert wird, beginnt die Karriereentwicklung. Dabei ist dieses erste Abweichen vom vorgezeichneten Weg meistens nur der erste Schritt hin zu einer Führungsposition, wie sie die hier befragten Frauen bekleiden.

Die Grundlagen für eine erfolgreiche Karriere liegen, wie die weitere Auswertung zeigen wird, schon in den Umständen, die die Berufswahl beeinflusst haben. Aus diesem Grund sollen diese beiden in unmittelbarer Beziehung zueinander ausgewertet werden.
Die berufliche Entwicklung beschreibt den Zugang zum Berufsfeld ‚soziale Arbeit'. Die Kernfrage dieses Abschnitts lautet: wie sind die befragten Personen zum Arbeitsfeld 'Soziale Arbeit' gekommen? Welche Motivationen stehen dahinter, welche Einflussfaktoren spielen eine Rolle?
Motivation wird hier verstanden im Sinne von Interessen des Individuums und deren Auswirkungen auf daraus resultierende Handlungsorientierungen und -ausführungen (vgl. HACKER 1986). In Bezug auf die berufliche Entwicklung wird der Motivationsbegriff auf zwei Ebenen betrachtet, im Rahmen des zeitlichen Verlaufs der individuellen Entwicklung bedingt durch die Sozialisation in der Herkunftsfamilie und Schule bzw. Ausbildung, bis hin zur tatsächlichen Berufswahlentscheidung und in der Bestimmung intrinsischer und extrinsischer Faktoren in Bezug auf das Berufsbild selbst. In einem dritten Schritt wird die Motivation eine Karriere anzustreben analysiert.

Die Kategorie *Berufswahlmotivation* enthält Aussagen, die über die Gründe der Berufsentscheidung der einzelnen Frauen Auskunft geben:
Dabei lässt sich feststellen, dass der Berufswunsch SA/SP nur bei wenigen Frauen an erster Stelle stand, obwohl nahezu alle entweder im Rahmen ihrer familiären Sozialisation bzw. während ihrer schulischen Laufbahn mit dem Berufsfeld soziale Arbeit in Kontakt gekommen sind. Einige fanden aus einer besonderen intraindividuellen psychosozialen Disposition für soziale Probleme Zugang zur sozialen Arbeit. Wieder andere knüpften erst nach einer Berufsausbildung und Berufstätigkeit in einem nicht-sozialen Bereich Kontakt zur Sozialarbeit. Die Aussagen der befragten Personen ergaben somit ein sehr heterogenes Bild, wie folgende Zitate belegen.

Frau E beschreibt eine *Berufswahl aufgrund familiärer Disposition:*

> Ich habe dann sicher auch durch die Tätigkeit meiner Mutter in der Lebenshilfe geprägt und auch durch so Ferienjobs im Sonderkindergarten Sozialpädagogik studiert. (Frau B 80-83)

> ... durch meine Mutter dann, die in den x-Anstalten, auch einer Einrichtung des Trägers, lebte und auch dort arbeitete,... (Frau E 57-59)

An anderer Stelle bekräftigt sie dies noch einmal:

> Ich habe durch meine ganze Geschichte so eine Aufgeschlossenheit für Familienfragen bekommen. Das hat mich mein Leben lang bis zum heutigen Tag begleitet, dass ich mich für familiäre Belange einsetze. (Frau E 93-97)

> Ich glaube, dass das mit ein ganz großer Ausschlag war. Ich bin als Kleinkind, ich bin Flüchtling, wir sind im Krieg ausgewiesen worden aus der Tschechoslowakei und über Wien nach Deutschland gekommen mit nichts und die Hilfestellungen der Caritas, die wir erfahren haben, ich denke schon, dass das eine erste Erfahrung war, in diesen Beruf zu gehen, etwas Soziales zu tun. (Frau J 228-234)

Eine *individuelle-psychosoziale Disposition* lässt sich anhand folgender Aussagen erkennen:

> Ich habe schon, denke ich so, den Hang gehabt, immer in der Schule mich für Schwächere einzusetzen. Oder ich fand es als Kind schon ungerecht, wenn also in der Klasse, wenn schlechte Schüler berechtigt etwas kritisiert haben, dass sie gleich anders behandelt wurden als wenn ich das machte, wo ich eine gute Schülerin war. Und so prinzipiell vielleicht so dieses Gerechtigkeitsempfinden oder sich für Schwächere einzusetzen. (Frau P 230-238)

> ... ich habe mich sozial engagiert schon immer. Ich habe da irgendwelche Hilfsaktionen in der Schule oder so mitgemacht, habe Schularbeitenhilfe im sozialen Brennpunkt gemacht, das hieß aber damals anders. Also ich habe damit Geld verdient während der Schulzeit. (Frau F 245-250)

Diese Äußerung zeigt sowohl soziales Engagement als auch klares persönliches materielles Interesse, d.h. die Intention Interesse und persönlichen Nutzen miteinander zu verbinden.

Extrinsische Motivationen für die Berufswahl finden sich in wiederum in unterschiedlichen Ausprägungen. Einerseits wurden die Frauen durch beratende Institutionen bzw. dort tätige Personen motiviert:

> Ich ging dann, das war eine Aktion von der Schule aus, in die Berufsberatung und verließ die Berufsberatung, ich kann es ihnen nicht erklären, mit dem Hinweis und dieser Anregung und dieser Überzeugung Jugendleiterin, Sozialpädagogin, das wäre eigentlich das Bessere für dich. Ich kann heute nicht mehr anders sagen. Und die haben Recht gehabt. Ich weiß zwar nicht, wie ich mich

jetzt als Dolmetscherin gefühlt hätte, aber so von dem Spaß, den ich jetzt an dieser Arbeit hatte und habe, denke ich, war es das für mich. (Frau Q 131-140)

Einige bekamen erst während ihrer ersten Ausbildung, bzw. in ihrer ersten Berufstätigkeit in Kontakt mit Bereichen der sozialen Arbeit oder erhielten Informationen darüber:

> Während meiner damaligen Bankzeit haben wir Fortbildungswochen gemacht und da bin ich intensive Gespräche mit Dozenten eingegangen und die haben mir dann auch Ratschläge gegeben und dadurch bin ich darauf gekommen. (Frau J 23-27)

> Ich habe während meiner Ausbildung am Gericht, privat in einem Jugendstrafvollzug ehrenamtlich mitgearbeitet über die Uni in Y. Das hat mir so ein bisschen den Impuls gegeben, Sozialpädagogik zu studieren. Das habe ich dann gemacht in X. das fand ich dann auch ganz interessant und spannend. (Frau F 124-129)

> Die Zweite sehr bewusste Erfahrung war dann die Verwaltungsarbeit beim Landeswohlfahrtsverband im Bereich Erziehungshilfen. Da habe ich mir gedacht, das könnte ein Bereich sein. Da habe ich damals noch die Fürsorgerin kennen gelernt. Das könnte ein Bereich sein, in dem ich mir sehr gut vorstellen könnte zu arbeiten. (Frau J 234-239)

Andererseits spielten auch hierarchische Abhängigkeitsfaktoren eine Rolle, z.B. der Wunsch nach mehr Selbstbestimmung.

> Es gab eigentlich nur den einzigen Grund, dass ich fand, dass man als Erzieherin immer noch so einen ollen Sozialarbeiter über sich hat, der einem was sagen darf. Das war der Grund warum ich dachte, das könnte man ja vielleicht noch hinten anhängen. (Frau C 251-255)

Der Bereich *intrinsische Motivation* spiegelt sich in verschiedenen Ausprägungen wider. Ein Aspekt ist die 'Arbeit mit Menschen':

> ... ja also nicht unbedingt dieses Gefühl Menschen helfen zu wollen, das war nicht meine Intention. Ich habe damals gedacht, du hast gerne mit Menschen zu tun, gehst du ins Krankenhaus oder Kriminalpolizei oder irgendwas, aber nicht so unter dem Aspekt ‚helfen wollen'. Ein sozialer Beruf sollte es schon sein... (Frau N 56-61)

> Ich hatte eine relativ wage Vorstellung, was ich mal beruflich machen wollte. Irgendwie hatte ich schon den Wunsch viel mit Menschen zu tun und ich glaube, ein großes Interesse auch damals schon gehabt, insbesondere mit jungen Menschen zu arbeiten und mehr oder weniger zufällig ist dann beispielhaft das Berufsbild einer Sozialpädagogin/Sozialarbeiterin skizziert worden von diesem Berufsberater und dann habe ich irgendwie nur noch gesagt: ‚das ist es, genau'. Dann habe ich genau auch diesen Weg verfolgt. (Frau M 91-100)

> Ja. Ausschlaggebend war halt, (...) das ich mir nicht vorstellen konnte, weiter als Stenokontoristin tätig zu sein und dass ich mir schon vorgestellt habe, ich

> will irgendwas mit Menschen zu tun haben und wo ich eine Abwechslung habe und nicht alles so monoton abläuft. Das denke ich, waren die fünf Jahre als ich mir dann gesagt habe, also Stenokontoristin bis ins hohe Alter ... nicht. Das denke ich war sehr einschneidend. (Frau L 919-926)

Diese letzte Aussage relativiert, die Intention ‚etwas mit Menschen zu tun zu haben' noch einmal dahingehend, dass Frau L gerne etwas Sinnhaftes für und mit Menschen tun möchte. Sie hat in ihrer bisherigen Tätigkeit auch mit Kollegen (Menschen) zusammengearbeitet, sieht aber mehr Sinn darin durch ihr Tun Menschen aktiv zu nützen. Außerdem konnte sie es sich nicht vorstellen, bis in hohe Alter als Stenokontoristin tätig sein, dies erschien ihr auf die Dauer einfach zu langweilig.

4.4.2 Vorbilder und prägende Umstände für die Berufswahl

Ein weiterer Aspekt ist die Beeinflussung der Berufswahl durch Vorbilder:

> Also das hatte ganz viel damit zu tun gehabt, mit jemandem den ich kennen gelernt hatte, der eine starke Vorbildfunktion hatte. Ich war selber ... Mit 17 bin ich in ein Jugendfreizeitheim gegangen und dort war eine Frau, die hat ihr Anerkennungsjahr gemacht, die hat mich wahnsinnig beeindruckt und ich denke, dass die zuletzt viel dazu beigetragen hat, dass ich mich dafür entschieden habe. (Frau O 279-285)

Zum Abschluss noch einige Aussagen, die darauf hinweisen, dass einige Personen zwar eine Beziehung zur Sozialarbeit hatten, diese Berufswahl aber nicht an erster Stelle stand.

> ... habe nach dem Abitur (bei einem freien Träger) ein freiwilliges soziales Jahr gemacht, und zwar in X direkt in der Kreisstelle, weil ich nicht entschieden war nach dem Abitur, was ich machen werde. Ich habe während der Schulzeit, so ab dem vierzehnten, fünfzehnten Lebensjahr ehrenamtlich im Jugendrotkreuz gearbeitet und habe da so Gruppenleitergeschichten gemacht, was sicherlich berufsprägend für die Auswahl letztendlich mit war, dass ich in dem Berufsfeld Sozialarbeit schon in der Jugend tätig war. (Frau A 47-55)

Hier fällt auf, dass Frau A weniger das Berufsbild Sozialarbeiterin angezogen hat, als eher bereits hier schon eine Affinität zu Leitung erkennbar wird. Soziale Arbeit ist ein Betätigungsfeld, in dem es bereits in einem relativ jungen Alter möglich ist diese Neigung auszuprobieren.

> Die Entscheidung war ja schon am Ende der Schulzeit. Das war ein Kompromiss. Ich glaube, das lag daran, dass mein Stiefvater auch Sozialarbeiter war und zusätzlich Diakon und ihm das so sinnvoll erschien, mir das vorzuschlagen. Wahrscheinlich weil man immer in diesen sozialen Bezügen gelebt hat, wenn man vom Vater (Stiefvater Anm. d. Verf.) ausgeht und dessen Arbeit, dass mir das nahe lag, das auch zu studieren... Und dieser Kompromiss eben nicht eine

> *Vollstudium, also akademisches Studium zu beginnen. Das war der Einfluss meiner Eltern. Damals hieß es ja noch und es hat sich auch bewahrheitet, du wirst ja sowieso irgendwann heiraten. (Frau E 227-237)*

Diese Aussage lässt darauf schließen, dass Frau E lieber ein ‚akademisches Vollstudium' begonnen hätte, dies in ihrer Familie aber nicht toleriert wurde. So ergab sich Sozialarbeit als geeigneter Kompromiss, weil das Berufsbild durch den Stiefvater bekannt war, aber nicht als absoluter Favorit.

> *Jura, also was da ja noch nahe gelegen hätte, das war mir überhaupt nichts und ich war dann von Romanistik, Germanistik, den Sachen die ich gerne machen wollte, ziemlich weit weg, wusste dann auch nicht, ob es das wirklich ist und dachte, machste jetzt erst mal das und bin da hängen geblieben. Das war nicht zielstrebig, dass das jetzt mein Berufswunsch schon immer gewesen sei. (Frau F 272-278)*

Insgesamt gibt es somit Zugänge zur Sozialen Arbeit, die unterschiedlicher nicht sein können intrinsisch und extrinsisch motiviert, aus familiärer Prägung und damit verbundener persönlicher Neigung heraus, aus der persönlichen Eigenschaft sich für Schwächere einsetzen zu müssen oder aber mit Menschen arbeiten zu wollen - andererseits durch die Vorstellung des Berufsbildes durch Berufsberater, durch die Übernahme der Berufsidee von Vorbildern oder einfach aus dem Wunsch nach mehr Selbstbestimmung im Arbeitsprozess. Festzuhalten ist, dass das Bild der sich berufen fühlenden aufopfernden Sozialarbeiterin sich hier nicht abzeichnet.

4.4.3 Zusammenfassung

Sozialarbeiterin/ Sozialpädagogin war, wie diese Auswertung zeigt, für die wenigsten Frauen der Traumberuf. Wie beschrieben, sind sie auf sehr unterschiedlichen Wegen zur Sozialarbeit gekommen. Auffällig ist hier aber, dass alle in ihrer Kindheit und Jugend mit sozialer Arbeit in unterschiedlichen Bereichen in Berührung gekommen sind. Dennoch hat auch die Nähe der Inhalte des Berufsfeldes Soziale Arbeit zum weiblichen Arbeitsvermögen, das gekennzeichnet ist durch die Reproduktionsbezogenheit der Arbeit in immer wiederkehrenden Prozessen (vgl. OSTNER 1978: 188f) bei der Berufswahl große Bedeutung, ebenso wie der Aspekt der doppelten Sozialisation. Besonders wenn man den Einfluss der Eltern auf die Berufswahl betrachtet, wird deutlich, welche Bedeutung die gesellschaftlichen Rahmenbedingungen für die Berufswahl hatten. Die Auswahl des Berufs Sozialarbeiterin ist somit nicht unabhängig von diesen zu sehen. Zum einen vollzog sich in den 60er Jahren (die Mehrheit der Frauen musste sich zwischen 1965 und 1975 für einen Beruf entscheiden) ein deutlicher Wandel in den normativen Konzeptionen zum weiblichen Lebenslauf hin zu einer eigenständigen, vom Ehemann finanziell unabhängigen Biographie. Zum einen erlebten sie noch, dass es „legitime und illegitime Gründe" (BORN/ KRÜGER/ LORENZ-MEYER 1996: 70) weiblicher Berufstätigkeit - Erwerbstätigkeit zur Sicherung der familiären Existenz war gesellschaftlich gestattet und wurde sogar gefördert, Erwerbstätigkeit aus Eigeninteresse an der Arbeit war gesellschaftlich verpönt – gab (vgl. ebd.). Auf der anderen Seite wandelte sich das Bild bis Mitte der 70er Jahre hin zur 'aktiven Mutterschaft'. Damit verschob sich das Dilemma für Frauen von der Entscheidung zwischen Hausfrauentätigkeit und Beruf hin zur Entscheidung zwischen Mutterschaft und Beruf.

> „Die - in der Tradition des 19. Jahrhunderts stehende traditionelle - Frauenrolle, die mit der Eheschließung den lebenslangen Ausstieg aus der Erwerbsarbeit beinhaltete, hatte sich gelockert. Erwerbsarbeit war nun auch für Familienfrauen kein generelles Tabu mehr, sondern diese konzentrierte sich auf die biographische Phase der aktiven Mutterschaft: In den 50er-Jahren noch vollkommen geächtet, (...) galt sie in den 70er-Jahren zwar immer noch nicht als unproblematisch, aber je nach Bedingungen des Lebenslaufs immerhin möglich und akzeptabel." (ebd.: 71)

Damit fiel die Entscheidung für einen typischen Frauenberuf leicht, denn dieser ermöglichte es, Berufstätigkeit und Familie miteinander zu verbinden, da er mögliche Ausfallzeiten, z. B. durch Kindererziehung bedingt, problemlos kompensiert.

4.5 Karriereentwicklung[12]

4.5.1 Bewertung der Karriere

Der Begriff 'Karriere', bzw. 'Karriereentwicklung' wurde von den befragten Frauen bereits zu Beginn der einzelnen Interviews angesprochen. Wie schon in Abschnitt 4.1 beschrieben, begreifen einige von ihnen ihren beruflichen Weg nicht als Karriere. Die Ursachen hierfür liegen vor allem in der Semantik des Wortes 'Karriere'. Karriere bedeutet im Alltagsverständnis im Allgemeinen exponierte berufliche Positionen im oberen Management von Wirtschaftsunternehmen, in Verwaltung, Politik und Kunst. Voraussetzung dafür scheint unter anderem der häufige Wechsel des Arbeitgebers und des Aufgabengebietes zu sein. Vor allem aber ist Karriere landläufig verbunden mit finanziellem Aufstieg, viel Macht, abhängigen Mitarbeitern und Entscheidungskompetenzen. Für diese Untersuchung wurde der Karrierebegriff in seiner weitest möglichen Auslegung angesetzt, wobei hier zur Erinnerung noch einmal die

---

[12] Begriffsdefinition in Abgrenzung zu beruflicher Entwicklung vgl. Kap. 4.4 - (Karriereentwicklung hier: das Verlassen des einmal eingeschlagenen linearen beruflichen Weges)

Karrieredefinition von Schmidt zitiert werden soll. Demnach wird Karriere beschrieben als

> „...erfolgreicher beruflicher Aufstieg, verbunden mit Beförderung, wachsendem Ansehen und Einfluss sowie wachsendem Können und Sachkenntnis. Es handelt sich um einen kontinuierlichen Wachstumsprozess. Als 'karriereorientiert' wird ein Mensch bezeichnet, der der Realisierung seiner beruflichen Ziele eine sehr hohe Priorität einräumt." (SCHMIDT 1989::21)

Obwohl diese Begrifflichkeit sehr allgemein gehalten ist, haben Sozialarbeiterinnen/ Sozialpädagoginnen mit dem Begriff Karriere Identifikationsprobleme:

> Also ich sage mal dieses Wort mit der Karriere ist ja auch schon, *wenn du das auch so benutzt oder andere sagen, du hast ja echt Karriere gemacht, mir selber erscheint es nicht so. Das ist wahrscheinlich auch ein Spezifikum (lachend), das hätte ich vielleicht nicht sagen sollen, aber wir wollen ehrlich sein. Es erscheint mir nicht so. Ich sage mal eine Freundin von mir, die ist in der Unternehmensberatung, die macht für mich Karriere. Ich sehe das jetzt auch so, dass ich hier Karriere mache und das wir ein relativ großer Laden sind, dass ich viel Verantwortung habe und und und...* (Frau G 1512/1521)

Nur eine Karriere in der freien Wirtschaft entspricht dem herkömmlichen allgemein verbreiteten Karrierebild. Die eigene Karriere wird erst auf den zweiten Blick als eine solche wahrgenommen. Dies wird sicherlich auch begünstigt durch das Reflektieren über sich selbst im Verlauf der Interviews.

Dennoch trifft die o. g. Karrieredefinition für alle befragten Frauen zu. Wie sie ihren beruflichen Weg selbst bewerten, zeigen die folgenden Abschnitte.

4.5.1.1 Eigene Bewertung

Die Frauen bewerten ‚Karriere' sowohl positiv als auch kritisch. Positiv bewertet wird vor allem der Abwechslungsreichtum und die inhaltliche Komponente, die Arbeit an sich. Weniger wichtig ist der finanzielle Aspekt. Obwohl durchaus antizipiert wird, dass mit ein wenig mehr Ehrgeiz und Initiative durchaus ein noch größerer Karriereschritt möglich gewesen wäre:

> *Der Weg war für mich in Ordnung. Der Weg war o.k. Ich würde sogar sagen, ich hätte, wenn ich das vielleicht konsequenter verfolgt hätte, mit Sicherheit noch einen Schritt weiter erreichen können. Aber ich habe es irgendwo nicht... Und da meine ich, etwas konsequenter verfolgen und nicht nur sich so entwickeln lassen und zufrieden sein. Ich habe nie viel Geld gehabt, aber für mich ist es*

> nicht so erstrebenswert allein gewesen. Für mich war die Aufgabe an sich und die Arbeit wichtig. (Frau J 1043/1051)

Als ein kritischer Punkt in der Bewertung wird der Zeitaspekt genannt. Im Gegensatz zu vielen männlichen Kollegen halten es Frauen nicht für erstrebenswert mehr Zeit als unbedingt nötig in der Arbeitssituation zu verbringen, sie definieren sich nicht ausschließlich über ihren Job, wie viele Männer das nach ihrer Aussage tun, sondern messen auch noch anderen Dingen im Leben Bedeutung zu:

> Ich finde einen Leitungsjob sollte auch jemand in vierzig Stunden machen können. Finde ich beispielsweise. Wäre doch mal ein Ziel. Ich glaube, dass zum Beispiel viele Männer sich über ihre Überstunden definieren, was die Bedeutsamkeit ihrer Arbeit angeht. (Frau F 1215/1219)

Bei Frauen, die Familie und Kinder haben, wird besonders deutlich, dass der Prozess des ständigen miteinander Abgleichens von Arbeits- und Familienalltag ein mühsames Unterfangen ist, dass das Ausüben einer Führungstätigkeit häufig masochistische Züge annehmen lässt, ein hohes Maß an Leidensfähigkeit verlangt und oftmals in enorme Selbstausbeutung ausartet:

> Weil das ein verdammt mühsames Geschäft ist. Zumindest für die, die dann auch noch eine Familie hat. Dieses ständige miteinander kompatibel zu machen von dem eigenen Anspruch, dem Anspruch durch die Kinder und den die Familie an einen hat und den der Arbeitgeber berechtigterweise an einen hat, dass man das alles unter einen Hut bringt, da muss man schon ein gewisses Maß an Leidensfähigkeit auch haben, um das umzusetzen. Das ist nicht alles so wunderbar und Jubel Trubel. Da denke ich mir, gibt es sicherlich Jobs, wo ich auch sagen würde, da könnte ich eine ruhigere Kugel schieben und das würde ich auch tun und das will ich auch gar nicht abwertend bewerten. Das ist mit einer enorm hohen Energieleistung einfach verbunden. (Frau A. 1858/1869)

Deutlich wird auch, dass Frauen Karriere nicht um jeden Preis akzeptieren, sondern auch ihr persönliches Wohlbefinden berücksichtigen.

> Sie müssen schon natürlich in sich hinein horchen, ob sie sich das antun möchten, weil ja Karriere eben nicht nur was Schönes ist, sondern etwas durchaus Schweres. (Frau E 962/964)

4.5.1.2 Bewertung durch die Herkunftsfamilie

Die Bewertung der Herkunftsfamilien spiegelt die Beziehung der einzelnen Frauen zu ihren Familien wider. Frauen, die die Beziehungen zu ihren Eltern und Geschwistern als positiv beschrieben, gaben auch an, dass ihre Eltern ihre Karriere positiv bewerten.

> *Ja, also meine Eltern sind sicher stolz und sonst ist das normal. (Frau E. 715/716)*

> *Innerhalb meines weiteren Familienkreises ist das sehr unterstützt worden und ich glaube... ja auch zum Teil..., sind natürlich Eltern und Schwiegereltern auch stolz auf so eine Tochter oder Schwiegertochter. (Frau M 469/472)*

> *Also sagen wir mal so, mein Vater ist heute sehr froh, dass aus mir noch was geworden ist, sagen wir mal so, mit dem Studium, nicht aus mir als Person, sondern mit diesem Studium, was er eigentlich nie auch so für erstrebenswert gehalten hat, aber dass ich dann doch so eine Karriere gemacht habe, das findet er ganz enorm. Da ist er stolz drauf, so kann ich das auch so sehen. (Frau G 1004/1010)*

Frauen, die ihre Familienbeziehungen als schwierig beschrieben haben, bringen dies auch in ihrer Einschätzung der Bewertung zum Ausdruck. Es gibt zwar keine negativen Bewertungen aber es gibt Unverständnis und auch Desinteresse. Begründet ist dies auch dadurch, dass sich die Familie keine Vorstellung vom Berufsbild der Tochter machen kann.

> *Ich glaube, das ist für meine Familie keine Karriere. Also zum einen ist ihnen das sehr suspekt, was ich arbeite. Es ist ja nun nicht wie Metzger, Bäcker, Arzt, Anwalt, irgendwie so etwas, wo man so konkrete Vorstellungen hat oder es aus dem Fernsehen kennt oder weiß der Kuckuck. Das ist ihnen sehr schwammig. Ich glaube, sie haben keine konkrete Vorstellung von dem, was ich arbeite. Zum anderen haben sie das zur Kenntnis genommen, dass ich das Studium abgeschlossen habe und dass ich da so was arbeite und dass ich in X. bin und so, aber das ist für sie einmal nicht von Relevanz und die Arbeitsinhalte sind ihnen mehr als suspekt. Ich denke vielleicht ist es das auch noch mal was anderes, wenn sie über mich sprechen oder wem gegenüber sie von mir sprechen, aber es ist keine anerkanntes Berufsbild. (Frau F 887/900)*

Aus diesen Aussagen wird auch die Distanziertheit zwischen der Familie und der Person deutlich aber auch ein nicht geringes Maß an Trauer, dass die eigene Arbeit nicht die Wertschätzung erfährt, die sie verdient.

> *Es hat mich ein bisschen ins Abseits gebracht. Für die Familie war relativ schnell, also bis zur Kindertagesstättenleitung, das konnte man sich alles noch gut vorstellen.... Ich weiß es so von meiner Mutter auch, dass sie dann irgendwann mal meiner Schwester erzählte, da hatte sie irgendwie Unterlagen vom Lohnsteuerjahresausgleich von mir in die Hand bekommen, wusstest du eigentlich, dass die Abteilung vierhundert Leute hat. Das weiß ich einfach so, weil mir das meine Schwester erzählt hat und ich denke dass da so... Ich komme aus einer sehr schlichten Familie und da fehlt einfach so diese Vorstellung, wie das so abläuft (...) So über meinen Beruf unterhält sich niemand mit mir. Die Frau, die bei uns zu Hause sauber macht, die spricht mich an: „Mensch in Ihrem Bereich, da ist ja wieder eine Entwicklung, was ich da in der Presse höre." Aus meiner Familie nicht. (Frau Q 927/941)*

Frau Q beschreibt hier insbesondere die Distanz, die durch das Schweigen der Familie zu ihrer Tätigkeit erzeugt wird. Sie sieht zwar, dass ihrer Familie auch die Fähigkeit fehlt an ihrem Leben und Arbeit Anteil zu nehmen, weil es über deren Horizont geht, ist aber traurig darüber, dass mehr oder weniger Fremde mehr Interesse für ihre Arbeit aufbringen als ihre Eltern und Geschwister.

4.5.1.3 Bewertung der Freunde

Die Bewertung der Karriere durch die Freunde der Frauen deckt ein breites Spektrum von Aussagen ab. Es reicht von einer positiven Bewertung und Ermutigung,

> *Ein paar Freunde von mir haben gesagt, mit denen ich das auch überlegt habe, ob ich diesen Schritt mache, die haben gesagt, klar probier das. Die haben darauf sehr positiv reagiert. (Frau A 1211/1214)*

über Kritik bis hin zu Neid, insbesondere von anderen Frauen, der aber in Bewunderung umgeschlagen ist, als gesehen wurde, wie die Person Beruf und Alltag bewältigt.

> *Im Freundeskreis hat es manchmal, leider Gottes insbesondere bei Frauen, dann doch so die Frage ausgelöst: na ja, mutest du dir nicht zu viel zu und meinst du nicht, dann kommt deine Familie zu kurz. Da sind dann schon so Bedenken gekommen. Inzwischen glaube ich aber, gibt es da auch so ein ziemliches Maß an Bewunderung, wie sich das alles so händeln lässt und trotzdem nichts auseinander bricht. (Frau M 472/478)*

Einige Bemerkungen deuten an, dass den Frauen durch den Gesamteindruck, den sie auf andere machen, bereits besondere Fähigkeiten zugetraut werden.

> *Ja, die einen sagen, ach ja das war schon immer klar. (Frau G 702/702)*

Deutlich wird aus diesen Bewertungen eine spürbare Ambivalenz zwischen dem Zutrauen in die eigenen Fähigkeiten, dem Wunsch nach Nutzung aller vorhandenen individuellen Ressourcen und Potenziale, aber auch andererseits der immer wieder aufkommende eigene Zweifel hinsichtlich der Geschlechtsrollenzuweisung (Karriere ist nicht weiblich), die auch in hohem Maße durch Kommentare von außen bestärkt werden.

4.5.2 Förderung der Karriere

Förderung der Karriere ist hier zu verstehen einerseits als das Schaffen von Bedingungen, die ein weiteres berufliches Engagement ermöglichen. Dies wurde z.B. von den Eltern der Frauen unterstützt, z.B. durch Organisation der Kinderbetreuung:

> *Ja, meine Mutter. Also die Entscheidung diese Stelle zu nehmen in diesem Umfang und diesem Verantwortungsbereich habe ich interessanter Weise nicht als Erstes mit meinem Mann überprüft, ob ich das denn machen will, sondern mit meiner Mutter, weil die nämlich einen ganz wesentlichen Part daran sicherstellt, nämlich mir den Rücken freizuhalten, indem sie die Kinder betreut. Meine Eltern haben den Laden ja gemeinsam aufgegeben. Meine Mutter war dann einundsechzig und ich hab sie gefragt. Ich habe gesagt, kannst du dir vorstellen, dass, wenn ich noch mehr mache im Job, du die Kinder übernimmst und das sicherstellst und sie gesagt, ja, sie tut das und wenn sie es nicht getan hätte, wäre diese Entscheidung sicherlich anders ausgefallen, weil es viel mehr Diskussionen in der Familie gegeben hätte. (Frau A 1177/1190)*

Die Bereitschaft von Frau A's Eltern, sie zu unterstützen erleichterte ihr die Entscheidung und verhinderte außerdem die Auseinandersetzung mit ihrem Partner über die notwendigen Veränderungen in der Aufteilung in der Familienarbeit.

In anderen Fällen unterstützte und unterstützt weiterhin der Partner:

> *Mein Mann hat sofort gesagt: „klar, das machst du". (Frau G 730/730)*

> *Also ich werde auch von meinem Mann ganz intensiv und ganz ehrlich und angestrengt unterstützt. (Frau M 377/378)*

Frauen sehen, insbesondere, wenn sie Karriere und Familie vereinbaren wollen eindeutig die ihnen gesteckten Grenzen. Sie erkennen deutlich, dass sie ohne Unterstützung ihres Umfeldes nur unter größten persönlichen Opfern ihre Ansprüche verwirklichen könnten und sind nicht unbedingt bereit dies zu tun. Zu dieser Erkenntnis kommt auch ERHARDT in ihrer Studie von 1998.

Förderung im Sinne von 'die Karriere in Gang' setzen, erfuhren einige Frauen durch Vorgesetzte. Diese haben ihre besonderen Fähigkeiten erkannt und sie aufgefordert sich auf höher dotierte Stellen zu bewerben, bzw. ihnen geraten sich zu verändern.

> *Tja, dann habe ich viel mit meinem Geschäftsbereichsleiter zu tun gehabt und nicht so sehr mit meiner Abteilungsleiterin sondern mit meinem Geschäftsbereichsleiter, weil ich zuständig war für die Drogenkommision. In der Stadtverwaltung ist das ein Unterausschuss des Jugendhilfeausschusses. Ich habe auf*

> Grund dessen viel mit Ihm zu tun gehabt und er muss wohl den Eindruck gehabt haben, dass da wahrscheinlich noch mehr in mir steckt. Jedenfalls als meine Abteilungsleiterin ging, hat er mich gefragt, ob ich mich nicht auf die Stelle bewerben wollte. (Frau O 229/238)

4.5.3 Karriereplanung

Definiert man den Begriff Karriereplanung im Sinne von BISCHOFF als:

> „Ziele fixieren und Handlungsmöglichkeiten für sich darstellen, um dann, wenn die Umstände eintreten, die eine Entscheidung erfordern, diese vor dem jeweiligen Hintergrund, unter den jeweiligen Umständen bewusst zu treffen." (BISCHOFF 1990: 64)

dann hat keine der Befragten ihre Karriere gezielt geplant. Eine von ihnen drückte dies auch genau so aus:

> Ich habe eigentlich nicht an Karriere gedacht. Weil ich glaube, ich sage das noch mal so drastisch, wenn ich an Karriere gedacht hätte, dann hätte ich meinen beruflichen Werdegang anders gestaltet. (Frau F 283/286)

Nur eine Frau äußerte direkt, dass sie schon immer Karriere machen wollte.

> Also ich denke, dass ich immer schon Karriere machen wollte. Das wäre jetzt auch gelogen zu sagen, dass das nicht so ist. Dass das aber noch mal so enden würde, das hätte ich natürlich nicht so gedacht, aber ich wollte schon was Anspruchsvolleres wieder machen. (Frau O 849/853)

Eine andere hatte zumindest ehrgeizige Ziele und fühlte sich zeitweilig in ihrer derzeitigen Tätigkeit wie auch schon im Studium unterfordert:

> Also bewusst? Ich konnte mir ja die Stellen nicht unbedingt aussuchen. Diese ABM war ja mehr so ein Zufall, der einfach sehr gut passte. Dieses Gefühl, was mir noch sehr bekannt ist, im Studium immer wieder zu denken, darauf habe ich eigentlich keine Lust. Ich sage mal jetzt so sozialpädagogische Familienhilfe oder so etwas, wo ich dachte, ich sitze den ganzen Tag in Familien. Wo ich schon das Gefühl hatte, eigentlich will ich mehr, um es mal so zu sagen. (Frau G 231/239)

Für eine andere ist ihr Karriereweg im Nachhinein durchaus stimmig:

> Das ist keine bewusste Entscheidung gewesen. Aber im Nachhinein betrachtet ist sie schon passend und schlüssig. (Frau I 440/441)

Aus verschiedenen Äußerungen wird deutlich, dass viele Frauen zwar keine Karriere geplant hatten, sie sich aber bewusst für den Aufstieg entschieden haben, als sich die Gelegenheit dazu ergeben hat:

> Zu dem Zeitpunkt, als ich mich entschieden habe, mich hier in verschiedene andere Felder mit einzubringen, war es sicherlich eine Bewusste. Weil es wäre mir auch nichts passiert, wenn ich hier weiterhin mein altes Arbeitsfeld einfach bearbeitet hätte. Möglicherweise hätte das irgendwann dazu geführt, dass ich den Kürzungen an heim gefallen wäre, aber auch dann hätte ich sicherlich eine Stelle kriegen können, in der man klarer umrissen die Dinge bearbeiten kann, so wie man eingestellt ist und wo man nicht unbedingt an erster Front steht und auch Verantwortung für dieses Gesamthaus und für Teilbereiche trägt. Das war schon eine bewusste Entscheidung von mir zu sagen, das will ich auch so. (Frau A 361/372)

Frau A beschreibt, dass sie sich zwischen dem bequemen, möglicherweise irgendwann langweiligen und dem verantwortungsvollen, forderndem Weg bewusst entschieden hat. Obwohl sie auch realisiert, dass ihr altes Arbeitsfeld möglicherweise irgendwann den Kürzungen zum Opfer gefallen wäre, war dies nicht der Grund die Aufgabe zu wechseln. Sie hätte sicherlich auch in dem Fall schnell eine neue Aufgabe gefunden. Sie wollte aber gerne mehr Verantwortung tragen und dies hat den Ausschlag für den Wechsel gegeben.

Sucht man nach der Motivation für diese Entscheidung, zeigt sich vielfach der Wunsch selbstständig zu arbeiten und zu entscheiden. Eine Frau hat sich aus diesen Gründen während ihres Berufslebens für den weiteren Aufstieg entschieden.

> Ja die Vorstellungen haben sich insofern nicht bestätigt, dass mich nach einer gewissen Zeit Praxis nicht mehr so stark gefesselt hat. Ich hatte nach einer Reihe von Berufsjahren schon das Gefühl, ich möchte ein Stück weit aus der Sozialpädagogik wieder weg und eine Verknüpfung auch zu Verwaltung und zu Leitungstätigkeiten und zu Problemlösungen haben. Ich habe mich zum Schluss als Kitaleiterin nicht mehr so ausgelastet gefühlt. (Frau N 95/102)

Deutlich wird an dieser Äußerung die besondere Affinität der Frauen für Tätigkeiten, die weniger klientenzentriert sind. Frau N kennt ihre eigenen Fähigkeiten und Interessen sehr gut. Sie möchte weiterhin in übergeordneten Bereichen arbeiten und dort mit gestalten.

> Also es war eine bewusste Entscheidung für die Arbeit, für die soziale Arbeit, aber es war keine Entscheidung Karriere zu machen. Das sehe ich heute rückblickend, wo ich immer wieder sage, ich habe nie Karriere angestrebt, ich habe Verantwortung übernommen, war bereit dazu, mir hat das Spaß gemacht, aber so wie heute, so wie Frauen heute Karriere planen, habe ich das nicht gemacht. (Frau J 250/256)

Wie auch schon bei der Äußerung oben fällt hier auf, dass die Motivation leitende Positionen zu übernehmen aus der inhaltlichen Aufgabenstellung heraus abgeleitet wurde und Karriere nicht an erster Stelle stand. Dies bestätigt auch die Untersuchungsergebnisse von MEINHOLD 1993, die ebenfalls festgestellt hat, dass der Wunsch nach einer sinnvollen Arbeit die Aufstiegsmotivation von Sozialarbeiterinnen beeinflusst (vgl. MEINHOLD 1993: 28).

4.5.3.1 Karriereweg

Die Karrierewege der befragten Frauen sind sehr unterschiedlich. Vielen wurde die Führungsposition angeboten oder sie wurden aufgefordert sich zu bewerben, weil sie vorher durch Kompetenz aufgefallen waren.

> *Für mich war das, obwohl ich ja meine Arbeit dazu geschrieben habe, gar nicht so selbstverständlich und mich hat eigentlich ein Mann darauf gebracht, mich darauf zu bewerben. Ich habe immer schon viel so zusammengearbeitet hier auch im Haus, auch als Referentin, das ist auch nicht so ganz selbstverständlich. Man kann hier auch sehr vereinzelt arbeiten und als es darum ging, dann diese Umstrukturierungsprozesse ein Stück weit auch mit zu begleiten bei uns als Mitarbeiter und Mitarbeiterin, da habe ich mich schon eingebracht und irgendwann sagte dann mein Kollege, wolltest du dich nicht bewerben. Dann ist mir das erst ins Bewusstsein gerutscht. Wir haben dann nicht mehr lange darüber geredet, aber ich habe mich dann damit auseinander gesetzt und ich habe gesagt, na klar. Ich hatte dann eher gedacht, da sind andere, die schon länger hier sind und vielleicht auch eine größere Breite in ihrem Referat haben. Ich war ja sehr eingeschränkt auf Frau und Familie. Aber nachdem ich erst mal den Gedanken im Kopf hatte, habe ich mich da ziemlich hinter geklemmt. (Frau D 444/461)*

An dieser Äußerung fällt auf, dass der eigen Antrieb sich auf eine höhere Position zu bewerben auch deswegen nicht da war, weil die eigenen Fähigkeiten und die eigene Person nicht so wichtig genommen wurde. Außerdem zeigt sich auch hier die weibliche Bereitschaft, erst ein mal an andere zu denken, bescheiden im Hintergrund zu bleiben und anderen den Vortritt zu lassen. Auch wurde das eigene Arbeitsgebiet nicht mit der entsprechenden Wertigkeit bedacht. Dies verwundert um so mehr, als Frau D sich bereits in ihrer Diplomarbeit mit dem Thema 'Frau und Karriere' beschäftigt hatte. Sie ergreift die Chance dann allerdings sofort, als ihr klar wird, dass sie sich ja tatsächlich in einer Position befindet, die diese Option zu lässt und ihr signalisiert wird, dass man ihr das zu traut.

> *Über Arbeitsgruppen habe ich den Geschäftsführer von Y kennen gelernt und dann ist hier der Personalleiter gegangen. Da der damalige Geschäftsführer meine Kombination so interessant fand, Bankkauffrau und Sozialarbeiterin, und wir beide sehr schnell bei der Einschätzung so einen Draht hatten, Einschätzung von Sachverhalten, Führungsstil und Ähnliches, hat er mich damals angesprochen und dann habe ich das gemacht. (Frau I 41/48)*

Auch Frau I wird eine Führungsposition angeboten, nachdem ein Mann, in einflussreicher Position ihre Fähigkeiten und Kompetenzen erkennt,

Gemeinsamkeiten, die für eine gute Zusammenarbeit unerlässlich sind vorfindet und sie schließlich anspricht.

Deutlich wird an diesen Zitaten, dass keine von der Frauen Karriere geplant hatte. Allerdings haben sie sich auf höhere Positionen beworben, als sich die Gelegenheit dazu ergeben hat, oder sie ihnen angeboten wurde.

Dann ging es irgendwie nachher so darum, wer macht was und ich hatte mich beworben für das Controlling, für das Fachcontrolling, weil Stabsstelle wirklich den Vorteil hat, mit einer gewissen Leichtigkeit Dinge monieren zu können, Dinge ankicken zu können. Das ist wie eine wissenschaftliche Assistentin, man kann Dinge von außen beobachten, kann Finger in Wunden legen, man hat nicht die Verantwortung dafür. Der Fachabteilungsleiter wollte das auch gern werden und da der zehn Jahre älter ist als ich, sagte unser Geschäftsführer na ja gut, der wird kein guter Bereichsgeschäftsführer, nicht auf seine letzten zehn Berufsjahre noch und fragte, ob ich mir Bereichsgeschäftsführung eventuell für die Bereiche X und Y zutraue, Da habe ich gesagt, weiß ich nicht, bin gern bereit es zu probieren, weil ich nicht mein ganzes Berufsleben irgendwann zurückblicken will und sagen will, ich habe mich immer vor Leitung in dem Sinne gedrückt. Weil eine Gruppenleitung ist was anderes, das ist eine Teamarbeit und auch wenn man mit seinem Mann zu Hause was macht, kann man das letztlich nicht vergleichen. So bin ich dann zu einer Einrichtungsleiterin, sechs Einrichtungsleitern und siebenhundertfünfzig Mitarbeiterinnen und Mitarbeitern gekommen. (Frau B 277/298)

Obwohl Frau B eigentlich einen anderen Bereich übernehmen wollte, der ihr nicht so viel Verantwortung aufgebürdet hätte, weil sie eine Stabsstelle übernommen hätte, drückt sie sich nicht, als ihr Vorgesetzter ihr eine andere Alternative vorschlägt. Sie sieht dies als persönliche Herausforderung an und ergreift die Chance schon auch, weil sie weiß, das diese nicht zweimal kommt. Sie will nicht irgendwann auf ihr ganzes Berufsleben zurückblicken und feststellen müssen, sich vor Leitungsaufgaben gedrückt zu haben. Sicherlich gibt ihr auch das Zutrauen des Vorgesetzten in ihre Fähigkeiten den Mut, diese Aufgabe zu übernehmen.

Insgesamt lässt sich sagen, dass sich der Aufstieg in die jeweilige Karriereposition bei allen Führungsfrauen nahezu zwangsläufig aus ihrer Tätigkeit heraus ergeben hat. Sie sind durch ihre Leistungen, ihr Arbeitsverhalten und ihre Kompetenzen aufgefallen, aber auch, weil sie etwas bewegt haben und auch Dinge bewegen wollten. Sie haben dabei auch Mut bewiesen ins kalte Wasser zu springen, waren sich aber gleichzeitig der Wertschätzung ihrer Vorgesetzten bewusst und das hat möglicherweise den Ausschlag gegeben.

Betrachtet man den Karriereweg der einzelnen Frauen aus anderer Perspektive, so fällt auch auf, dass bei keiner von ihnen eine vorhersehbar war. Manche sind nach dem Anerkennungsjahr erst arbeitslos gewesen, haben AB-Maßnahmen absolviert oder mehrere befristete Arbeitsverhältnisse gehabt.

Es gibt aber auch einige Frauen, die nach dem Berufspraktikum bei einem Träger der Sozialen Arbeit angefangen haben und heute bei diesem Träger, wenn auch möglicherweise an einem anderen Ort oder einer anderen Institution eine Führungsposition bekleiden. Diese Frauen sind überwiegend im Öffentlichen Dienst beschäftigt und manche von ihnen haben auch schon ihr Anerkennungsjahr bzw. Berufspraktikum im Öffentlichen Dienst gemacht. Diese Frauen haben sich innerhalb der Behörde auf ausgeschriebene höhere Positionen beworben oder sind dazu aufgefordert worden.

Frauen, die bei Freien Trägern Karriere gemacht haben, sind über verschiedene andere Stellen in ihre jetzige Position gelangt. Ihre Karriere begann aber erst richtig, nachdem sie sich bei ihrem jetzigen Arbeitgeber etabliert hatten, dort durch ihr Arbeitsverhalten positiv aufgefallen waren und ihr Arbeitsgebiet entweder durch Eigeninitiative erweitert hatten oder weitere Aufgaben übertragen bekamen. Ihr Aufstieg in ihre jetzige Position ergab sich fast zwangsläufig auf Grund ihrer Leistungen. Als Beispiel hierfür steht folgende Aussage:

> *Dann habe ich dieses neue Feld angefangen zu beackern und bin relativ zügig eingestiegen in den Wandel hier im Hause, dass wir von der Linienarbeit, oder neben der reinen Linienarbeit, aufgebaut haben eine so genannte Sekundärstruktur, wo Mitarbeiter in Projektgruppen zusammenarbeiten. Ich bin in der Anfangsphase, da gab es eine Reihe von Schulungen hier im Haus, Moderatorenausbildung, Techniken von Projektmanagement zu erlernen und diese Dinge und da war ich eigentlich von Anfang an dabei und habe dann auch relativ schnell in der Steuerungsgruppe dieser Projektgruppen mitgearbeitet und habe auch in unterschiedlichen Projektgruppen mich mit eingebracht sowohl freiwillig als auch aus dem Gruppen heraus bestimmt. Das hat dann dazu geführt, dass das mittlerweile der Bereich ist, den ich dann übernommen habe am Jahresanfang und im letzten Jahr war die Überlegung im Raum, ob ich mir vorstellen könnte einen Wechsel vorzunehmen, also aus der Abteilung Soziales herauszugehen und mich direkt dem Direktor unterstellen zu lassen und ihm zuzuarbeiten in diesen Feldern und diese Projektstruktur aufzubauen und weiterzuentwickeln. (Frau A 220/239)*

Frau A hat innerhalb bestehender Strukturen durch Leistung auf sich aufmerksam gemacht und sich entsprechend ihrer Neigungen und Interessen etabliert. Sie hat jede ihr interessant erscheinende Fort- und Weiterbildungsmöglichkeit genutzt und hat sich auf diese Weise ihre Position sehr zielstrebig erarbeitet.

Insgesamt ist an den Karriereverläufen auffällig, dass ein Wechsel zwischen öffentlichen und freien Trägern nach der ersten Berufserfahrung bei keiner Frau stattgefunden hat. Einige haben noch ihr Anerkennungsjahr im Öffentlichen Dienst absolviert, dann aber nur zwischen Freien Trägern bis zu ihrer jetzigen Position gewechselt.

Möglicherweise liegt dies daran, dass die Gestaltungsspielräume und die Entwicklungsmöglichkeiten im Öffentlichen Dienst nicht so groß sind, was einige der Frauen möglicherweise gestört hat, den anderen Teil aber Sicherheit gegeben hat.

4.5.4 Zukunftsperpektive

Die Frage der nach der Zukunftsperspektive zielte vor allem darauf ab zu eruieren, ob die Frauen aus der jetzigen Position heraus ihren eingeschlagenen Weg nun zielgerichteter weitergehen wollen oder ob sie mit der erreichten Position zufrieden sind und sich nicht weiter bewerben. Die Antworten zeigten ganz unterschiedliche Sichtweisen auf. Einige sind der Meinung, sie hätten eine maximale Karriereposition erreicht. Sie begründen dies mit ihrem Alter und mit einer Zufriedenheit, die sie in ihrer jetzigen Position gefunden haben:

> *Nein. Ich glaube nicht, dass ich noch mehr erreichen kann. Da bin ich zu alt. Ich werde jetzt fünfundfünfzig. Ich kann ja nicht noch woanders etwas Neues beginnen. Hier habe ich meinen Platz. Natürlich man weiß ja nicht, was morgen ist. Wenn ich so die letzten siebzehn Jahre Revue passieren lasse, da habe ich immer noch was dazu bekommen und bin noch mal ein Stück aufgestiegen, aber ich denke, das wird sich eher anders regeln. Ich denke ja gerade darüber nach, dass ich vielleicht mal, wenn ich noch ein bisschen älter bin, ein bisschen reduziere, und ich finde das auch in Ordnung. Ich habe also nicht diesen absoluten Ehrgeiz, dass ich es nun so lassen muss oder noch etwas drauf setzen muss. (Frau E 1010/1021)*

Frau E würde sicherlich auch noch weitere Aufgaben übernehmen, wenn es ihr, wie es bisher auch passiert ist angetragen würde. Sie sieht aber auf Grund ihres Alters auch ihre eigenen Begrenzungen und möchte lieber mit ihren Kapazitäten haushalten. In dem vorigen und den folgenden Zitaten wird auch der fürsorgliche Umgang mit den eigenen Ressourcen deutlich.

> *Ich glaube, ich will gar nicht mehr erreichen. Ich glaube, ich will hier die nächsten zehn Jahre arbeiten und dann aufhören. Ich würde nicht so gern, ich hoffe, das gelingt mir alles, ich hoffe nicht, dass ich solange arbeiten muss bis auf den letzten Punkt. Das ist so mein Ziel, so bis fünfundfünfzig, sechsundfünfzig, höchstens siebenundfünfzig. In der Zeit möchte ich noch ein paar neue Projekte machen usw. das schon, aber ich will nicht noch mal ein neues Arbeitsgebiet machen. (Frau C 1303/1310)*

Auch Frau C erklärt, dass Sie mit dem Erreichten zufrieden ist und nicht notwendigerweise weiter aufsteigen muss. Sie bekräftigt noch einmal ihr Interesse an abwechslungsreicher Tätigkeit, neuen Projekten, weist aber auch darauf hin, dass sie nicht noch mal ein neues Arbeitsgebiet übernehmen möchte. Auch hat sie sich vorgenommen frühzeitig aus dem

Berufsleben aus zu steigen und möchte nicht bis zur Rentengrenze arbeiten.

Ebenso zeigt sich noch einmal, dass ein Aufstieg - koste es was es wolle - nicht angestrebt wird.

> *Ach, es reicht. Ich hatte mal überlegt, als hier die Amtsleiterstelle vor ein paar Jahren ausgeschrieben war. Da habe ich so für mich selber mal durchgespielt und da habe ich so gemerkt, interessiert mich nicht. Ich habe wirklich richtig so festgestellt, was soll das. Das, was du machst, macht dir Spaß. Ich könnte auch nicht ausschließen, noch mal was anderes zu machen, aber wenn ich so überlege, was könnte das sein. Es fällt mir nicht ein. Das muss aber nicht heißen, jetzt bin ich sechsundvierzig, so großartig werden da keine Angebote rein kommen, aber ich würde es nicht ausschließen für mich, aber ich strebe da im Moment nichts Konkretes an. (Frau Q 1181/1191)*

Frau Q fühlt sich auf ihrer aktuellen Stelle wohl. Sie arbeitet inhaltlich an Themen und in Bereichen, die ihr Spaß machen. Sie braucht eine höhere Position wie z.B. eine Amtsleiterstelle nicht für ihr Ego. Für einen späteren Zeitpunkt schließt sie eine weitere Veränderung nicht aus, ist sich aber auch bewusst, dass sich möglicherweise nicht mehr so viel Chancen bieten werden. Sie sieht aber im Moment keinen Anlass sich auf eine andere Stelle zu bewerben.
Die Begründung liegt möglicherweise bei allen Frauen darin, dass sie in ihrer Position die Freiheiten haben, die sie sich für sich selbst vorstellen und inhaltlich so arbeiten können, wie sie es wollen. Gleichzeitig scheint bei manchen immer noch der Wunsch da zu sein zumindest Ansatzweise den Bezug zum eigentlichen Berufsbild nicht ganz zu verlieren.

Nur die Vorstellung, noch mal etwas ganz neu bewegen zu können, würde für die Frauen eine Herausforderung darstellen. Allerdings würden sie diese nur annehmen, wenn sie sich im Vorfeld die dazu nötigen Kompetenzen angeeignet hätten:

> *Ja, ich glaube, dass ich das könnte. Ich glaube, dass ich mir zutraue, das zu tun. Ich würde das nicht jetzt machen wollen. Ich würde mir erst mal ganz viel Erfahrung und Kompetenzen aneignen wollen in den nächsten Jahren. Aber ich könnte mir vorstellen, dass das für mich noch mal eine Perspektive wäre und wenn sich mir die Möglichkeit bieten würde, dieses zu tun, dann weiß ich, dass ich es auch tun würde. Ich wäre aber auch nicht todunglücklich, wenn sich das nicht ergeben würde. Ich kann mir auch für mein Leben noch andere Perspektiven vorstellen. (Frau O 1017/1026)*

Deutlich wird an dieser Äußerung, dass für Frau O, die im Grunde für alle anderen mit spricht, auch andere Dinge im Leben wichtig sind. Es gibt für sie noch andere Perspektiven als die höchste Spitze der Karriereleiter.

Zudem haben sie die berufliche Belastung so organisiert, dass sie sie mit ihrer derzeitigen familiären Situation koordinieren können:

> *Also ich bewerbe mich ja nicht aktiv auf einen Arbeitsmarkt. Also ich tue selber nichts dazu, um eine Veränderung herbei zuführen und auch nicht, um zu sagen, in dem riesigen Diakonischen Werk ist die Karriereleiter noch deutlich höher und da kann man doch noch viel mehr und so. Das steht nicht an, weil ich wüsste, dann wären meine Rahmenbedingungen schlechter als sie es jetzt sind, von daher würde ich das also sehr davon abhängig machen, in welcher Phase ihres Lebens sich meine Kinder und meine private Situation befinden würden. (Frau A 1903/1911)*

Insbesondere die individuellen familiären Rahmenbedingungen haben großen Einfluss auf die Entscheidung noch weiter aufzusteigen. Eine höhere Position bedeutet in der Regel längere Arbeitszeiten und noch weniger frei Zeit für Familie und Kinder. Da sich aber auch die familiäre Situation verändert, wird ein weiterer Aufstieg dann von der aktuellen Situation abhängig gemacht.

Eine Frau äußert eine gewisse Resignation, wenn sie über ihre Zukunftsperspektiven nachdenkt, da sie für sich mit ihrer Ausbildung als Sozialarbeiterin wenig weitere Aufstiegsmöglichkeiten sieht.

> *Mmh. Ich bin jetzt seit fünfzehn Jahren in diesem Laden. Ich bin vierzig Jahre alt und bin seit fünfzehn Jahren in diesem Laden und ich denke, das ist ja ein Weg von "Karriere", dass man in der selben Firma, zwar in unterschiedlichen Positionen, auf Grund seiner Arbeit quasi bestimmte Jobs angetragen kriegt, auf die man sich vielleicht sonst auch nicht beworben hätte aus Schiss.*
> *Trotzdem ist es noch mal was anderes als verschiedene Arbeitsfelder in verschiedenen Organisationen gesehen zu haben. Ich habe manchmal die Befürchtung, den Absprung nicht mehr zu kriegen. Also nicht dass ich um jeden Preis hier weg möchte, aber ich habe ja nun noch zwanzig, fünfundzwanzig Jahre Berufsleben vor mir und die Vorstellung ist mir nicht sehr behaglich, dass ich diesen Job nun bis zur Rente weiter machen soll. Dann kommen wir wieder zu diesem „Karriere". Die Luft wird dünn. Es kommt jetzt nichts mehr. Ich beobachte den Stellenmarkt, das ist sehr schwierig, da etwas zu finden. (Frau F 1282/1297)*

Frau F würde sich gerne noch einmal beruflich verändern, auch wenn es nicht sofort sein muss. Sie befürchtet aber, dass ihre Qualifikation als Sozialpädagogin nicht ausreicht, noch einmal in eine andere Organisation einzusteigen und sieht andererseits, dass sie auf einer Karrierestufe abgekommen ist, über der nur noch wenige andere liegen - und die werden und sind in der Regel von Männern besetzt.

Einige andere Frauen setzen sich derzeit ganz aktiv mit konkreten Veränderungsmöglichkeiten und -plänen auseinander. Sie befinden sich nahezu in Aufbruchstimmung, z.B. weil sie an ihrem jetzigen Arbeitsplatz unzufrieden sind:

> Ich werde auch in spätestens zwei Jahren von hier weggehen. Da ist ein weiterer beruflicher Förderer, der auf mich zugekommen ist und mich gefragt hat, ob ich eine andere Position übernehmen will. Ich fühle mich hier nicht mehr wohl. (Frau I 427/430)

Sie überlegen, ob sie sich mit der Aussicht auf ein konkretes neues Arbeitsverhältnis weiterqualifizieren, weil sie jetzt schon wissen, dass sich zu einem bestimmten Zeitpunkt Veränderungen ergeben werden:

> Ich möchte noch ganz gerne. Ich befasse mich gerade mit Überlegungen noch mal ein Zusatzstudium aufzunehmen im Managementbereich, was ich ja vorhin auch schon beschrieben habe, es ist ja hier so die Frage, ob das hier tatsächlich so bleibt und auf der anderen Seite habe ich noch ein paar Jährchen und ich glaube, ich habe auch noch die Energie, noch was zu machen und insofern sehe ich auch so dieses Datum 01.01.2001 auch nur bedingt mit Schrecken, weil ich denke mal, es wird sich was Neues entwickeln und für etwas Neues möchte ich mich auch qualifizieren und insofern überlege ich im Moment, ob ich dieses Weiterbildungsstudium zum Management noch mal aufnehme. (Frau K 219/230)

Frau K plant bereits im Vorfeld mit Weitblick ihre weitere berufliche Zukunft. Sie möchte sich darauf entsprechend angemessen vorbereiten, glaubt aber fest daran, dass es für sie auf jeden Fall irgendwie weitergeht. Dafür möchte sie sich eine gute Ausgangsposition verschaffen.

In Kenntnis kommender Veränderungen organisieren manche Frauen ihr aktuelles Arbeitsverhältnis so, dass sie den Übergang schon vorbereiten:

> Ja und zwar jetzt durch die Novellierung des neuen Weiterbildungsgesetzes soll ein so genannter Wirksamkeitsdialog, hier ist das Weiterbildungsgesetz ja novelliert worden mit Konsequenzen für alle und es ist noch unklar in einigen Bereichen, wie die Förderung aussehen soll, was sind so genannte Kernbereiche, um die geht es, und das Land hat jetzt auch in dem Gesetz mit vorgesehen, dass es in den nächsten vier Jahren einen so genannten Wirksamkeitsdialog geben soll, an dem Vertreter des Ministeriums teilnehmen, des Landschaftsverbandes und der einzelnen Landesarbeitsgemeinschaften und dazu ist auch eine ein Drittel Freistellung notwendig und wir in unserer LAG haben jetzt überlegt, dass es eine Kollegin möglicherweise machen wird diese ein Drittel Freistellung, ich sie erst mal begleite ohne die Freistellung und es dann aber in zwei Jahren übernehmen würde. Das Prinzip sieht also auch eine Rotation nach zwei Jahren vor. Das heißt, ich würde jetzt schon mit einsteigen und dann möglicherweise in zwei Jahren eben auch ein Drittel meiner Arbeitszeit hier erst mal liegen lassen oder abgeben. Das überlege ich halt im Moment. (Frau G 425/444)

Frau G ergreift die Chance, die durch gesetzliche Vorgaben erfolgenden Veränderungen innerhalb ihres Arbeitsfeldes bereits im Vorfeld in ihre persönliche Lebens- und Berufsplanung einzubeziehen. Gleichzeitig sichert sie die Kontinuität in ihrer Abteilung und verhindert Unruhe und Unsicherheit.

Deutlich wird bei den Frauen, die weiterhin aufstiegsorientiert sind, dass sie sich nur für Positionen interessieren, die sowohl inhaltlich, als auch in Bezug auf persönlichen Status höher einzuschätzen sind und wo sie mehr Einfluss nehmen können:

> *Das heißt nicht noch weiter zu gehen karrieremäßig. Ich könnte mir vorstellen, ich weiß nicht, wenn das Ministerium mich fragt, ich weiß gar nicht, ob das möglich ist formal, aber das würde mich interessieren. Da gibt es auch Querelen zwischen den Fachbereichen, den Referenten. Aber das würde mich noch mal reizen. Aber in diesem kleine Sumpf hier wie Jugendamtsleitung oder so, nein. Dann lieber gleich den großen, wo man von oben auch so ein bisschen Einfluss nehmen kann. Das hört sich jetzt ein bisschen verrückt vielleicht an, aber das denke ich. Auf der mittleren Ebene würde ich mich nicht mehr verbraten wollen, auch nicht als Frauenbeauftragte bei Volkswagen oder solche Späße, wo man nur Spielball von Interessen ist. So etwas sehe ich auch. Welche Funktionen haben irgendwelche Jobs? Welche Einflüsse hat man oder Frau da? (Frau T 1372/1385)*

Es muss also auch schon ein richtiger weiterer Aufstieg sein, nicht nur ein 'Umstieg', denn der eigenen Marktwert, der in der bisher erreichten Position dokumentiert wird, soll nicht durch die Annahme eine niedriger bewerteten Position gefährdet werden. Dies lässt das Selbstverständnis nicht zu.

Insgesamt zeigt die folgende Äußerung, dass die Motivation der Frauen für eine Veränderung vor allem dann vorhanden ist, wenn mit der Übernahme der Position ein Lustgewinn verbunden ist, im Sinne einer neuen Herausforderung und Spaß an der Arbeit:

> *Zurzeit so mit fünfundfünfzig in Teilzeitrente gehen. Das ist schon so sicherlich, dass man sich so überlegen muss in dieser Position, dass man meinen Bereich sicherlich locker machen kann bis fünfundfünfzig. Ich denke, wer an der Basis arbeitet, der kann das nicht so machen. Es gab Zeiten, da habe ich mir überlegt, etwas anderes zu machen, aber ich kenne z. Z. nicht was anderes Attraktives. Früher habe ich mal so an Seniorenarbeit gedacht, aber das ist auch alles so relativ reglementiert und institutionalisiert. Da erlebe ich es nach wie vor so, dass die Gestaltungsformen so in meinem Bereich Jugendarbeit doch noch relativ groß sind oder auch die Menschen, die dort tätig sind, liegen mir einfach mehr. Ich würde nie in einer Schule arbeiten. Deshalb sage ich, warum soll ich da freiwillig etwas tun, acht und noch mehr Stunden am Tag, was ich eigentlich nicht so gern mache. Und das wäre auch so, ich würde auch nicht sagen, nur um ein paar Hundert Mark mehr zu verdienen, machst du jetzt eine Tätigkeit, zu der ich eigentlich keine Lust habe. Also dieses Lustprinzip ist mir eigentlich schon wichtig, da stehe ich auch zu. Während, das kenne ich auch von männlichen Kollegen, dass sie auf die Frage, warum hast du dich da beworben, antworten, weil es dort mehr Geld gibt. Das würde ich nicht machen, wenn die Arbeit dann uninteressant wäre. (Frau P 1152/1174)*

Nur aus materiellen Gründen würde sich Frau P nicht verändern wollen. Sie würde eine Tätigkeit, die ihr mehr Geld einbringen würde, sie aber inhaltlich nicht reizt nicht annehmen. Während männliche Kollegen sich in der Regel vor allem wegen eines höheren Gehalts bewerben, geht Frau P vom Lustprinzip aus. Nur wenn eine Arbeit interessant ist und Spaß macht, möchte sie sie ausführen.

Insgesamt wird an diesen Aussagen deutlich und das bestätigt auch die schon oben zitierte Untersuchung von MEINHOLD 1993, dass Frauen nur dann an Karriere und Führungspositionen interessiert sind, wenn die Arbeitsinhalte, die Gestaltungsmöglichkeiten und in gewissem Sinne auch die implementierte Macht mit ihren eigenen Vorstellungen und Wünschen in Bezug auf ihre Arbeit übereinstimmen. Frauen sind demnach durchaus aufstiegsmotiviert, wenn die Bedingungen stimmen.

4.5.5 Berufliche Mobilität

Was diese Bedingungen zudem noch beeinflusst, zeigen die Aussagen zur beruflichen Mobilität. Die Frage, ob sie für einen höher dotierte Position ihren Wohnort wechseln würden, beantworteten die Frauen mit Einschränkung. Einige würden jetzt eine andere Stelle annehmen, weil sie mittlerweile nicht mehr auf familiäre organisatorische Belange, z. B. schulpflichtige Kinder, Rücksicht nehmen müssen:

> *Es gab eine Zeit, da hätte ich mich, glaube ich, damit schwer getan, weil man ja auch auf Familie Rücksicht nehmen muss und die Kinder zur Schule gegangen sind und damit ein Schulwechsel oder dann Berufsausbildungswechsel etc. Da unsere Töchter mittlerweile schon so groß sind und erwachsen sind, dass sie durchaus auch allein hier in X leben könnten, wäre das durchaus für mich vorstellbar, mich örtlich noch mal zu verändern. (Frau L 628/634)*

Einige stellen die Partnerschaft an erste Stelle und würden nur dann wechseln, wenn es möglich wäre zu pendeln:

> *Ich würde die Partnerschaft deshalb nicht aufgeben, würde aber durchaus fahren. Also A. und B. habe ich schon ins Auge gefasst, weil ich denke, irgendwann wäre es halt ganz gut, wenn ich hier raus käme, sonst merke ich nicht, wann ich gehen sollte. Da haben wir auch schon drüber gesprochen, bloß eine Stelle war in Süddeutschland, das war mir dann doch zu heftig. (Frau T 1471/1478)*

Manche leben bereits in einer Pendelbeziehung und können oder konnten sich durch einen Umzug verbessern:

> *Aber das kommt auch in meine persönliche Planung rein, weil das ist ganz in der Nähe von X und ich hatte mir sowieso überlegt im letzten Jahr, dass ich mich verändern will und wollte entweder hier bleiben oder nach X gehen, also von daher passt es. (Frau I 769/772)*

Einige würden unter passenden Bedingungen den Ort wechseln, aber nur sehr ungern, oder haben bereits Chancen abgelehnt, weil z.B. die Bedingung einen neuen Arbeitsplatz für den Partner zu finden nicht erfüllt werden konnte:

> *Würde ich noch mal umziehen? Also ich liebe X. und für mich ist X. auch ein hohes Maß an Lebensqualität und ich finde, wenn man in X. gelebt hat viele Jahre, ich lebe jetzt zwanzig Jahre ist, ist man auch ziemlich versaut für irgendwelche anderen deutschen Großstädte. Ich würde vielleicht nach Hamburg oder so gehen, wenn der Job entsprechend wäre nicht um jeden Preis. Dazu kommt, ich bin mit einem Partner, der meinetwegen nach X. gezogen ist, es wäre jetzt etwas schwierig, wenn ich jetzt sage so tschüss dann, ich ziehe jetzt weg und in einem qualifizierten Beruf ist es schwierig für beide etwas zu finden, insofern würde ich das nicht ausschließen. (Frau F 1345/1355)*

Frau T möchte ihrem Partner, der bereits einmal ihretwegen den Wohnort gewechselt hat, dies nicht schon wieder zu muten. Sie sieht auch das Problem zwei qualifizierte Arbeitsplätze in einer neuen Stadt zu finden.

Die meisten Frauen aber scheuen einen Wechsel aus ganz persönlichen Gründen. Einige möchten und können ihre gewohnte Umgebung nicht verlassen, weil für sie nur durch die hier existierenden Rahmenbedingungen arbeiten überhaupt möglich ist:

> *Also ich bewerbe mich ja nicht aktiv auf einen Arbeitsmarkt. Also ich tue selber nichts dazu, um eine Veränderung herbei zuführen und auch nicht, um zu sagen, in dieser Riesenorganisation ist die Karriereleiter noch deutlich höher und da kann man doch noch viel mehr und so. Das steht nicht an, weil ich wüsste, dann wären meine Rahmenbedingungen schlechter als sie es jetzt sind, von daher würde ich das also sehr davon abhängig machen, in welcher Phase ihres Lebens sich meine Kinder und meine private Situation befinden würden. Wenn ich dann das Gefühl hätte o.k., dafür musst du diesen Umzug jetzt in Kauf nehmen, dann würde ich das wohl tun, aber im Augenblick würde sich durch einen beruflichen Wechsel die Rahmenbedingungen, die dieses Arbeiten erst möglich machen so sehr verschlechtern, weil ich glaube meine Mutter zieht nicht mit um und mein Vater auch nicht, also von daher. (Frau A 1903/1917)*

Da Frau A ihren Eltern nicht zumuten kann, den Wohnort zu wechseln und für sie andererseits ein Arbeiten ohne ein verlässliches Kinderbetreuungsnetzwerk nicht möglich ist, steht das Thema Umzug für sie überhaupt nicht zur Diskussion.

Anderen sind ihre persönlichen Beziehungen, ihr Freundeskreis und familiäre Bindungen wichtiger als eine weitere Karriere:

> *Das mag sein. Für mich kann ich sagen, da gehöre ich genau rein. Ich bin also ganz unflexibel. Aber ich finde auch mal diese Gören, das hat so eine gewisse*

> Ruhe. Das gibt hier so einen gewissen Ablauf und die haben ihre Freunde und ich habe die und ich weiß auch, wie schwierig das wird, je älter man wird, einen neuen Freundeskreis, also einen Bekanntenkreis kriegt man ja immer, aber so Leute, auf die man sich verlassen kann, denen man auch erzählt von sich, zu kriegen... Ich sehe das ja an meinen Freunden, die zum Teil weggegangen sind. Man kriegt immer einen Draht über die Kinder, aber diese Bindungen, die echten, die kriegt man nicht so schnell wieder und das ist schwer und dazu habe ich jetzt eigentlich keine Lust mehr. Überhaupt ich bin jetzt zu alt dafür. (Frau C 1336/1348)

Frau C möchte ihr persönliches Bezugssystem, Freunde und Bekannte, nicht verlassen. Sie hat bei Freunden, die weggegangen sind erlebt, wie schwer es ist neue echte Freundschaften zu knüpfen. Sie weiß, dass sie über die Kinder schnell neue Menschen kennen lernen kann, dies reicht ihr aber nicht aus.

Manche Frauen lehnen eine Ortswechsel bewusst ab, entweder, weil sie ihn schon einmal durchgeführt haben oder sich einfach aus Altersgründen nicht mehr verändern möchten:

> Nein, heute wäre mir kein Job so wichtig, dass ich sagen würde, deshalb ziehst du nach Berlin. Das hat sich verändert. Früher war das relativ beliebig, das war mir nicht so wichtig. (Frau P 1184/1186)

Frau P setzt mittlerweile andere Prioritäten in ihrem Leben. Früher, als sie noch jünger war, wäre sie für einen interessanten Job in eine andere Stadt umgezogen. Heute ist die Arbeit nicht mehr so wichtig für sie.

4.5.6 Zusammenfassung

Die befragten Frauen bewerten ihren beruflichen Aufstieg nicht als Karriere, die sich mit einer Karriere z.B. in der freien Wirtschaft vergleichen lässt, sehen aber durchaus selbstbewusst, dass sie mit ihrer Ausbildung als Sozialarbeiterin eine überdurchschnittliche berufliche Position erreicht haben und damit den Rahmen des für Sozialarbeiterinnen mit Fachhochschulabschluss möglichen individuell maximal vergrößert haben. Insgesamt bewerten sie Karriere für sich selbst positiv und sind stolz auf das, was sie erreicht haben. Sie bewerten sie andererseits aber auch durchaus kritisch, da sie die zeitliche Belastung und die damit verbundenen Schwierigkeiten insbesondere bei der Koordination mit familiären Anforderungen sehen und individuelle Lösungen finden mussten. Was sie bewusst in Kauf nehmen, sind Einschränkungen bei persönlichen Interessen und Hobbys, bzw. im privaten Bereich. Auch die Herkunftsfamilien und der Freundeskreis bewertet die berufliche Laufbahn der Frauen überwiegend positiv, aber auch hier wird die zeitliche Belastung und die problematische Vereinbarkeit von Familie und Beruf gesehen. Interessanterweise ließen sich keine Aussagen finden, die Karriere als nicht mit der weiblichen Rolle vereinbar darstellten, auch wenn von befreundeten Frauen durchaus Bedenken angemeldet wurden.

Von Karriereplanung im eigentlichen Sinne lässt sich bei keiner der befragten Frauen sprechen. Keine von ihnen hat bei Beginn ihrer beruflichen Tätigkeit einen beruflichen Aufstieg gezielt geplant, eine Karriere wurde aber auch von keiner Frau ausgeschlossen. Vielmehr haben alle Frauen in ihren Tätigkeiten bewiesen, dass sie alle Voraussetzungen für Führungspositionen mitbringen und sind so entweder aufgefordert worden sich auf höher dotierte Stellen zu bewerben, man hat sie ihnen direkt angeboten, oder sie haben sich selbst auf höher dotierte Stellen beworben, als sich die Chance dazu bot. Auch wenn es so scheint, dass einige nur durch Zufall oder Glück, wie es manche selbst sagen, in ihre Positionen gelangt sind, beweist ihre Selbsteinschätzung und die Beschreibung ihrer eigenen Fähigkeiten, dass dies nicht so gewesen ist. Sie waren zwar zur rechten Zeit am rechten Ort, wenn sie aber nicht vorher durch besondere Kompetenz aufgefallen wären, hätte man ihnen die Stellen nicht angeboten, bzw. eine Bewerbung vorgeschlagen. Die Frauen, die sich aus einer anderen Stellung heraus auf eine Führungsposition beworben haben, konnten durch überzeugendes Auftreten, besondere Berufserfahrung und hervorragende Referenzen überzeugen.

Der Karriereweg ist bei keiner Frau gradlinig verlaufen. Alle sind über verschiedene andere Stationen in ihre jetzige Position gelangt, haben aber dann nach der ersten beruflichen Etablierung innerhalb der Organisation Karriere gemacht.

Für ihre Zukunft sehen die befragten Frauen, mit Ausnahme derer, die sich aus Altersgründen nicht mehr verändern möchten, durchaus weitere Entwicklungsmöglichkeiten. Es ist aber nicht so, dass sie aktuell konkret danach suchen. Vielmehr werden berufliche Entwicklungschancen danach bewertet, ob diese sich mit persönlichen Interessen und Neigungen, familiären Gegebenheiten und organisatorischen Möglichkeiten vereinbaren lassen. Eine höher dotierte Position wird vor allem dann angestrebt, wenn sie neue inhaltliche Gestaltungsmöglichkeiten bietet und der persönlichen Lustgewinn und Spaß an der Arbeit zusätzliche Unannehmlichkeiten, wie z.B. erhöhte zeitliche Belastungen aufwiegt. Materielle Zugewinne gelten nicht als Hauptkriterien für einen beruflichen Wechsel.

Die gleichen Kriterien gelten auch für eine neue berufliche Orientierung, die möglicherweise einen Ortswechsel nach sich zieht. Die meisten Frauen sind nicht gewillt, wegen einer höher dotierten Position den Ort zu wechseln, da sie ihre persönliche Lebensqualität neben Beziehungen zu ihren Lebensgefährten auch an sozialen Beziehungen festmachen und nicht bereit sind, diese aufzugeben. Viele fühlen sich auch mit ihrer räumlichen Umgebung fest verwurzelt und möchten diese für eine neue Arbeitsstelle nicht oder auch nicht noch einmal wechseln. Eine Wochenend- oder Pendlerbeziehung würden einige von ihnen für eine neue Herausforderung evtl. in Kauf nehmen, die Vorteile, die der neue Job bietet, müssten aber dann diese Unannehmlichkeiten aufwiegen. Viele sehen auch die Schwierigkeit, dass der Partner keine neue Stelle findet, wenn sie in eine andere Stadt ziehen würden und verzichten deshalb auf Bewerbungen auf Stellen, die ein Pendeln nicht erlauben. Einige wenige würden sich heute durchaus verändern, wenn sich eine neue interessante Tätigkeit bietet. Diese sind dann aber entweder allein stehend, können durch einen Ortswechsel ihrem Partner näher kommen oder sind z.B. nicht mehr auf ihr soziales Netz in Bezug auf Kinderbetreuung angewiesen, sodass sie sich noch einmal neu orientieren können. Manche würden einfach aus Altersgründen oder weil sie schon einmal an einem anderen Ort neu angefangen haben nicht mehr umziehen. Insgesamt sind diese Frauen also durchaus karriereorientiert und engagiert aber eben nicht um jeden Preis.

Im Grunde genommen weisen diese Ergebnisse Ähnlichkeiten mit den Aussagen der Studie von FISCHER, die in einer Studie für den Einzelhandel feststellte, dass 32,2% mobil, 11,4% bedingt mobil und 24% nur regional mobil sind (vgl. FISCHER 1993, :97). Frauen, die sich als nicht mobil bezeichnen, gaben eine bestehende Partnerschaft als Grund an. Auch BISCHOFF kommt zu ähnlichen Ergebnissen. Sie stellte fest, dass bei steigendem Einkommen die Mobilitätsbereitschaft steigt, diese aber sinkt, wenn eine Ehe oder Partnerschaft besteht bzw. wenn die Frauen älter werden (vgl. BISCHOFF 1990: 45). Das hier gezeichnete Bild zeigt zudem die Differenziertheit der unterschiedlichen Mobilitätshindernisse auf.

4.6 Integration von Familie und Beruf

Die Integration von Familie und Beruf, bzw. Karriere wurde im Rahmen dieser Untersuchung unter verschiedenen Aspekten beleuchtet. Zum einen wurde gefragt, wie die Frauen diese Problematik individuell für sich gelöst haben, zum Zweiten wurde generell die Frage nach der Vereinbarkeit von Familie und Führungsposition gestellt.

4.6.1 Bewertung der Vereinbarkeit

Von den befragten Frauen leben 2 als Single, 3 als Single mit Kind(ern), 7 mit Partner und 8 mit Partner und Kind(ern). Frauen, die sich für Familie, Kind(er) und Karriere entschieden haben, halten dies auf Grund ihrer eigenen Erfahrungen auch für eingeschränkt möglich. Sie sehen aber auch ganz klar, dass sie ohne individuelle Stützsysteme keine Chance hätten ihrer Berufstätigkeit so nachzugehen, wie sie es tun:

Ja, das denke ich nach wie vor. Also da glaube ich mittlerweile auch an Gottes Fügung, da muss so etwas Übermächtiges passiert sein. Doch weil ich ganz einfach sehe, die Entscheidung ein zweites Kind zu kriegen, wäre mir deutlich schwerer gefallen, weil ich schon, ich habe ja auch kein Drittes und Viertes mehr gekriegt, aber das mehr in dem Bewusstsein, kriegst du einmal Zwillinge, kriegst du vielleicht noch mal Zwillinge und wenn du dann vier hast, dann ist eigentlich klar, was du die nächsten zehn Jahre machst, dann bleibst du nämlich zu Hause. Das fände ich persönlich dann auch unverantwortlich. Ich denke, man muss schon sehen... Ich bin in der dankenswerten Situation die waren durch die Krippe abgesichert, die waren durch den Kindergarten abgesichert, die sind durch meine Mutter und durch meine Eltern, mein Vater ist da natürlich auch noch Bodyguard mäßig. Die stehen alle so Gewehr bei Fuß, wenn ich schreie, "Hilfe es geht nichts mehr". Eine Freundin übernimmt auch mal Kinder, wenn die dann neun Wochen Salmonellen und solche Spässchen haben. Da ist schon ein relativ gutes System einfach aufgebaut und von daher habe ich natürlich meine Töchter bekommen in einer Phase, wo ich immer gewusst habe, ich will auf jeden Fall wieder arbeiten. (Frau A 1258/1278)

Frau A hatte das Glück alle staatlichen Betreuungssysteme (Krippe, Hort, Kindergarten) nutzen zu können, als ihre Kinder klein waren. Heute kann sie sich auf Großeltern und Freundinnen verlassen, die sie ständig unterstützen und zusätzlich sofort einspringen, wenn sie um Hilfe bittet. Da sie bereits einmal Zwillinge bekommen hat, verzichtet sie auf eine weitere Schwangerschaft, denn es könnten wieder Zwillinge werden. Mit vier Kindern ist Berufstätigkeit aus ihrer Sicht nicht vereinbar. Sie hat immer gewusst, dass sie auch mit Kindern arbeiten will und will kein weiteres Risiko eingehen.

Frauen, die keine Kinder haben, trafen diese Entscheidung bewusst mit der Begründung es nicht vereinbaren zu können, bzw. die wenige freie Zeit, die sie haben für sich selbst nutzen zu wollen:

Also ich finde, für mich ist Lebensqualität auch, Freunde zu sehen oder ins Kino zu gehen oder mal ein Buch zu lesen oder anderen Hobbys nachzugehen. Das ist für mich wichtig. Dafür bleibt natürlich noch ein bisschen mehr Platz, wie wenn ich Kinder hätte. Wenn ich Kinder hätte, dann hätte ich diesen Job nicht, ganz platt gesagt. Dieser Job ist nicht zu vereinbaren mit Kindern zumindest nicht mit kleinen Kindern und irgendwie kommen die ja nicht mit vierzehn auf

> die Welt. Das ist einfach nicht drin. Von daher Frauen in Führungspositionen, da ist wieder so eine Einschränkung, inwieweit ist das völlig Schnurz ob man jetzt ein Mann oder eine Frau ist, also ich merke das, wenn ich zu Fachtagungen fahre oder zu irgendwelchen Konferenzen. In der Regel, wenn es Männer sind, die dort sind, dann haben die von eins bis drei Kindern, überhaupt keine Frage. Wenn Frauen, die mehrtägig an solchen Veranstaltungen teilnehmen, dann haben die in der Regel ein Kind, dann haben die, wenn es hochkommt ein bis zwei Kinder, haben dann einen riesen Aufriss hinter sich, wie sie das dann organisiert haben, dass sie die zwei Tage da sein können oder haben keine Kinder. (Frau F 1057/1076)

Persönliche Lebensqualität ist ihnen wichtig. Sie möchten ins Kino gehen, Freunde treffen, eigenen Hobbys pflegen und sich in ihrer knappen Freizeit erholen. Für sie sind Kinder nur dann ein Thema, wenn sie sich ganz darauf konzentrieren können. Solange Kinder klein sind brauchen sie aus ihrer Sicht die ganze Aufmerksamkeit der Mutter und das lässt sich in ihren Augen nicht mit einer Führungsposition vereinbaren. Sie sehen auch ganz klar, dass Frauen geschlechtsspezifisch benachteiligt sind, weil sie trotz hoher beruflicher Belastung einen Großteil der Familienorganisation übernehmen müssen.

Andere haben sich bewusst für Karriere und Kinder entschieden, verzichten dann aber auf persönliche Spielräume solange die Kinder noch in einem betreuungsintensiven Alter sind und teilen sich die Verantwortung dafür partnerschaftlich:

> Ich glaube auch, wenn ich das Gefühl hätte, unsere Kinder kommen mit der Situation nicht zurecht, würden wir gemeinsam etwas ändern. Man müsste dann gucken, für wen es eher möglich ist oder was Sinn macht, ob ich oder mein Mann etwas verändern. Prinzipiell ist das auch so meine Erfahrung, dass unsere Kinder nicht anders sind als andere, eigentlich ganz wohlgeraten und ganz selbstständig. Ich sehe das auch nicht so oder erlebe das so, dass die Kinder und Mütter, die zu Hause sind, besser zurecht kommen. Das sehe ich nicht so. Es wäre vielleicht anders, wenn man dicke Probleme hätte. Wobei ich glaube, wenn man so insgesamt Untersuchungen sieht, ist das ja auch gar nicht so. Der Preis war allerdings so persönliche Interessen. Ich sage immer, man kann nicht Kinder haben, voll berufstätig sein und sich persönlich selbst verwirklichen wollen in so und so viel Gruppen. Das geht allein mathematisch, zeitmäßig nicht. Deshalb muss man sich so entscheiden. Wir sagen jetzt, dass wir auch so mehr Zeit für uns haben wollen. (Frau P 1002/1018)

Frau P weist besonders darauf hin, dass für sie selbst keine Zeit übrig bleibt, da sie sich entschieden hat, Führungsposition und Mutterschaft zu kombinieren. Sie sieht aber auch, dass dies alles nur möglich ist, weil sie und ihr Mann Probleme gemeinsam lösen und weil ihre Kinder keine Probleme bereiten. Sie benennt Untersuchungen, die belegen, dass die Kinder berufstätiger Mütter in der Regel nicht zu Problemkindern werden.

Für manche hat sich die Familiengründung in ihrem Lebenslauf einfach nicht ergeben, sie haben dem Beruf höhere Priorität eingeräumt:

> Also ich würde mal sagen, es hat sich eher so ergeben. Nicht bewusst, das denke ich nicht. Aber das hat sich wirklich bedingt durch die beruflichen und auch die zeitlichen Belastungen, auch das Anforderungsprofil, das es hier gibt, dann schon ergeben, dass der Beruf für mich eher im Vordergrund stand als die Familie. (Frau N 428/433)

Heute bewertet sie die beruflichen Belastungen als mit Familie unvereinbar. Für sie stand der Beruf immer mehr im Vordergrund.

Deutlich wird auch, dass wenn Kinder da sind, diese auch bei der Karriereplanung und einem etwaigen weiteren beruflichen Aufstieg eine Rolle spielen. Wie schon bei der beruflichen Mobilität deutlich wurde, setzen Frauen hier häufig die Priorität auf ihre familiären Beziehungen:

> Bei meiner Entscheidung sich hier auf die Stelle zu bewerben, hat meine Tochter auf jeden Fall eine Rolle gespielt, weil die Frage war, wie das werden würde. Meine Tochter wäre auch der einzige Punkt gewesen, darauf zu verzichten. Aber wir haben uns dann eben zusammengesetzt und haben überlegt, wie ist es eben möglich zu machen. Ich denke, ich würde jetzt nicht Geschäftsbereichsleiterin werden wollen, wenn wir das mit meinem Kind nicht mehr unter einen Hut kriegen. Ich denke aber, dass das geht. Das geht eben gut, wenn man zu Hause auch super unterstützt wird. Wir sind beide unheimliche Organisationstalente. (Frau O 853/864)

Frau O hätte eher auf den Job verzichtet als auf das Kind, wenn ihre Arbeit nicht damit zu vereinbaren gewesen wäre. Nur weil beide Partner 'unheimliche Organisationstalente' sind, funktioniert die Integration von Familie und Führungsposition.

Ohne eine ausgefeilte Organisation mit Unterstützung eines Partners oder durch ein ausgeklügeltes Netzwerk scheint Karriere für Frauen nicht möglich zu sein. Das wird an diesen Aussagen deutlich.

4.6.2 Familienplanung

Die Entscheidung für oder gegen Kinder trafen die Frauen mehrheitlich nicht vorrangig bewusst unter Karrieregesichtspunkten sondern, da sie ja ihre Karriere nicht von vorne herein geplant haben aus ganz unterschiedlichen Motiven. Dabei spielt die individuelle Beziehung zum Partner und die Berücksichtigung seiner persönlichen Lebensplanung eine übergeordnete Rolle:

> Ja, zum Lebenslauf. Ich habe eigentlich seit ich fünfzehn bin, entschieden, dass ich keine Kinder haben will. Das hat ganz viel mit meinen behinderten

> Geschwistern zu tun. Erst als ich vierzig wurde und meinen jetzigen Mann kennen lernte, habe ich gedacht, die Entscheidung war sehr voreilig. Sie war nun mal gefallen auch mit entsprechenden operativen Konsequenzen. Aber so von fünfzehn bis vierzig war es eine klare Linie keine Kinder. *(Frau B 318/325)*

Frau B hatte sich frühzeitig entschieden keine Kinder zu bekommen, allerdings nicht, weil sie unbedingt Karriere machen wollte, sondern weil sie beobachten konnte, welche Belastung ihre Geschwister, die zudem noch behindert waren, für ihre Mutter darstellten. Als sie dann später ihren jetzigen Mann kennen lernte und vielleicht gerne doch noch Kinder gehabt hätte, war dies nicht mehr möglich und sie hat dies möglicherweise bedauert.

Die Überlegung ein Kind, bzw. weitere Kinder zu haben, hängt auch ganz entscheidend davon ab, inwieweit der Partner bereit ist, sich für die Familie zu engagieren, bzw. selbst Verantwortung zu übernehmen:

> *Also mein Mann wollte von Anfang an Kinder, der hatte nämlich keine und ich habe immer gesagt, ich will aber keine Kinder, weil eigentlich die Erfahrung mit X. hat mir völlig gereicht. Das habe ich dann auch jahrelang durchgehalten. Irgendwann dachte ich, na ja eigentlich sind ja Kinder gar nicht so schlecht und wenn man dann... na ja und dieser Mann, den ich da habe, der hört ja nicht auf zu nerven. Der nervt ja immer wieder, bis wir irgendwann zum Ergebnis kommen und wenn man das zu zweit macht und nicht alleine, dann ist vielleicht alles gar nicht so schlimm. Dann hatte ich bloß gerade diese dämliche Fortbildung in Y. angefangen und wurde schwanger. Dann ist mein Mann wirklich, als dieses Kind da war, jedes zweite Wochenende nach Y. gefahren, hat sich gegenüber im Hotel einquartiert und hat mir immer dieses Kind gebracht zum Stillen. (Frau C 1045/1059)*

Frau C war als sehr junge Erwachsene Mutter geworden und wusste, wie die Entscheidung für ein Kind ihr Leben beeinflussen würde. Sie hat sich dann in einem längeren Auseinandersetzungsprozess mit ihrem Mann geeinigt noch ein weiteres Kind zu bekommen, unter der Bedingung alles partnerschaftlich zu teilen. Das Kind kam dann zu einem unpassenden Zeitpunkt. Sie machte gerade eine länger Fortbildung. Ihr Mann hat dann das Kind betreut und es ihr immer zum Stillen gebracht, so dass sie ihre Fortbildung nicht abbrechen musste.

Bei Frauen, die keine Kinder haben, waren die Lebensumstände bzw. die Beziehungen in denen sie lebten, als sie sich mit der Kinderfrage auseinander gesetzt haben, nicht befriedigend, sodass sie in der Situation auf Kinder verzichteten und sich beruflich mehr engagiert haben:

> *Also, es hat sich so ergeben. Also eher hin zu bewusst, aber ich würde sagen, wenn ich in früheren Jahren den Partner gehabt hätte, den ich heute habe, könnte ich mir schon vorstellen, dass wir auch darüber nachgedacht hätten, gemeinsam Kinder haben zu wollen. Aber wir haben uns kennen gelernt, da*

war ich schon zweiunddreißig und da war ich dann auch nicht unglücklich, dass es sich so nicht ergeben hat. (Frau Q 972/978)

Frau Q's Kinderwunsch war nie so ausgeprägt, dass sie um jeden Preis ein Kind haben wollte. Da sie ihren Partner erst kennen gelernt hat als sie beruflich schon etabliert war und ein gewisses Alter erreicht hatte, wollte sie ihr Leben nicht mehr verändern und hat bewusst auf ein Kind verzichtet.

Es scheint, dass diese Frauen eine hohe Arbeitsorientierung aufweisen und einige von ihnen damit Kinderlosigkeit bewusst in Kauf genommen haben, weil sie sich beruflich stark engagierten:

> Also mein berufliches Verhalten hat meine Familienplanung beeinflusst. Ich will jetzt nicht sagen, dass das so etwas Bewusstes war, aber mit Beginn des Anerkennungsjahres habe ich viel gearbeitet und habe mich auch immer, weil es mich einfach auch interessierte, auch über die eigentliche Aufgabe hinaus für andere Aufgaben interessiert. Also ich habe bei dem Paritätischen z. B. Mutter-Kind-Kuren begleitet und das bedeutete eben dann auch packen und weg und nicht so heute schon planen, wann ich nächstes Jahr in den Urlaub fahre oder so. ich habe das immer ein bisschen offen gelassen und ich weiß auch so von zwei, drei Beziehungen, wo meine Partner u. a. natürlich nicht damit umgehen konnten, dass ich da so ein Wert darauf legte, dann auch fit zu sein. Dass ich eben nicht so verfügbar war. Wieder hast du am Wochenende einen Termin, das habe ich noch so im Ohr. (Frau Q 950/964)

Diese Aussage offenbart ein hohes Maß an Unabhängigkeitsdrang, dass sich auch darin artikuliert, frei und spontan über die eigene Zeit zu verfügen, sowohl im Arbeits- als auch im Freizeitbereich. Frau Q wollte sich auch von Partnern nicht reglementieren lassen, sie wollte sich lieber Optionen offen halten. Einige Partner konnten damit nicht umgehen und so sind verschiedene Beziehungen daran gescheitert. Ein Kind hätte in diese Lebensweise einfach nicht hinein gepasst.

Insgesamt ist allen Frauen, unabhängig ob sie sich für oder gegen Kinder entschieden haben, deutlich bewusst, dass diese Entscheidung ihren beruflichen Werdegang in jedem Fall beeinflusst (hat) und sie gehen sehr verantwortlich mit dieser Problematik um. Keine Frauen äußerte die Überlegung den Beruf wegen der Kinder aufzugeben, einige haben kurzzeitig ausgesetzt und zudem sämtliche verfügbaren Stützsysteme aktiviert um ihren Alltag zu organisieren.

4.6.3 Organisation des Alltags

Der überwiegende Teil der Frauen berichtet von einer partnerschaftlichen Arbeitsteilung, bei der entweder jeder das tut, was gerade im Haushalt anfällt und zudem z. B. die Oma stark mit eingebunden ist, wenn Kinder vorhanden sind oder zusätzliche Dienstleistungen eingekauft werden:

> *Ich denke die Erfahrung hat gelehrt, bei uns macht der die Sachen, die er auch am besten kann. Also mein Mann kann gut kochen und kauft gern ein. Zwei Tätigkeiten, die ich überhaupt nicht gern mache. Putzen macht keiner von uns gern, haben wir eine Putzfrau. Die Sachen waschen und bügeln macht Oma und dann gibt es ein paar Sachen, wo man sich streitet und da denke ich, ist es schon bei uns so, und da bin ich auch anders als andere Frauen, ... das war schon als die Kinder noch klein waren, alle sitzen im Garten beim Grillen und wer bringt das Kind ins Bett? Da gucke ich schon. Zweimal war ich dran, jetzt ist der andere dran. Oder was gibt es noch für klassische Situationen, wo wir immer schon lachen. Als die Kinder noch kleiner waren. Alle sitzen im Sofa. Wenn die Kinder was wollen, steht als erstes Oma auf. Oma rennt immerzu zuerst und wenn ich nicht aufpasse komme dann ich und dann mein Mann. Da denke ich, so etwas muss man einfach thematisieren und dann kriegt man es auch geregelt. (Frau P 953/968)*

Da aber auch bei dieser Haushaltsorganisation Probleme auftreten können sieht Frau P durchaus Diskussionsbedarf, wenn nicht alles so klappt, wie sie sich das vorstellt. Frau P erwartet auch, dass ihr Mann sich gleichberechtigt an der Haushaltsorganisation beteiligt und auch seinen Pflichten nachkommt. Obwohl die Großmutter sich als erste verantwortlich fühlt, wenn es etwas zu tun gibt, möchte Frau P sie nicht ausnutzen und alle Aufgaben gerecht verteilen.

Andere haben die Aufgaben im Haushalt klar aufgeteilt, z.T. beispielsweise danach, wer über mehr Zeit verfügt, bzw. zu bestimmten Zeiten zu Hause ist, oder nach Notwendigkeit, z. T. auch nach persönlichen Neigungen und Fähigkeiten:

> *Also ich denke, was mein Freund macht, ist dass er..., dass ich schon in der Woche, zumindest von Montag bis Freitag, was haushaltstechnische Dinge angeht, nicht mit eingespannt bin, weil das einfach auch nicht geht. Also bei aller Organisation, das würde nicht gehen, weil wenn ich nach Hause komme gegen sechs oder um fünf, dann ist meine Tochter dran und das könnte ich nicht, wenn ich dann auch noch Haushalt machen müsste. Das mache ich aber am Wochenende. Also das haben wir eben so organisiert, dass das dann am Wochenende ist. Und alle Dinge, die sonst so organisiert werden müssen im Bereich von Behörden oder was es da auch immer gibt, das mache ich auch. Wozu gibt es gleitende Arbeitszeit bei uns. Das ist jetzt manchmal so, dass es schwierig ist, weil ich zu bestimmten Dingen nicht komme und man auf manche Sachen, die ich machen soll, länger warten muss. Aber wir bemühen uns schon, dass jeder da so seinen Teil macht. (Frau O 871/886)*

Durch die hohe Arbeitsbelastung kann Frau O sich innerhalb der Woche nicht um den Haushalt kümmern. Sie ist deswegen per Absprache davon befreit und kümmert sich dafür um andere Dinge, z.B. Behördengänge, die sie bedingt durch eine flexible Arbeitszeitregelung erledigen kann. Außerdem versucht sie die wenige freie Zeit die sie hat mit ihrer Tochter zu verbringen. Am Wochenende übernimmt sie dann den Teil an reproduktiven Tätigkeiten, der dann anfällt.

Hier wird die Alltagsorganisation entsprechend der äußerlichen Rahmenbedingungen geregelt, die sich für beide Partner sehr unterschiedlich darstellen.

> Nach außen hin war ich Hausfrau und mein Mann hat das Erwerbsleben bestritten, also ganz traditionell. Innen drin war es so, nachts aufgestanden sind wir beide und mein Mann hat von Anfang an auch, wenn er zu Hause war, Kinderbetreuung, Wickeln, Waschen, alles was dazugehört, übernommen, weil er auch nicht wollte, dass die Kinder ihn irgendwann siezen. Was dazukommt, was Organisation betrifft, also mein Mann ist heute noch ein Vierteljahr des Jahres sowieso nicht da, nicht am Stück, aber so einen Monat oder mal zwei oder mal drei Wochen. Das kennen wir beide nicht anders. Inzwischen ist es bei mir auch so, dass ich viel weg bin, aber dadurch habe ich halt auch viel allein gemacht und auch alles, wenn er nicht da war, war er nicht da. Es gibt solche Sachen wie, dass ich eine höhere Toleranzschwelle habe, was den Mülleimer betrifft, das macht mein Mann. Woanders könnte ich die Augen verdrehen, was er nun nicht sieht oder macht. Das haben wir inzwischen aufgeteilt nach Kompetenzen. Das hört sich jetzt traditionell an, aber ich habe mein Lebtag noch kein Auto gewaschen, auf die Idee käme ich nicht. Das hat aber wenig mit Mann und Frau zu tun. Der Haushalt ist gerade jetzt, wo wir beide voll drin stecken, na ja, was anliegt, wird gemacht, ob das Wäsche waschen ist oder einkaufen. Ich habe stärkere organisatorische Stärken. Es ist eine meiner Stärken, eine gute Planung zu machen und er war auf der Packerhochschule, sage ich immer. Es gibt auch zu Hause Kompetenz. Ich halte das von daher für ganz interessant. Ich habe auch zu Hause, glaube ich, auch viel gelernt und wir haben immer, ich habe ja nebenher immer frei fliegend gearbeitet, Auftragsarbeiten, Bildungsurlaube oder Kurse, das ging immer so in Absprache. Er kam nach Hause, weil für ihn war das selbstverständlich, ich muss auch die Möglichkeit haben und dann hat er gemacht. Und im Grunde war er derjenige, der nachher gepuscht hat. Du musst jetzt in die Puschen kommen und das geht doch nicht. Du hast so viel gelernt. Er hat immer ein schlechtes Gewissen gehabt. Das sagt er heute noch und er könnte es nicht ertragen, wenn ich nur zu Hause wäre. (Frau T 1222/1256)

Frau T lebt in einer Beziehung die auf absoluter Gleichberechtigung basiert, sowohl in intellektueller Beziehung als auch in Bezug auf das Rollenverständnis. Jeder unterstützt den anderen und engagiert sich im Haushalt so, wie es notwendig ist. Als die Kinder klein waren, sah es nach außen so aus, das Frau T die traditionelle Hausfrauenrolle übernommen hat, das sie zu der Zeit keine Anstellung hatte. Innerhalb der Beziehung hat sich das Paar die Kinderpflege und Erziehung geteilt, weil auch der Mann als Vater präsent sein wollte. Zu dem war und ist er auch heute noch einige Monate beruflich abwesend. Auch Frau T ist heute beruflich viel unterwegs. Deshalb teilen sie sich Haushalt und Kindererziehung partnerschaftlich. Frau T musste sich daran gewöhnen, dass ihr Mann einfach eine andere Sichtweise hat und Dinge auf seine Art und zu der Zeit erledigt, wenn er es für richtig hält. Dabei legt der Mann durchaus Wert darauf, dass eine Frau ihre berufliche Qualifikation auch entsprechend einsetzt und im Beruf voran kommt und hat sie, wie sie selbst sagt immer wieder 'gepuscht'.

Deutlich wird an diesen Aussagen, dass in diesen Paarbeziehungen der Typus ‚neuer Mann' überwiegend vertreten zu sein scheint. ZULEHNER und VOLZ (1998) beschreiben diesen Typus als offen für die Gleichberechtigung der Geschlechter. Für den 'neuen Mann' ist es eine Bereicherung zur Betreuung seines Kindes in Erziehungsurlaub zu gehen. Er vertritt die Meinung, dass beide Partner sich gleichberechtigt um Haushalt und Familie kümmern und ggf. beide dafür nur Teilzeit arbeiten sollen. Frauenemanzipation hält er für eine notwendige und gute Entwicklung und er denkt, dass beide Partner zum Haushaltseinkommen beitragen sollen (vgl. ZULEHNER/ VOLZ 1998: 35f). Viele Frauen dieser Befragung sind mit Männern aus der gleichen Berufsgruppe verbunden.
In Partnerschaften, in denen die Alltagsorganisation nicht so problemlos klappt, wird häufig die Unterstützung der Herkunftsfamilie, d. h. oft der Oma in Anspruch genommen, sowie alle verfügbaren öffentlichen Stützsysteme:

> *Ja, meine Mutter. Also die Entscheidung diese Stelle zu nehmen in diesem Umfang und diesem Verantwortungsbereich habe ich interessanter Weise nicht als Erstes mit meinem Mann überprüft, ob ich das denn machen will, sondern mit meiner Mutter, weil die nämlich einen ganz wesentlichen Part daran sicherstellt, nämlich mir den Rücken freizuhalten, indem sie die Kinder betreut. Meine Eltern haben den Laden ja gemeinsam aufgegeben. Meine Mutter war dann einundsechzig und ich hab sie gefragt. Ich habe gesagt, kannst du dir vorstellen, dass, wenn ich noch mehr mache im Job, du die Kinder übernimmst und das sicherstellst und sie gesagt, ja, sie tut das und wenn sie es nicht getan hätte, wäre diese Entscheidung sicherlich anders ausgefallen, weil es viel mehr Diskussionen in der Familie gegeben hätte. Reduziert mein Mann? Wie stellen wir die Kinderbetreuung sicher? Wollen die Kinder nach wie vor in den Hort. Meine Töchter... also ein halbes Jahr lang habe ich sie in den Lebensmittelladen meiner Eltern gekarrt. Mit zwei habe ich sie in der Krippe angemeldet (Frau A 1177/1194)*

An dieser Aussage wird deutlich, wie eng die Verwirklichung des beruflichen Aufstiegs mit dem Funktionieren des sozialen Netzes verbunden ist. Frau A hat ihre Entscheidung beruflich noch mehr Verantwortung zu übernehmen, von der Antwort ihrer Eltern dazu abhängig gemacht. Da der Partner hier auf den ersten Blick nicht als verlässliche Größe einzuplanen zu sein scheint, wird als Erstes die Instanz konsultiert, die letztendlich die Realisation der Arbeitsbedingungen, die solch ein Aufstieg mit sich bringt, gewährleistet.

Unabhängig davon, ob die befragten Frauen Kinder haben oder nicht, schafft sich der größte Teil durch den Einkauf externer Dienstleistungen oder durch kooperative Verabredungen Entlastung[13]

> *Doch natürlich eine Putzfrau und Gott sei Dank eine ganz nette und die kommt zweimal die Woche und macht die Bude sauber und bügelt und so ein Quatsch, sodass ich so viel nicht machen muss, aber ich gehe so gegen zwei nach Hause, dann hole ich meine Kinder um drei ab. Dann macht Y. Schularbeiten und dann ist so diese Organisationsphase, da kommt man nämlich zu nichts, also Z. in die musikalische Früherziehung, Y. zum Hockey und wie das so ist. Mittlerweile geht das ja schon alles, (...) wir uns irgendwie absprechen. Heute nehme ich Y.'s Freund F. mit, mache mit denen Schularbeiten und bringe die zum Klavierunterricht und nächste Woche nimmt F.'s Mutter die dann mit und macht diese Runde. Dann gibt es irgendwie Essen. Dann essen wir und plaudern und lesen vor und singen und dann sind endlich um Acht diese Kinder im Bett. Dann gehe ich noch runter und mache eine Waschmaschine. (Frau C 1002/1017)*

Frau C hat die Organisation der Aktionen und Bedürfnisse ihrer Familie gut strukturiert. Sie schafft es, zum Teil auch mit Hilfe anderer Mütter, alles zur Zufriedenheit aller zu erledigen. Dennoch wird hier deutlich, wie belastend die privaten Pflichten, trotz sehr guter Organisation und Kooperation mit anderen sein können. Zu einer Tageszeit, wenn in anderen Familien der Feierabend eingeläutet wird und die Kinder schlafen, d.h. eigentlich freie Zeit für persönlich Bedürfnisse da wäre, beginnt für Frau C die 'zweite Schicht', d.h. ihre reproduktive Tätigkeit im Haushalt.

> *Ich habe eine Haushaltshilfe, die dreimal in der Woche drei Stunden kommt und natürlich so den ganzen Grund, so Putzen, Wäsche und so macht. Was ich selber mache, ist Einkaufen, Kochen und ich mache auch am Wochenende noch Wäsche, weil sie das nicht alles hinkriegt. Was ich eigentlich nicht mehr mache, ist putzen. Das sind so besondere Aktionen. So einmal den Keller vernünftig aufzuräumen oder mal die Küchenschränke auszuräumen, das mache ich dann in Ruhe, aber so die regelmäßigen Geschichten wie Fenster putzen nicht mehr. Aber das ist schon seit längerer Zeit. Auch schon als ich in X. war, als ich noch in X. wohnte, hatten unsere Haushaltshilfen immer die Funktion ein Teil Kinderbetreuung mit abzudecken und den Haushalt. Ich hatte auch schon mal eine Haushaltshilfe, die dann immer noch kochte, weil sie gern kochte. Das macht die, die ich jetzt habe seit fünf Jahren nicht mehr. Es wird jetzt alles etwas komplex und kompliziert. (Frau D 186/201)*

---

[13] JURZCYK/ RERRICH weisen in ihrer Studie 1993 ebenfalls darauf hin, dass die alltägliche Lebensführung in Familien mit zwei berufstätigen Erwachsenen nur durch Zuhilfenahme, verschiedener unterstützender Personen funktioniert, die den Familienalltag reibungsloser funktionieren lassen. (vgl. JURZCYK/ RERRICH 1993, S. 264 ff)

An der Aussage von Frau D wird deutlich, wie abhängig sie als Frau in Führungsposition mit der entsprechenden zeitliche Belastung vom funktionieren des Unterstützungssystem ist. Da es nicht immer konstante Faktoren sind, die ihr Leben begleiten - die eine Haushaltshilfe bügelt und kocht, die andere wieder nicht - ist ihr Leben nicht dauerhaft planbar. Sobald sich in den persönlichen Rahmenbedingungen etwas verändert, z.B. weil eine Haushaltshilfe kündigt, und die neue andere Vorlieben hat, gerät das ganze System in wanken. Hier zeigt sich, dass obwohl die Frauen sich als wahre Organisationstalente zeigen und alle verfügbaren Ressourcen nutzen, viele dennoch die doppelte Belastung empfinden.

4.6.4 Beziehung zum Partner

Die Frauen, die in Beziehungen mit einem Partner mit oder ohne Kinder leben, berichten von tragfähigen Beziehungen, die zwar durchaus durch den hohen zeitlichen Arbeitsaufwand belastet sind, sich aber insgesamt als stabil erweisen, bzw. erwiesen haben. Besonders die Entlastungsfunktion, die einige Partner übernehmen, wird herausgestellt:

> *Meinen jetzigen Mann, mit dem habe ich schon studiert, den kenne ich schon ganz lange, der ist auch in dem Bereich tätig, sodass wir einen Austausch darüber zu Hause auch möglich ist. Ich glaube, sonst würde ich das nicht durchhalten. Diese Entlastungsfunktion, das zu Hause erörtern zu können, ist eine ganz wesentliche. (Frau B 348/353)*

Frau B ist sehr glücklich darüber, dass sie mit ihrem Partner zu Hause auch berufliche Problem erörtern kann. In diesem, wie auch im folgenden Beispiel wird deutlich, dass die Partner hier eine Art Supervisorfunktion übernehmen und ihnen damit eine Qualifikation zugebilligt wird, über die sie nur deshalb verfügen. Weil sie aus dem gleichen Berufsfeld kommen.

> *Da fand ich es schon ganz gut, einen Mann zu haben, der irgendwie, sage ich mal, auch vom Fach war. Er ist, sage ich mal, auch therapeutisch sehr geschult und so Systemiker und das fand ich schon gut. Ich glaube, wenn ich da so einen Mann gehabt hätte, der irgendwie so in das Ganze sich überhaupt nicht einfinden könnte oder von dem Ganzen, auch dem kirchlichen, so überhaupt keine Ahnung gehabt hätte, wäre für mich wahrscheinlich nicht so gut gewesen. Es gibt Leute, die sagen, das ist gerade gut, wenn jemand keine Ahnung hat, aber für mich war das eher stützend. (Frau G 977/987)*

Auch Frau G stützt mit ihrer Aussage diese These. Sie bewertet die berufliche Kompetenz ihres Mannes als sehr stützend und ist froh darüber, dass er aus einem artverwandten Berufsfeld kommend, auch etwas von ihrem Fach versteht.

Hervorzuheben ist auch, dass einige Männer selbst beruflich zurückstecken, um die Karriere ihrer Frau zu ermöglichen:

> *Ich denke schon, ich habe einen sehr selbstbewussten, emanzipierten Mann und der war beim ersten Kind ein Jahr zu Hause. Ich wohnte hier und er wohnte anderswo, ist hier dann hergezogen und ist ein Jahr zu Hause geblieben. Ich denke, dass er das so unterstützt hat. Er hat auch zwischendurch Teilzeit gearbeitet, aber in den letzten Jahren hat er eine ähnliche Funktion wie ich. Und jetzt hat er gerade gewechselt, verdient jetzt auch wieder eine Gehaltsstufe weniger, aber für uns mit mehr Lebensqualität. Er fängt morgens an und hat um vier Uhr Feierabend. Das andere ist es uns nicht mehr wert. Er hatte vorher, er war auch Erziehungsleiter in der Heimbranche mit vielen Überstunden. Das ist bei uns so beidseitig. Ich habe zwischendurch viel gemacht, damit er machen konnte und umgekehrt auch. (Frau P 934/947)*

Die Beziehung von Frau P und ihrem Partner ist charakterisiert durch ein gegenseitiges Geben und Nehmen und durch gut funktionierende Absprachen. Der Partner hat beim ersten Kind seinen Wohnort verlassen, ist zu Frau P gezogen und hat ein Jahr lang die Kinderbetreuung übernommen. Er hat Frau P's berufliches Fortkommen damit unterstützt und hat auch zeitweilig Teilzeit gearbeitet um sie zu entlasten. Zeitweilig hatte er dann eine ähnliche Position, wie sie. Er hat diese aber wieder aufgegeben, ist eine Gehaltsstufe zurückgegangen um wieder geregelte Arbeitszeiten zu haben und allen mehr Lebensqualität zu ermöglichen. Da beide viele Überstunden hatten, lässt sich vermuten, dass das Familienleben dadurch beeinträchtigt wurde. Frau P bekräftigt, dass die berufliche Entwicklung beider Partner als gleich wichtig betrachtet wurde und sie auch ihn immer dann unterstützt hat, wenn es notwendig war.

Andererseits berichten Frauen auch von Beziehungen, die durch ihre Karriere belastet sind oder waren, bzw. die daran gescheitert sind:

> *Ja, gut. Er arbeitet nach wie vor Vollzeit. Er hat nicht reduziert. Er muss eine Menge mehr zu Hause machen, weil ich dazu neige, bis in den späten Abend hinein zu arbeiten, was einmal an den Anforderungen hier liegt und zum anderen... Ich brauche einfach nach Dienstschluss noch Zeit, um die Dinge in Ruhe hier zu bearbeiten, weil tagsüber ist das hier ziemlich stressig und von daher ist es eigentlich nach Feierabend immer so eine ganz angenehme Zeit, die Dinge noch mal in Ruhe zu bearbeiten und außerdem bin ich, glaube ich ein Nachtarbeiter. Von daher ist diese Arbeitszeit irgendwie ungünstig für mich. Also das muss er mit tragen. Das trägt er auch mit, nicht mit der optimalen Begeisterung, aber wir arbeiten daran. (Frau A 1304/1315)*

Frau A teilt sich ihren Arbeitstag so ein, wie es für sie am Besten ist, und wie es der Job erfordert. Da sie abends sehr lange im Büro bleibt, weil sie dann manche Dinge einfach besser erledigen kann, ist ihr Mann zusätzlich gefordert sich für die Familie zu engagieren. Dies gefällt ihm nicht besonders und er unterstützt Frau A auch nicht unbedingt so, wie sie es für notwendig erachtet. Frau A ist aber nicht bereit, die fehlende Unterstützung ihres Partners zu akzeptieren und fordert diese auch ganz konkret gegen vermeintliche Widerstände ein.

> *Er hatte dann mal gesagt, er hätte Bedenken gehabt, ob da nicht so viel Arbeit auf mich zu kommt, dass ich das nicht mehr hinkriege und bei uns war es eben gerade auch so, dass ich so die ganze Organisation mit den Kindern und so auch am Hals hatte. Obwohl ich eigentlich eine höhere Position hatte als er und einen höheren Verantwortungsgrad, war es immer so, wenn es darum ging, wer zu Hause bleibt oder wer was regelt, ich das geregelt habe. Das war auch in der Krankheitszeit von meinem Sohn so. Dass seine Termine immer wichtiger waren und das war letztendlich auch so eine Konsequenz... Als wir uns dann getrennt haben, da fragte mich mal jemand, wie machst du das denn jetzt so, da sagte ich wie vorher. Da hatte sich nichts geändert bis auf Donnerstag nachmittags ein paar Stunden, aber das kriegt man dann auch noch hin. Es war eben so, dass ich das immer so organisiert hatte. (Frau D 1288/1307)*

Frau D konnte sich während der Zeit der Partnerschaft niemals auf ihren Partner verlassen. Seine Termine waren immer wichtiger als ihre. Auch als ihr Sohn schwer erkrankte unterstützte er sie nicht in dem Maße, wie es notwendig gewesen wäre. Sie musste auch da alles selber regeln. Nachdem sich das Paar getrennt hatte, stellte Frau D fest, dass sich rein organisatorisch für Frau D nichts veränderte. Sie hatte bereits vorher alles allein organisiert und musste im Grunde nichts verändern.

An diesen Beispielen wird deutlich, dass es dann zu Problemen kommen kann, wenn der Partner die Karriere seiner Frau nur halbherzig akzeptiert, und nicht bereit ist, auch alle Konsequenzen, die daraus resultieren, also eine partnerschaftliche Aufteilung der Aufgaben in Familie und Haushalt mit zu tragen.

4.6.5 Zusammenfassung

Betrachtet man alle Auswertungsergebnisse, wird deutlich, dass die befragten Frauen ihr Leben im Rahmen der individualisierten Lebensplanung (vgl. Kap. 2.2/ 2.3) organisiert haben. Ihre Biographien unterscheiden sich zum einen von der tradierten weiblichen Lebensplanung, da sie Familie und Beruf gleichwertig nebeneinander setzen und dies auch über ihren zeitlichen Einsatz dokumentieren. Keine Frau hat ihren Beruf längerfristig unterbrochen, um für eine längere Kindererziehungszeit nicht berufstätig zu sein.

Andererseits orientieren sie sich auch nicht am männlichen Biographiemodell, das den Beruf absolut in den Vordergrund stellt. Vielmehr wird an diesen Biographien deutlich, dass es möglich ist, das Leitbild der ‚guten Mutter' mit dem der ‚selbstständigen Frau' zu verbinden. Die Grundlage dafür sind stabile Partnerbeziehungen oder, wenn diese sich als nicht tragfähig erwiesen haben, ein gut strukturiertes verlässliches soziales Netzwerk, sowie die Inanspruchnahme sämtlicher möglicher infrastruktureller Unterstützungsmöglichkeiten. Die Neubestimmung des Geschlechterverhältnisses erfolgt in diesen Beziehungen zudem durch den Versuch der Umverteilung der traditionellen reproduktiven Tätigkeiten, was aber nicht immer in allen Bereichen klappt, sodass einige Frauen dennoch über eine Doppelbelastung klagen. Die Erledigung der reproduktiven Tätigkeiten wird größtenteils nicht mehr an der Geschlechterrolle festgemacht, sondern daran, welche Person in der Beziehung mehr Zeit hat bestimmte Dinge zu erledigen oder über bestimmte Fähigkeiten verfügt. Für Tätigkeiten, für die keine Zeit bleibt oder die niemand gerne erledigt, wird von den meisten externe Hilfe in Anspruch genommen. Keine Frau versucht dem Image einer Superfrau/ -mutter gerecht zu werden und zieht es eher vor, die wenige verbleibende Freizeit mit Partner und Kindern zu verbringen, bzw. eigene Interessen zu verfolgen. Deutlich wurde auch, dass einige Frauen den Preis für ihre Karriere darin sehen, dass ihnen für sich selbst wenig Zeit bleibt. Solange die Kinder klein sind, verbringen sie viel Zeit mit ihnen, so weit ihr Beruf das zulässt. Sie setzen hier auch ganz bewusst Prioritäten.

Gleichzeitig nehmen die Frauen ihre Partner in die Pflicht, sich zumindest gleichwertig um die Versorgung und Betreuung der Kinder zu kümmern. Dies wird zudem dadurch erleichtert, dass einige Partner ebenfalls aus dem sozialen Bereich kommen. Überhaupt scheint in den beschriebenen funktionierenden Beziehungen der Typus 'neuer Mann' vorzuherrschen, wie ZULEHNER/ VOLZ ihn beschreiben (vgl. ebd. 1998 35); hier verstanden als gleichwertiger Partner, der eigene Interessen und die seiner Partnerin auf eine Stufe stellt, reproduktive Tätigkeiten in Haushalt und Familie bereitwillig akzeptiert und mit übernimmt und seine Partnerin sowohl praktisch im Alltag als auch moralisch emotional unterstützt. Bemerkenswert ist zudem, dass einige Männer sogar eigene berufliche Ambitionen zurückstecken, um ihrer Partnerin ihre Karriere zu ermöglichen.

Frauen, die über das Scheitern von Beziehungen berichten, führen dies darauf zurück, dass die oben beschriebene partnerschaftliche Akzeptanz für ihre Karriereambitionen und die damit verbundenen persönlichen Einschränkungen fehlte.

4.7 Geschlechterorientierte Perspektive

In Untersuchungen der letzten Jahre , die sich mit dem Thema Frauen und Karriere beschäftigten wurden übereinstimmend sowohl strukturelle als auch individuelle Hemmnisse festgestellt, die Frauen daran hindern aufzusteigen. Als Beispiel sei hier die Untersuchung von EHRHARDT-KRAMER genannt: ERHARDT-KRAMER (1998) benennt sowohl 'äußere' Barrieren, wie die gesellschaftliche Arbeitsteilung zwischen Frau und Mann, 'Brüche' in der Erwerbsbiographie von Frauen durch Familienarbeit und institutionell bedingte Barrieren. Zu den 'inneren' Barrieren zählt sie die fehlende Aufstiegsmotivation und Mobilitätsbereitschaft, die Prioritätensetzung zwischen Privat- und Berufsleben und den 'Preis der Macht'. Mit dem letzteren beschreibt sie den Verlust von sozialen und kollegialen Beziehungen durch Aufstieg (vgl. EHRHARDT-KRAMER 1998: 35-50).

Diese Arbeit thematisiert nicht die Hemmnisse sondern die Ressourcen, die Frauen trotz der bekannten Barrieren in Führungspositionen gebracht haben. Ein Ziel dieser Arbeit besteht darin, die individuellen Erfahrungen der einzelnen Frau für viele nutzbar zu machen. Deshalb wurde nach den spezifisch weiblichen Karrierehemmnissen gefragt, die Frauen aus eigener Erfahrung benennen können und danach, wie sie diese für sich bewerten. Verstanden wurde dieses Thema vor allem im Rahmen der Fragestellung, warum sich so wenige Frauen für eine Karriere entscheiden.

Hier werden an erster Stelle immer noch die Doppelbelastung für Frauen, d.h. Beruf und Kinder genannt:

> *Ich glaube einer der Punkte sind schon die Gören. Also ich finde das schwer und wenn ich hier nicht so Kollegen hätte, die dieses auch stützen würden und wirklich eine Stelle habe, wo ich durchaus auch sagen kann, heute Morgen bin ich später gekommen eine Stunde, weil ich mein Kind zum Fasching geschminkt habe und nie jemand was sagen würde, weil klar ist, dass ich an anderen Stellen ganz viel abends mache. Das ist ja auch überprüfbar. Das sieht man ja auch. Dazu braucht man keinen Stundenzettel zählen. Das gibt es ganz selten in Führungspositionen. Überwiegend, wenn das Amtsstellen sind, dann ist das Anwesenheit und damit kann man, glaube ich, ganz schwer leben, wenn man Kinder hat. Also wenn es darum geht, wie viel Stunden bin ich irgendwo anwesend, dann fallen da schon mal ganz viel Frauen raus. Mein Ehepartner behauptet ja, er muss da so viel anwesend sein, weil, ich rege mich natürlich auch privat auf, warum gehe ich denn früher nach Hause und warum organisiere ich die Kinder weg und nicht du und der versucht mir dann einzureden, inzwischen glaube ich es ja fast, dass wenn die den nicht sehen, dann denken die, der tut nichts. Und das ist ja ganz viel so ein Gerücht, dass man da sein muss, wenn man eine Leitungsposition hat. Ich glaube das ist eine große Barriere. (Frau C 1252/1273)*

Frau C macht deutlich, dass häufig Anwesenheit mit Leistung auf eine Stufe gestellt wird, d. h. dass die Arbeit nicht an Hand von Ergebnissen gemessen wird, sondern daran, wie viel 'sichtbare' Arbeitszeit dafür verbraucht wurde. Im Gegensatz zu ihrem Partner misst Frau C die Qualität und Quantität ihrer Arbeit am Output, d.h. sie hält nichts davon sich dadurch als Führungsperson zu erweisen, indem man möglich lange am Arbeitsplatz verweilt. Vielmehr organisiert sie ihre Arbeit so, dass sie sich Freiräume für ihre privaten Verpflichtungen schafft und andererseits trotzdem ihre Arbeit erledigen kann. Frau C wehrt sich dagegen die Anwesenheit am Arbeitsplatz als Maßstab für die Qualität der Arbeit anzuerkennen. Mit ihrem Partner führt Frau C viele Diskussionen genau über dies Thema, da er auch leitet und eine andere Meinung vertritt, die man insbesondere von Männern häufig hört. Frau C hält genau diese Einstellung für eine der größten Hürden für Frauen, wenn es darum geht Führungspositionen zu übernehmen. Sie spricht auch an, dass sie nur so flexibel arbeiten kann, weil sie bei einem freien Träger beschäftigt ist. Im öffentlichen Dienst wäre ihr dies bedingt durch starre Arbeitszeitregelungen nicht möglich.

Dazu kommen die familienfeindlichen Strukturen der Karrierepositionen, die sich vor allem durch eine hohe Arbeitsbelastung dokumentieren. Frau E beschreibt selbst, dass sie mit ihrer eigentlich vorgesehenen Arbeitszeit von 38,5 Stunden nicht auskommt. Dies ist in Führungspositionen die Regel.

> *Man muss ja nicht glauben, dass ich mit 38,5 Stunden in der Woche auskomme und wie soll dann noch eine Frau, eine Familie haben, wenn nicht der Mann sich auch entsprechend einbringt. Ich denke, da dauert es noch, bis sich das ändert. Wir müssen da auch für die Männer mehr tun, dass auch Arbeitgeber Männer in den Erziehungsurlaub geben können. Dass Väter auch familienfreundliche Arbeitszeiten brauchen. Das eine bedingt ja immer das andere und so lange das nicht klappt, wird es noch auf dem Rücken der Frauen ausgetragen und dann ist die Kraft ja gar nicht da außer der Zeit. (Frau E 993/1002)*

Frau E weist auf darauf hin, dass es Veränderungen in der Arbeitswelt geben muss, die es auch Männern ermöglichen, Erziehungszeiten in Anspruch zu nehmen. Es müssen auch familienfreundlichere Arbeitszeiten für Väter ermöglicht werden. Ohne eine Unterstützung durch den Partner, kostete es Frauen zusätzlich Kraft Familie und Karriere zu vereinbaren.

Andererseits wird auch die potenzielle Gebärfähigkeit der Frauen als Karrierehindernis gedeutet, indem Frauen aus diesem Grund bereits der Zugang zu Aufstiegspositionen verwehrt wird.

> *Das denke ich, sind mehr oder weniger äußere Rahmenbedingungen, die in diesem Interview auch schon angesprochen worden sind. Ich denke, es ist einmal die Familienplanung selber. Dass es Frauen gibt, die sich entscheiden Kinder zu bekommen, dass das immer noch die Frauen zu Hause bleiben und nicht die Männer. Dass im Berufsleben nach wie vor der Mann der sichere Kandidat ist, denn der wird nicht schwanger, der bleibt nicht zu Hause, auf den kann man sich verlassen. Das sind alles Rahmenbedingungen, die dazu beitragen, dass weniger Frauen Karriere machen als Männer. Also, ich denke schwerpunktmäßig sind es einfach die äußeren Rahmenbedingungen, die damit zusammenhängen. Würde man die verändern, würde es auch mehr Frauen geben, die Karriere machen. (Frau L 997/1009)*

Für Arbeitgeber ist der Mann der verlässlichere Arbeitnehmer. Erstens kann er nicht schwanger werden und zweitens wird er selbst dann in der Regel nicht zuhause bleiben, wenn er Vater wird. Da die Rahmenbedingungen selbst auch nicht anders werden, wird es für Frauen weiterhin schwierig sein Karriere zu machen.

Ein weiteres Karrierehindernis scheint ein spezifisch weibliches Phänomen zu sein, nämlich mangelndes Selbstvertrauen und Selbstzweifel:

> Sich trauen. Sich trauen etwas zu machen. Selbstbewusster zu werden. Das ist leicht gesagt. Das ist ja auch uns allen klar, dieser typische Unterschied. Ein Mann wird gefragt für eine gehobene Tätigkeit, ob er das machen möchte. Der Mann sagt ja, prima, toll, mach ich sofort und die Frau fängt an zu zweifeln. Da würde ich wünschen, dass diese Zweifel weniger werden. Ich würde aber auch vielen Männern wünschen, dass sie ein paar Zweifel überhaupt entwickeln. (Frau I 730/737)

Während Männer sich eher vorschnell für eine anspruchsvollere Position entscheiden, überlegen Frauen zu lange, ob sie die Anforderungen erfüllen können. Frau I wünscht den Frauen mehr Vertrauen in ihre eigenen Fähigkeiten und den Männern etwas mehr Selbstzweifel. Sicherlich sollten Männer nicht das derzeitige Rollenverhalten übernehmen, aber etwas mehr Überlegungszeit, ob jemand für eine Tätigkeit geeignet ist, oder sie nur anstrebt, weil er dadurch beruflich aufsteigt, würde Frau I den Männern wünschen.

Aus dem o. g. Grund fehlt Frauen oft der Mut und die Risikofreude sich zu engagieren; sie werden aber auch bestimmt durch einen zeitweise überzogenen Anspruch alles perfekt zu können und zu tun, sie billigen sich nicht zu Fehler zu machen, wie die nächste Aussage zeigt:

> Ich glaube, dass Frauen ganz viel können und dass die nicht selbstbewusst mit ihrem Können umgehen. Die lassen sich zu gern immer wieder mal an die Seite stellen. Ich glaube man muss als Frau immer wieder lernen, sich durchzusetzen. Immer wieder daran denken. Das heißt jetzt nicht, dass man die Ober-Emanze sein muss, sondern von seinen Fähigkeiten und seinem Können auch so ein Stück weit Überzeugung haben. Ganz häufig kommt das ja auch, indem ich mir das einfach zutraue und mache. Ich glaube, das unterscheidet viele Männer von Frauen. Dass Männer sich viel häufiger zutrauen, das mache ich, ohne dass sie das unbedingt können und dann in der Situation lernen oder in der Situation baden gehen. Dieses Risiko muss man eingehen und das ist ja auch nicht schlimm. Man kann ja auch mal baden gehen. Ich finde das eine ganz wichtige Fähigkeit, die Frauen lernen müssen und immer wieder auch daran arbeiten müssen. Diese Bereitschaft, was zu machen, wo ich nicht hundertprozentig weiß, dass es zum guten Ergebnis führt, dass ich das wirklich kann, aber dass ich das können will. (Frau C 1213/1230)

Frau C beschreibt, dass viel Frauen sich dahingehend anders verhalten als Männer, dass sie kein Risiko eingehen wollen um nicht zu scheitern.

Sie misst der dem Mut zum 'learning by doing' eine hohe Bedeutung zu. Während Männer eine Stelle annehmen, im Vorfeld nicht hundertprozentig wissen ob sie es können, und sich dann im Verlauf der Tätigkeit erst beweisen müssen, zögern Frauen lange, wenn sie nicht davon überzeugt sind, ob sie die Ansprüche erfüllen können. Frauen sollten sich mehr zu trauen, vor allem aber sich selbst bestärken, indem sie sich sagen, ‚ich kann das zwar nicht, ich will das aber können'.

Auch bewerben sie sich aus diesen Zweifeln heraus nicht von selbst und sie vermeiden, sich vermeintlichen unerreichbaren Forderungen zu stellen, die Männer erst einmal gar nicht so ernst nehmen:

> *Wenn man mich nicht gefragt hätte und man hat mich gefragt und ich hatte große Zweifel, ob ich den Job ausfülle, ob ich den machen kann. Also ich glaube, dass viele Frauen, auch was in so Ausschreibungen drin steht, für bare Münze nehmen und zunächst denken, dass sie sämtliche dieser Kompetenzen, die dort abgefragt werden, von vornherein mitbringen müssen, wo hingegen Männer daran gehen und sagen klasse, interessanter Job, gute Bezahlung, das will ich haben und das, was ich nicht kann, das werde ich schon hinkriegen. Ich denke, dass Frauen da zum Teil einen zu verschämten und eine zu selbstzweiflerische Herangehensweise haben. (Frau F1233/1243)*

Auch der möglicherweise in der Sozialisation der Mädchen angelegte Kinderwunsch, und die daraus resultierenden Konsequenzen, in der Regel eher eigene Bedürfnisse und Wünsche hinten an zu stellen, Konflikten eher aus dem Weg zu gehen und Verantwort nur in Bezug auf Familie und Kinder zu übernehmen, werden als hinderlich für eine weibliche Karriere gesehen:

> *Dass sie zum Teil einfach privat mit ganz vielen Dingen belastet sind oder aber einen ausgeprägten Kinderwunsch oder Familienwunsch und so etwas haben und das ist nun leider Gottes so, dass es nach wie vor an den Frauen hängen bleibt. Das ist ein Grund, weshalb sie das nicht machen und ein anderer Grund ist, dass man ja dann sich zeigen muss. Also wenn man Leitungsfunktion übernimmt, also wenn ich so eine Funktion übernehme, dann muss ich auch die Verantwortung übernehmen, muss ich die Konflikte eingehen, muss ich Position beziehen. All das ist ja auch etwas, was wir nicht so unbedingt in die Wiege gelegt kriegen in unserer Sozialisation. (Frau F 1243/1253)*

Von einigen Frauen wurde geäußert, dass Frauen generell möglicherweise eine besondere Verantwortung fühlen und zwar für sich selbst, im Sinne von Erhaltung der physischen und psychischen Arbeitskraft:

> *Was ich vorhin so auch sagte, dass man, gerade wenn man sich auch doppelt belastet fühlt, dann braucht man auch irgendwie eine Auszeit, also Zeit für sich. Je weniger das wird, und das wird eben zwangsläufig weniger, desto schwieriger wird es auch, und ich glaube Frauen überblicken das auch viel besser, was alles dazu gehört so eine Führungsaufgabe zu übernehmen und eben auch ihren Familienaufgaben nachzukommen. (Frau K 188/194)*

Möglicherweise wird die Gefahr des 'burn-out' von Frauen eher gesehen, als von Männern, da sie bereits das Gefühl der Doppelbelastung kennen allein dadurch dass sie berufstätig sind und Kinder haben. Sie wissen, wie gering ihre persönliche freie Zeit bereits dann ist und sind realistisch genug zu erkennen, dass sich dies nicht verbessern wird, wenn sie eine Führungsposition übernehmen, vor allem, wenn sie nicht wissen, ob ihre Partner sie unterstützen.

Das Gefühl nicht allem und allen gerecht werden zu können, äußert sich vor allem durch ein schlechtes Gewissen gegenüber der Familie, obwohl Frau P selbst nicht so denkt:

> *Also dieses schlechte Gewissen als berufstätige Mutter, das ist auch so etwas. Also wenn ich ehrlich bin, habe ich das nicht. Habe ich das heute nicht und hatte das auch früher nicht. Deshalb glaube ich, dann kann man auch gut arbeiten. Aber ich weiß nicht, ob das nur bei Frauen so ist, oder ob das Männern auch so geht? (Frau P 997/1002)*

Frauen scheinen auch sehr gut abzuwägen, ob sich die inhaltliche Befriedigung und der Aufwand, den sie betreiben müssen um ihre Arbeit produktiv zu bewältigen, miteinander aufrechnen lassen. Zudem scheint die Einsamkeit und die Belastung, die Führungspositionen mit sich bringen können nur kompensiert werden zu können, wenn die private Unterstützung vorhanden ist. Vom Partner wird erwartet, dass er nicht nur als Supervisor (vgl. Kap. 4.6.4) zur Verfügung steht, sondern auch in der Lage ist, seiner Partnerin den Rücken zu stärken, wenn sie sich eben nicht stark und unangreifbar fühlt. Er muss sie auffangen können, wenn sie mutlos und frustriert ist und ihr neue Kraft geben um den Arbeitsalltag zu bewältigen.

> *Weil ich glaube, dass Frauen ein höheres Maß an Verantwortlichkeit haben. Sie haben nicht, die meisten Frauen, die ich kenne in Führung, die haben nicht diese Leichtigkeit, einfach Sachen schlurren zu lassen. Das bedeutet, das kostet sehr viel Zeit, es kostet sehr viel energetische Ressourcen, es kostet sehr viel Kraft. Wenn Frauen parallel einen großen Schwerpunkt haben in ihrem privaten Leben auf Familie und Kinder, dann ist es eine Belastung, die an Grenzen geht. Dass Frauen sagen, das muss ich mir nicht antun, kann ich nachvollziehen, weil Leitung hat so viele Vorteile nicht, es hat mehr Verantwortung. Dieses Gestalten macht Freude und Spaß, aber was ich an Zeit arbeite, kriege ich nicht finanziert. Wegen monetärer Vorteile tut das niemand und es ist etwas, wo sie wenig zurück kriegen. In der Arbeit mit Betreuten kriegen sie eine ganz andere Form von Rückmeldung und Dankbarkeit. Also das ist ein relativ einsamer Job. Vielleicht haben Frauen auch ein höheres Bedürfnis nach Kommunikation, nach Zuwendung und Nähe. Das ist in dem Job auch nicht so. Das kann man natürlich nur privat kompensieren. Deswegen sagte ich, ich muss meine Beziehung halten, weil ich muss einfach jemanden haben, wo ich nicht Geschäftsführerin sein muss, ganz klein, ganz traurig, ganz unfähig sein darf, wo ich nicht immer groß und stark und Probleme lösen muss. (Frau B 1297/1320)*

Auch das besondere Bedürfnis nach Nähe und Kommunikation im Gegensatz zu konfrontativen Auseinandersetzungen scheint viele Frauen dazu zu bewegen, sich an die Basisarbeit zu klammern und eigene Stärken gar nicht wahrnehmen zu wollen:

> *Also, das frage ich mich auch immer wieder, wenn ich so viele Kolleginnen sehe in meiner Abteilung. Das frage ich mich wirklich ganz häufig, aber ich denke, dass sie vielfach die Auseinandersetzungen nicht möchten. Also sich ganz oft scheuen vor konfrontativen Auseinandersetzungen, sondern eher immer so diese "wir wollen, dass es allen gut geht Masche" fahren. Ich glaube, dass viele sich auch nicht darüber im Klaren sind, was sie wirklich noch für Stärken haben und sich dann auf diese Basisarbeit zurückziehen. Sie möchten sich gar nicht von der Basis entfernen, sondern sie möchten gern an der Basis an der Stelle auch arbeiten. Das ist das, was ich auch immer wieder erlebe in den unterschiedlichsten Sachen. (Frau O 986/997)*

Zudem ist ihnen auch Macht nicht allein wichtig, sondern vor allem der inhaltliche Freiraum und die Gestaltungsmöglichkeiten, die ihnen ihre Position bietet, wie dies auch bereits MEINHOLD (1993) in ihrer Studie heraus gearbeitet hat (vgl. MEINHOLD 1993: 76):

> *Weil ich glaube, dass bestimmte Tätigkeiten, die man auf bestimmten Ebenen machen muss, dass die für viele Frauen weniger lustvoll sind, und ich glaube, dass sie so diesen Gedanken oder diesen Willen Macht zu haben nicht so ausgeprägt haben. Und ich sage ja, also dieses Macht haben, wo viele Menschen denken, sie haben Macht, da haben sie aus meiner Sicht keine. Wenn das für mich nicht richtig ist oder wenn ich das nicht als Statussymbol brauche, zu sagen, ich bin Amtsleiter oder Abteilungsleiter... Ich mache das für mich auch selten. Ich sage in meinem Bekanntenkreis nicht ich bin Abteilungsleiter. Es ist mir nicht so wichtig. Es ist eine Tätigkeit, die viele Möglichkeiten bietet. Man kann auch immer mal was anderes machen, das macht mir Spaß und das ist für mich entscheidend. Deshalb denke ich, dass das vielen Frauen auch so geht. (Frau P 1134/1148)*

Für Frau P ist vor allem der Freiraum wichtig, sich für Tätigkeiten entscheiden zu können, die ihr persönlich Spaß machen. Sie schätzt die vielen unterschiedlichen Optionen die ihre Position bietet.

Geäußert wurde auch, dass viele Frauen sich schwer täten, ihre Arbeitskraft angemessen zu verkaufen, d.h. z.B. für sich selbst angemessene Entlohnungen einzufordern. Da sie keine Forderungen stellten, kämen sie vielfach gar nicht in verantwortungsvolle Positionen.

> *Wenn ich jetzt mal unsere Männer sehe und die Frauen im sozialen Bereich. Die Männer gehen sehr viel selbstverständlicher an die Frage nach Gehaltserhöhung heran, als das Frauen machen. Im Hintergrund von Männern ist in der Regel wirklich die Familie, Kinder. Wir haben zwar auch Sozialberaterinnen verheiratet, aber dann sind sie immer im Doppelverdienst. Für die Frauen ist das dann nicht diese wichtige Frage nach dem Geld aber für die Männer und*

> zwangsläufig kommen die dann einfach in die Aufgaben. Da verändert sich freilich im Moment etwas. Es gibt ja auch deutlich Unterschiede auf dem wirtschaftlichen Sektor im Sozialbereich. *(Frau J 1101/1112)*

Es ist fraglich, ob dies wirklich nur damit zusammenhängt, dass Frauen als „Zuverdienerinnen" nicht auf das Geld angewiesen sind. Vielmehr könnte auch hier, wie schon oben angemerkt, mangelndes Selbstbewusstsein dazu führen eigene Interessen nicht ausreichend zu vertreten.

4.7.1 Frauen und Leistung

Sucht man Gründe, warum Frauen selten in Führungspositionen arbeiten, wird oft genannt, dass sie grundsätzlich besser sein müssen als ihre männliche Kollegen, wenn sie Führungspositionen erreichen wollen. Diese Aussage wurde von den meisten Frauen bestätigt.

> *Also dass ich schon das Gefühl hatte streckenweise, dass ich mehr bringen muss, um deutlich zu machen im Vergleich zu Männern, also dass ich mehr an Leistung bringen muss, um Akzeptanz zu erfahren, das habe ich nicht immer aber streckenweise sehr gut erfahren. Dass ich manchmal gesagt habe, wenn da jetzt einer in Hosen kommt und wenn der noch so ein Mist redet, dann hat der eine andere Akzeptanz als ich als Frau. (Frau J 262/269)*

In ähnliche Richtung geht auch die Äußerung, dass Frauen sich besonders profilieren müssen, um Gehör zu finden.

> *Ich glaube, dass man so als Frau, ich würde das nicht besser nennen, sondern man muss seine Interessen direkter vertreten, sonst wird man übersehen oder auf andere Rollen abgeschoben. (Frau P 1104/1106)*

Deutlich wird dies auch durch Feststellungen, die aussagen, dass Frauen eigentlich nicht besser sein müssen, aber anders auftreten:

> *Nein, glaube ich nicht. Das ist nicht eine Frage von besser sein. Das ist nur, die fühlen sich immer besser. Das sind aber nicht nur die Männer, das fängt ja bei den Jungens an. Die Jungens sind in der Schule selbstbewusster als die Mädchen, obwohl die Mädchen in der Regel beim Lernen besser sind. Von der ersten Klasse an, sind die Jungens viel überzeugter. Das mag ja unterschiedliche soziologische Gründe haben, ich habe keine Ahnung, aber meiner Meinung nach zieht sich das durch bis ins hohe Alter. Ich finde nicht, dass sie besser sein müssen und ich glaube, dass das auch die Männer nicht erwarten, dass die besser sein müssen, aber dass sie das, was sie können auch offensiv vertreten und sich da auch rein trauen, das ist wichtig. (Frau C 1235/1247)*

Wie es scheint, müssen Frauen ihre vorhandenen Kompetenzen vor allem offensiv vertreten und zeigen, dass sie etwas können, wenn sie

etwas erreichen wollen. Sie müssen auf ihre Art überzeugen und eigene Ansprüche anmelden.
Eine Äußerung sei hier noch am Ende angeführt, die ein Thema anschneidet, das schon in anderen Zusammenhängen erwähnt wurde, der (zu) hohe Anspruch der Frauen an sich selbst und ihre eigene Leistung:

> ...das, was ich vorher in der vollen Stelle gemacht habe, in einer halben Stelle zu schaffen, aber das ist auch ansatzweise typisch, zumindest habe ich da noch genug Beispiele, dass man das versucht. (Frau A 160/163)

4.7.2 Rat für Frauen

Um die gesammelten Erfahrungen der Frauen in Führungspositionen für ambitionierte Frauen nutzbar zu machen, wurde die Frage gestellt, was sie anderen Frauen raten würden, die eine Karriere anstreben. Dies wurde besonders unter dem Aspekt der fehlenden Vorbilder berücksichtigt. Die Antworten waren sehr unterschiedlich und vielfältig:

> Dass sie sich wirklich darüber im Klaren sind, was sie möchten und was es ihnen auch wert ist. Also ich denke, dass es ganz wichtig ist, wenn ich selber zu der Erkenntnis gekommen bin, ich möchte jetzt hier nicht stehen bleiben, ich möchte wirklich weiterkommen, dass ich für mich persönlich auch sortiere, was kann ich hierfür investieren und wo ist meine Grenze. Wenn ich das weiß für mich, dann meine ich, dann kann ich auch den Weg gehen. Ich erlebe es manchmal oder habe es manchmal erlebt, dass jemand dann erstaunt war über den Preis, der gezahlt werden musste und dass man den auch mitunter nicht zahlen konnte, weil man familiär eine ganz andere Situation hat. Und diesen Frust, diese Enttäuschung, das wünsche ich jeder Frau, dass ihr das erspart bleibt. Ich würde so vorher, das kann man nicht mit achtzehn machen, aber ich würde vorher so ein bisschen Bilanz ziehen. Wer gut und engagiert ist und einigermaßen aufgeschlossene Leute vorfindet, der sollte auch dran bleiben. (Frau Q 1139/1155)

Frau Q wünscht den Frauen, die sich für eine Karriere entscheiden, dass ihnen im Vorfeld klar ist, dass sie wissen, was sie erwartet. Sie hat es erlebt, dass Frauen erstaunt darüber waren, welche Belastungen eine Führungsposition mitbringt und dass sie diesen Preis nicht zahlen wollten und manchmal auch nicht konnten, weil ihre familiäre Situation dies nicht zuließ. Frauen sollten ihr Leben bilanzieren, bevor sie sich auf Karriere einlassen und dafür müssen sie sicherlich ein gewisses Alter erreicht haben. Mit achtzehn kann man das sicherlich noch nicht überblicken. Sie rät ambitionierten Frauen aber auch dann zuzugreifen, wenn sie Ausgangssituationen vorfinden, in denen sie von Menschen unterstützt werden.

Wenn sich Frauen für eine Karriere entschieden haben, sollten sie auch Initiative zeigen und den Weg auch gegen Widerstände weiter gehen:

Also bei mir war entscheidend ja, dass ich irgendwann mal gesagt habe, mach es einfach, probier es einfach aus. Nun habe ich natürlich auch in vielen Bereichen positive Erfahrungen oder sagen wir mal so kein Scheitern erlebt, eigentlich dass es durch eigene Aktivität und eigenes Engagement vorangegangen ist und das auch gegen Widerstände sich die Dinge bewegen ließ, aber von daher würde ich Frauen auch so Mut machen, sich da wirklich auch mit einzubringen und sich nicht von den auch hier vorhandenen Hürden schrecken zu lassen. (Frau A 1822/1830)

Frauen sollten sich nicht entmutigen lassen und auch in der Lage sein trotzdem weiter zu machen, wenn sich Hürden vor ihnen aufbauen. Frau A hat sich einmal dafür entschieden den Weg zu gehen, es einfach auszuprobieren. Sie hat festgestellt, dass das eigene Engagement entscheidend ist und das sich dadurch auch Dinge gegen Widerstände bewegen ließen.

Dabei kann ihnen helfen, eigene Stärken und Schwächen genau zu kennen und einzuschätzen:

Also ich glaube so die zentrale Voraussetzung ist sich total gut kennen zu lernen. Je sicherer ich meiner bin, meiner Schwächen, meiner Stärken, das ist, glaube ich, ein ganz großes Plus, was ich habe. Ich weiß um meine Schwächen und ich fürchte mich nicht davor zu heulen. Ich fürchte mich auch nicht davor zornig zu werden und ich fürchte mich nicht davor, mich ganz stark auseinander zu setzen, weil ich einfach weiß, was ich kann und was ich will und wo meine Stärken liegen. Meine Unsicherheiten, auch in der Arbeit mit Jugendlichen, resultierten daraus, dass ich bestimmte Teil von mir nicht wahr haben wollte. Ich glaube der zentrale Aspekt neben einer hohen Fachlichkeit ist sich seiner Selbst sehr bewusst zu sein. Ich glaube, das ist das Plus, was wir eher haben können als Männer, für die das immer ein Stück bedrohlich ist. (Frau B 1250/1264)

Frau B wandelt ihre Schwächen in Stärken um, indem sie sie einfach zulässt. Sie ist bereit, sich damit auseinander zu setzen, warum ihr manche Dinge nicht gelingen und kann ihre Emotionen zulassen. Dies ist ihr aber nur möglich, weil sie weiß, was sie kann.

Wenn dies gelungen ist, ist es auch möglich mit mehr Selbstvertrauen in Arbeitsprozesse einzusteigen und sich nicht davon beeindrucken lassen, wenn im Forum Menschen sitzen, die einem vielleicht nicht wohl gesonnen sind:

Also eine Menge Selbstvertrauen entwickeln und schlicht und einfach sagen, ich bin diejenige, ich habe hier das und das an Wissen. Das brauche ich gar keinem zu sagen, das merken die dann irgendwann und sich nie entmutigen lassen und forsch darauf zu gehen, egal wie viel Männer und wie viel Leute da

> sitzen, die einem nicht wohl gesonnen sind. Ich habe das Gefühl, das man schon Erfolg hat, wenn man mit sehr viel Selbstsicherheit in bestimmte Situationen sich begibt und nicht so schnell aufsteckt. (Frau N 676/684)

Dies wird gleichzeitig erleichtert, wenn Frauen authentisch bleiben, fachlich überzeugen und nicht Positionen übernehmen, die nicht ihre sind:

> Also ich denke mal, ganz wichtig ist es auch in allen Bereichen, egal wo man so zu tun hat, dass man immer sich selbst treu bleibt, also dass man authentisch bleibt und dass man sich nicht irgendwie verbiegen lässt. (Frau K 157/160)

Zudem brauchen Frauen viel Durchhaltevermögen, wenn sie weiterkommen wollen:

> Ich denke, man braucht einen langen Atem und man braucht auch einfach den Biss, die Dinge, die man möchte, auch zu artikulieren und durchzusetzen und da auch auf Konfrontation zu gehen und sich nicht auf eine Position zurückzuziehen, wie das ist mir zu anstrengend, das lohnt sich nicht oder ich bin so sozial oder was weiß ich, was. (Frau O 974/979)

Wie Frau C hier ausführt ist es absolut wichtig, das eigene Ziel nicht aus den Augen zu verlieren und seine Ansprüche oder Forderungen auch zu verteidigen, in Konfrontation zu gehen wenn man selbst davon überzeugt ist, dass das was Frau will richtig ist.

Der wichtigste Hinweis, der auch Frauen nützt, die bereits Karriere gemacht haben ist, vorhandene Netzwerke zu nutzen und neue zu knüpfen um gemeinsam mit anderen Frauen gemeinsame Ziele zu verfolgen.

> ... und dann würde ich ihnen raten, sich mit anderen zusammen zu tun, um gemeinsam etwas zu erreichen. Ich denke als einzelne Frau ist das mühsam, aber Frauen müssten da noch mehr, also Frauen von Frauen lernen. Jede Frau hat da was anderes Wichtiges, das sie mitbringt oder mitnimmt auf der Karriereleiter und dass man sich da gegenseitig befruchtet. Das heißt, natürlich muss man solidarisch sein, und das finde ich ganz wichtig, dass man sich das, was andere Frauen erreicht haben oder was sie mitbringen, zu Nutze macht, gegenseitig. Das ist mir ein ganz großes Anliegen, also so Netzwerke nutzen. (Frau E 964-974)

4.7.3 Frauentypische Führungsposition

Die Frage, ob die Frauen ihre Stellung als eine frauentypische Führungsposition bezeichnen, wurde überwiegend verneint. Nur Frauen, die in Bereichen arbeiten, die inhaltlich eher Frauen zugeordnet werden, wie 'Soziales und Familie' sehen sich noch in frauentypischen Positionen. Frauen, die sich von der inhaltlichen Arbeitsebene weiter entfernt haben und sich größtenteils mit verwaltungsorganisatorischen Aufgaben oder Gremienarbeit befassen, sehen sich eher immer noch als Eindringlinge in Männerdomänen.

> *Nein. Dann wären ja in den anderen Geschäftsführungen überall Frauen, oder? Das meiste sind Männer. Das kann also keine frauenspezifische Führungsarbeit sein. In den anderen Verbänden, Caritas usw. da sind noch weniger Frauen. Hier bei der AWO in Y., das ist auch eine Frau, aber sonst sind es meistens Männer. (Frau C 757/762)*

Besonders deutlich wird dies auch durch die Arbeits- und Zeitbelastung:

> *Nee! Frauen sind hier eigentlich nicht vorgesehen gewesen überhaupt nicht im System. Es sind klassische Männerstellen. Die sind auch so ausgerichtet mit den Belastungen, mit den Anforderungen mit allen. (D 1116/1119)*

Häufig wurde insbesondere aus den Reihen der männlichen Kollegen Widerstand geleistet gegen die Besetzung der entsprechenden Führungsposition mit einer Frau, weil diese ihr nicht zutrauten die Position im Sinne eines 'starken Mannes' auszufüllen:

> *Ich glaube, ich bin in dieser ganzen Kette dieser Stelleninhaber hier in der Stadt die Zweite. Davor gab es nur Männer. Nein. Es waren auch ganz viele Reaktionen von den alten Recken aus der Abteilung, die am Anfang, als sie gehört haben, dass ich da mit im Gespräch bin, gesagt haben, sie wollen gern einen starken Mann haben, der da mal mit der Faust rein schlägt. Sie hatten da durchaus nicht den Wunsch eine Frau zu haben. (Frau O 611/618)*

4.7.4 Macht

Für die meisten der befragten Frauen hat Macht keine negative Bedeutung. Vielmehr nutzen sie die meisten vor allem, um Dinge in Bewegung zu setzen, und verstehen sie als Gestaltungsmacht.

> *Erst mal hat es eine Weile gedauert, bis ich es überhaupt erkannt habe. Ich würde Macht für mich jetzt positiver definieren in dem Sinne, dass ich die Möglichkeit habe mit zu gestalten, dass ich das aktiv angehen kann und nicht dass ich mich daran erfreuen kann anderen Leuten zu sagen, was sie denn zu tun oder zu lassen haben, sondern dass es einem eine Menge Möglichkeiten gibt, die Dinge zu gestalten und mit zu entscheiden und denen eine Richtung zu geben und das ist auch so eine Sache, die ich da für mich persönlich als sehr positiv erlebe, dass es das eben machbar macht. Ich muss nicht mehr an so vielen Stellen im Vorfeld durch so einen Filter Überzeugungsarbeit leisten, bis dann letztendlich ein Ergebnis, wie ich es gern hätte, denn mal zu Stande kommt. Ich muss natürlich schon noch die Geschäftsleitung überzeugen mit Ideen, die ich habe, aber es geht leichter. Es geht viel leichter als aus der Position, die ich hier zwischen geschaltet hatte. Erst musst du den Abteilungsleiter überzeugen, dann musste die nächste Ebene involviert werden usw. und*

> *das ist eine Sache, wo ich diese Macht auch sehr positiv erlebe, weil man schneller die Dinge gestalten kann. (Frau A 681/700)*

Frau A empfindet es als sehr positiv, dass sie in ihrer Position jetzt auch manche Dinge durchsetzen kann, einfach weil sie die Macht dazu hat. Sie kann vielfach Entscheidungen so treffen, wie sie es für richtig hält, ohne dafür an verschiedenen untergeordneten Stellen Überzeugungsarbeit leisten zu müssen.

Im Gegensatz zu manchen männlichen Kollegen versuchen die Frauen ihre Macht nicht zu missbrauchen, indem sie ihre Mitarbeiter 'klein halten'. Vielmehr ist ihnen daran gelegen, Entscheidungen einvernehmlich, d.h. teamorientiert und transparent zu fällen:

> *Klar, das habe ich natürlich auch gemerkt, in welchem Maße man natürlich auch Einfluss nehmen kann und wie man auch steuern kann. Man kann sie klein halten. Es gibt auch Kollegen... also ein Kollege sagte mir mal, mein Leitungsverständnis, da bin ich nach gefragt worden und da habe ich gesagt, wenn ich pfeife, haben alle zu kommen. Das war sein Leitungsverständnis. Also meine Leitungsverständnis ist erst mal eine größt möglichste Transparenz und auch Beteiligung sicherzustellen. Man kann sagen so Teamorientierung, das ist sicher etwas, das ich in der Abteilung für ganz wichtig halte. Dass keiner alleine arbeitet sondern wir immer zusammen arbeiten. Das ist auch etwas was mir in meiner ganzen beruflichen Situation immer wichtig war. Das fing bei meiner Examensarbeit an. Ich war immer besser, wenn ich die Möglichkeit hatte, mich mit jemanden auszutauschen. Das fehlt jetzt auf der Leitungsebene. Aber es ist mir ganz wichtig, dass in der Abteilung selber so ein Gefühl da ist, dass wir so zusammen arbeiten und dass wir im Interesse der Sache auch gemeinsam arbeiten. Das bezieht sich auch auf meine Leitung, auf die Macht, die ich habe. Erst mal ist es mir ganz wichtig, dass alle zu Wort kommen, dass ich das auch ernst nehme auch die Vorschläge und das, was sie einbringen und das auch abwäge. Aber ich habe jetzt Verantwortung und muss auch Entscheidungen treffen und die treffe ich auch. Also diese Frage von Macht oder nicht Macht ist für mich kein Problem mehr. Ich habe Macht und nutze die auch. Ich versuche das allerdings sehr sachorientiert zu tun und das zu begründen. Also das ist auch ganz wichtig, zu begründen, warum ich welche Entscheidung treffe, damit das auch nachvollzogen werden kann. (Frau D 839/867)*

Frau D hat bei einem Kollege ein Machtverständnis kennen gelernt, dass sie für sich nicht annehmen kann. Während dieser Macht im Sinne von blindem Gehorsam versteht, möchte Frau D ein kollegiales Arbeitsklima herstellen, in dem jede(r) zu Wort kommt und im Interesse der Sache zusammenarbeitet. Sie hat Macht, sie nutzt sie aber sie hat damit kein Problem, weil sie versucht, dies sehr sachorientiert zu tun und für die Kollegen nachvollziehbar.

Sie scheuen sich aber ebenso wenig ihre Macht einzusetzen um eine Entscheidung zu fällen, wenn sie sehen, dass kein Konsens möglich ist.

Da sie letztendlich die Verantwortung für ihre Arbeitsgebiete tragen, stellen sie sich dem auch:

> *Die Macht habe ich natürlich, das ist keine Frage und Macht habe ich auch und da übe ich sie ganz klar aus, wenn wir nicht weiterkommen. Gut, wenn wir jetzt weder schwarz noch weiß finden, jetzt müssen wir ein Risiko eingehen. Richtig oder falsch gibt es nicht, dann schlage ich vor, wir machen das jetzt so. Das ist dann auch so, weil da ist ja dann auch die Übernahme von Verantwortung dran und gewünscht. Wenn alle beteiligt sind und es wird klar es geht nicht so einfach mit richtig oder falsch und es ist schwer eine Entscheidung zu treffen, dann sind sie ja froh und da bin ich als Leitung ja auch dran eine Entscheidung zu treffen. Oder wenn es zeitlich drängt, dann klar zu sagen, da können wir jetzt nicht lange drum diskutieren, sonst geht das Kind den Bach runter, dann ist es so und das wird dann auch respektiert. Das ist dann überhaupt keine Thema, weil kein Mensch auf die Idee kommt, ich will da irgendjemanden was, sondern es ist jetzt angesagt einfach zu handeln und da muss ich dann auch meinen Job ausfüllen. (Frau T 551/568)*

Frau T sieht sich auch in der Position den Weg aufzeigen zu müssen, wenn es nicht weiter geht, wenn schnell entschieden werden muss, oder wenn sich kein Kompromiss finden lässt. Sie hat aber so ein gutes Verhältnis zu ihren MitarbeiterInnen, dass sie nicht das Gefühl hat, diese würden ihr Machtmissbrauch vorwerfen.

Der Umgang mit der in der Position enthaltenen Macht erscheint bei allen Frauen sehr behutsam auf der Ebene der MitarbeiterInnen, gleichzeitig aber durchaus kämpferisch, wenn es um die Interessen der Einrichtung oder der Abteilung geht:

> *Mit meiner Macht? Das ist ja für Frauen auch so ein Thema, Macht. Also ich habe durchaus schon mal jemanden ganz klar entlassen, wobei formal kann ich das nicht, da brauche ich immer noch den Stempel vom Kirchenkreisvorstand. Ich kann nicht einfach jemanden entlassen oder einstellen, aber trotzdem ist es so, dass wenn ich sage, so geht das nicht...*
> *Ich habe erlebt, dass es Grenzen gibt, wo die Arbeit darunter leiden würde und ein ganzes Kollegium und habe bei einer geerbten Kollegin mich doch sehr durcharbeiten müssen. Ich habe da einige Gespräche geführt mit klaren Verabredungen, die haben wir dann verschriftet und habe dann lernen müssen, ganz deutlich zu sagen, so geht es nicht. Dieses sind die Anforderungen und unter den Bedingungen kann es gehen und sonst nicht. Das ist aber etwas, das mir nicht so leicht fällt. Aber was dann meine Motivation ist, das hat auch etwas mit Frau sein zu tun, wenn ich mich einsetze für das Gesamte und irgendjemand droht das zu zerstören, dann kann ich auch entsprechend stark sein, merke meine Motivation ist für etwas. Für diesen Laden gehe ich auch los und sage, weiß ich, ist mein Job und dafür werde ich bezahlt und dann fühle ich mich auch ganz sicher und groß. Ansonsten Macht, zu sagen, das musst du jetzt so tun, das fällt mir schwer. Es ist immer so ein Gucken so wie ist die Aufgabe, was brauche wir dazu, wer hat welche Kompetenzen dazu und wie kann es gehen. Ich merke, dass das ganz viel hat. (Frau T 518/541)*

Frau T versucht auch, mit MitarbeiterInnen schwierige Situationen zu entschärfen und in klärenden Gesprächen klare Vereinbarungen zu treffen, die das Zusammenarbeiten für alle erleichtern sollen. Wenn dies nicht möglich ist oder keine Früchte trägt, nimmt sie es auch auf sich ihre vorgesetzte Dienstebene, den Kirchenkreisvorstand dazu zu veranlassen, jemanden zu entlassen.

4.7.5 Zusammenfassung

Die Frage, nach der geschlechtsspezifischen Sichtweise im Zusammenhang mit der Thematik 'Frau und Karriere' wurde von den Frauen auf Grund ihrer individuellen Erfahrungen beantwortet. Da sie bereits verschiedene Phasen ihres beruflichen Aufstiegs hinter sich gebracht haben, mussten sie ihr privates Umfeld und ihren beruflichen Alltag dementsprechend organisieren.

An erster Stelle stehen für die befragten Frauen immer noch strukturelle Behinderungen, die Frauen davon abhalten können sich für eine Karriere zu entscheiden. Genannt werden die Doppelbelastung durch Familie und Beruf, familienfeindliche Strukturen, insbesondere die Arbeitszeitbelastung, sowie die potenzielle Gebärfähigkeit von Frauen, die Arbeitgeber dazu bringt, Frauen den Zugang zu Aufstiegspositionen gar nicht erst zu öffnen. Die übermäßige Arbeitszeitbelastung, die untrennbar mit Führungspositionen verbunden zu sein scheint, verursacht vielen Frauen von vorne herein das Gefühl, sich nicht ausreichend um die Familie kümmern zu können. Daraus resultiert bereits ein vorweg genommenes schlechtes Gewissen, Familienpflichten nicht in ausreichendem Maße erfüllen zu können, und dies wiederum schreckt vor allem Frauen ab, die auch Kinder haben, bzw. haben wollen.

Als individuelle geschlechtsspezifische Hindernisse sehen die Frauen vor allem mangelndes Selbstvertrauen und Selbstzweifel an eigener Kompetenz sowie einen extrem hohen Eigenanspruch. Frauen scheuen sich Aufgaben zu übernehmen, die sie durchaus bewältigen könnten. Sie trauen es sich aber oft nicht zu. Zudem bemühen sie sich häufig ihre Kompetenz zu beweisen, in dem sie versuchen, in weniger Zeit mehr als notwendig zu schaffen.

Korrespondierend zu der Untersuchung von MEINHOLD 1993, die sich ebenfalls mit dem Karriereverhalten von Sozialarbeiterinnen beschäftigt hat, nennen auch in dieser Untersuchung viele Frauen eine Orientierung an Arbeitsinhalten als Hauptgrund für die Nichtbewerbung in höhere Positionen. Höhere Positionen werden nur dann angestrebt, wenn sie eine zusätzliche inhaltliche Herausforderung versprechen, neue berufliche Felder erschließen bzw. die Erweiterung der persönlichen Kompetenzen mit sich bringen. Die Aussicht auf Macht und ein höheres Gehalt

allein reichen für Frauen nicht aus um sich zu bewerben, zumal sie Führungspositionen häufig mit Einsamkeit in der Entscheidungsfindung (vgl. auch MEINHOLD 1993, :76), psychischer Belastung und einem hohen Maß an Verantwortlichkeit in Verbindung bringen. Auch fürchten Frauen die ‚dünne Luft' in Führungspositionen, da sie soziale und kollegiale Beziehungen zu verlieren glauben (vgl. ERHARDT 1998: 51).
Für viele Frauen wird in diesen Positionen auch der Abstand zur Sinnhaftigkeit der sozialen Arbeit sehr deutlich, und ihr Bedürfnis nach Nähe und Kommunikation wird nicht mehr in ausreichendem Maße befriedigt.

Die befragten Frauen glauben aus eigener Erfahrung mehrheitlich, dass Frauen immer noch besser sein müssen als männliche Kollegen, um Führungspositionen zu erreichen. Diejenigen, die hier anderer Meinung sind, bestätigen allerdings auch, dass Frauen sich auf besonderer Art und Weise profilieren müssen, z.B. durch selbstbewusstes Auftreten und Herausstellung des eigenen Könnens. Dazu gehört auch ein enormes Durchhaltevermögen um Strecken möglichen Misserfolgs überwinden zu können und der Glaube an die eigene Kompetenz.
Zudem halten Frauen in Führungspositionen insbesondere den Nutzen eines Netzwerkes zu anderen Frauen in Führungspositionen für absolut notwendig. Wichtig wird dieser insbesondere, da sie sich immer noch auf einem Terrain bewegen, dass überwiegend von Männern dominiert wird. Ihre Führungspräsenz in anderen als den traditionell weiblichen Aufgabengebieten ist auch heute noch nicht selbstverständlich und wird nicht vorbehaltlos akzeptiert.

Sozialarbeiterinnen in Führungspositionen bewerten die ihren Positionen innewohnende Macht durchaus positiv, auch wenn einige von ihnen anfänglich Schwierigkeiten hatten, sie für sich anzunehmen. Der negative Aspekt von Macht, im Sinne von „Macht verdirbt die Moral", wie SCHLAPEIT-BECK es beschreibt (vgl. SCHLAPEIT-BECK 1991: 148), hat für diese Frauen keine Bedeutung. Sie benutzen Macht um zu gestalten, um für ihre Einrichtung/ ihre Abteilung und ihre MitarbeiterInnen das optimale Ergebnis zu erreichen und Schaden abzuwenden. Gleichzeitig versuchen sie Entscheidungen offen und transparent zu machen und die MitarbeiterInnen mit einzubeziehen. Wenn die Situation es erfordert, treffen sie Entscheidungen, auch wenn sie nicht angenehm oder unpopulär sind. Sie stellen sich ihrer Verantwortung als Führungskräfte.

4.8 Persönliche Werte

4.8.1 Selbstbild/ Fremdbild

Obwohl die befragten Frauen sich in sehr unterschiedlichen Arbeitsbereichen bewegen und natürlich in ihrer individuellen Persönlichkeitsstruktur durchaus Unterschiede aufweisen, fällt auf, dass alle über ein ausgeprägtes Selbstbewusstsein verfügen.

> *Meine Eltern haben mich immer zu einer wahnsinnigen Selbstständigkeit und auch zum Bewusstsein dessen, was ich kann, erzogen und auch zu dem, was auch heute noch eine der hervorstechensten Eigenschaften von mir ist, immer zu sagen, was ich denke, bzw. mich da auch zu behaupten und auszudrücken. (Frau O 636/641)*

Besonders ihre Geradlinigkeit hält Frau O für ihre hervorstechendste Eigenschaft. Außerdem weiß sie, was sie Wert ist.

Dieses Wissen um den Selbstwert machen die Frauen auch ihrem Arbeitgeber gegenüber deutlich:

> *Mein Chef, wir haben einen Pfarrer als Chef, der ist jetzt gut drei Jahre hier, der bringt sehr oft zum Ausdruck, das wir eine zu hohe Eingruppierung haben hier im Haus. Dann sage ich immer nur, ich bin mein Geld wert. Die andere Frage ist so ein leistungsorientiertes Eingruppierungsgefüge und ich denke manchmal, das fehlt, aber das ist auch schwer um zusetzten in unserem Arbeitsfeld. Wie will man Erfolg bewerten? (Frau D 523/529)*

Frau D verteidigt ihre Gehaltseingruppierung, in dem sie ganz selbstbewusst sagt, dass sie das Geld Wert ist, das sie bekommt. Sie sieht aber auch, dass es schwer ist Erfolg in der sozialen Arbeit zu bewerten.
Auch Frau B sieht dies so, ist sich aber vor allem auch bewusst, dass sie dafür sorgen muss, dass ihre Mitarbeiter das Geld an der Basis einnehmen. Sie ist dafür verantwortlich, dass sie Kollegen einstellt, die das richtige Dienstleistungsverständnis mitbringen um eine einträgliche Basisarbeit zu gewährleisten:

> *Durch meine Tätigkeit rechtfertigt sich mein Gehalt, weil da wird Geld auch eingenommen. Insofern muss ich der engagierteste Dienstleister hier in der Einrichtung sein, sonst rechtfertigt sich Leitung nicht. Das versuche ich auch den Kollegen (klar zu machen), einen habe ich hier schon neu eingestellt für eine Einrichtung, also wenn ich neue Leiter suche für Einrichtungen, wird das für mich auch ganz zentrales Thema sein, inwieweit ist deren Dienstleistungsverständnis in Ordnung. Wenn wir an der Basis kein Geld mehr einnehmen, dann kriegen wir niemanden anders mehr bezahlt und schon gar nicht die Geschäftsführer. Das sind so Aspekte, die finde ich ganz wichtig. (Frau B 575/587)*

Auch sind die Frauen sich ihrer Stärken und Schwächen sehr bewusst.

> *Also erstens glaube ich, bin ich ohnehin ein sehr organisierter Mensch. Also ich habe mir ein ziemlich hohes Maß an Organisationstalent erworben. (Frau M 399/401)*

Die Fähigkeit diese zu erkennen und zu nutzen hat die Frauen beruflich weiter gebracht:

> *Wobei ich vom Typ her sicherlich so gestrickt bin, dass ich immer viel Spaß an neuen Sachen habe und nichts schlimmer finde, als so eingefahrene Wege noch mal zu beschreiben und noch mal zu beschreiben und das hat sich hier immer sehr gut gefügt mit Kolleginnen, die das ganz ähnlich betrieben haben, sodass auch immer eine Gesprächsbereitschaft da war, was zu verändern. (Frau A 372/378)*

Frau A beschreibt hier beispielhaft, wie ihre Innovationsfreude von Kolleginnen geteilt wurde und wie dies sie in der Sache weitergebracht hat.

Bestätigt wird dies auch durch die Reaktion anderer auf ihre Arbeitsleistung:

> *Ich denke, dass man schon vermehrt Anstrengungen unternehmen muss, um auch zu zeigen, dass man auch etwas kann. Ich denke, das hat sich im Laufe der Jahre gelegt. Ich habe es bewiesen und bin auch anerkannt. Das beste Zeichen dafür war eigentlich, dass ich unseren Abteilungsleiter, der auch Beamter ist und eine Verwaltungslaufbahn hinter sich gebracht hat, vertreten habe und stellvertretende Abteilungsleiterin über Jahre war. Das auch da, als das von ihm selber vorgeschlagen wurde, erst einmal gefragt wurde, ja können Sie sich denn vorstellen, dass Frau L. als Sozialarbeiterin mit den ganzen Paragraphen und Haushaltsrecht etc., dass sie Sie vertreten kann, wenn Sie nicht da sind. Ich denke, dass ich das sehr gut gemacht habe und das zeigt einfach auch das Verhältnis unter den Mitarbeitern unserer Abteilung. (Frau L 159/173)*

Die Aussage von Frau L bestätigt, dass Frauen erst dann akzeptiert werden und für eine Stelle in Frage kommen, wenn sie sich und ihren KollegInnen bewiesen haben, dass sie eine bestimmte Leistung erbringen können. Dabei ist es nicht unbedingt entscheiden, dass sie dies selbst aussagen, sondern dass Vorgesetzte davon überzeugt sind, dass sie dies können.

Deutlich wird auch, dass den Frauen sehr bewusst ist, dass sich ihre heutigen Kompetenzen in einem längeren Prozess entwickelt haben. Sie sind an den beruflichen Herausforderungen gewachsen und haben ihre Persönlichkeit dabei weiterentwickelt.

> Heute gibt es ja auch ganz andere Dinge wie Sozialmanagement und diese ganzen Sachen. Das gab es ja damals überhaupt nicht. Das waren vor achtzehn, sechzehn Jahren wirklich die Klassiker der Sozialarbeit und dann auch noch mit so Klassikern an Dozenten was aus dem Caritas kam und dem Spitzenverband und und und. Das war natürlich klar. Deshalb immer diese Überraschung du bist doch Sozialarbeiterin. Das liegt für mich ganz weit zurück. Alles, was ich mir an Kompetenzen erworben habe, habe ich mir über irgendwelche Zusatzfortbildungen, wobei ich gar nicht so viel gemacht habe, sondern einfach durch Reinwachsen und ich sage mal auch so, das hört sich jetzt vielleicht ein bisschen abgeschmackt an, durch Vertrauen auf meine Kompetenz. So dieses Gefühl, ja das werde ich schon hinkriegen und ich höre auf mich. Ich werde gefragt, was ich für richtig halte und warum ich das gemacht habe und ich merke das bis heute. Wenn ich so Sachen habe, wo ich denke, ja mh, so halbherzig ja, das mache ich eigentlich nicht. Schon zu gucken, wie komme ich zu einer klaren Entscheidung und wie kann ich das auch vertreten. (Frau G 1488/1507)

Einigen von ihnen wurde von anderen mehr zugetraut, als sie sich selber zugetraut haben. Sie haben ihr Selbstbild erst im Laufe ihrer Tätigkeiten mit dem Fremdbild in Einklang bringen können.

> Nein das stimmt nicht überein, weil es war in der Zeit immer kontinuierlich da, dass ich den Eindruck hatte, die anderen trauen mir mehr zu, als ich mir zutraue. Das war sehr lange da. (Frau I 647/649)

Erst im Verlauf ihrer Tätigkeit hat Frau I ihre persönliche Einschätzung ihrer Kompetenzen mit dem, was ihr an Kompetenzen von anderen zugetraut wurde in Einklang bringen können. Das heißt auch, sie hat ihre Stelle angetreten, obwohl sie selbst das Gefühl hatte nicht genügen zu können und musste sich erst selbst beweisen, dass es anders war.

4.8.2 Berufliches Selbstverständnis

Der Beschreibung des beruflichen Selbstverständnisses sollen folgende Äußerungen vorangestellt werden, die viel über das Selbstbild der Sozialarbeiterinnen in Führungspositionen und die darin enthaltene Ambivalenz aussagen:

> Das Erste, was gefragt wurde, war Sie sind doch Sozialarbeiterin. Da habe ich schon gestutzt, weil eigentlich verstehe ich mich nicht als Sozialarbeiterin. Wenn mich jetzt jemand so fragt, was machen Sie beruflich? Dann sage ich ja nicht, ich bin Sozialarbeiterin, sondern erst wenn jemand fragt, was haben Sie für eine Ausbildung, was haben Sie studiert? Ich verstehe mich eigentlich nicht als Sozialarbeiterin, (....). (Frau G 8/17)

Die Aussagen zum beruflichen Selbstverständnis lassen sich in zweierlei Hinsicht interpretieren. Einerseits werden daran einige hervorstechende Charaktereigenschaften der Frauen deutlich, die diese in ihrer Persönlichkeit mitbringen, die ihnen für ihre Führungstätigkeit sehr von Nutzen sind und die sie für eine Führungstätigkeit prädestinieren, z. B. ihr *Realitätssinn:*

> Und so einfache Beispiele, da hatte ich beim letzten Mal noch so ein neues Team, da war das auch so, dass gerade so bei Sozialpädagogen denke ich, ist das vielleicht gerade besonders sensibel, dass sie so schwer ertragen können, wenn sie jemand kontrolliert oder dass es Auseinandersetzungen gab mit dem Koordinator. Wieso der denn wissen darf oder nachfragen kann, was sie heute gemacht haben. Da sage ich, das ist klar. Sie arbeiten wie auch ich in einem abhängigen Beschäftigungsverhältnis und natürlich kann der Arbeitgeber fragen oder wissen wollen, was ich am Tag gemacht habe. Das ist nichts unredliches. Da braucht man sich auch nicht darüber aufzuregen. Diese Verständnis, denke ich, da tun sich manche schwer und da denke ich, wenn ich das nicht will und ich es mir leisten kann, dann mache ich was eigenes. (Frau P 586/599)

Frau P hat akzeptiert, dass in abhängigen Beschäftigungsverhältnissen gewisse Spielregeln (auch Gesetze) zu Grunde liegen, die von allen eingehalten werden müssen und die die Arbeitsbedingungen bestimmen. Sie akzeptiert dies für sich ganz pragmatisch und kann diese Bedingungen so für sich positiv nutzen.

Ehrlichkeit und Unbestechlichkeit hält Frau B für unerlässlich:

> Es gab diese Verfilzung und Klüngeleien zwischen freien Trägern oder Wohlfahrtsverbänden und Politik und Kostenträgern. Die waren über Jahre gang und gebe. Es gab, als ich am Landesjugendamt mein Anerkennungsjahr machte, noch einen Belehrungsvertrag, das fand ich unüblich, zwischen dem Landesjugendamt und verschiedenen freien Trägern. Damit man diesen Belehrungsvertrag auch weiter kriegte, wurde der Landesjugendamtsleiter zwei Wochen in eine Außenstelle nach (...) eingeladen oder so was. Das sind Sachen, die heute überhaupt nicht mehr gehen bei der Transparenz und ich hatte damals schon das Gefühl, das ist nicht Ordnung. Das heißt, wenn ich Mittagessen gegangen bin mit einem Kollegen, habe ich es auch selber bezahlt, das sind so Facetten, wo ich heute...,. (Frau B 458/472)

Frau B empfindet es für sich als wichtig, unbestechlich und transparent zu arbeiten um sich nicht angreifbar zu machen und in ihren Entscheidungen frei zu bleiben. Sie empfindet 'Klüngel und Verfilzung' für sich (und auch generell) nicht in Ordnung und würde sich selbst nicht so verhalten.

Bereits im Verlauf ihrer Sozialisation wurde Frau L ein besonderer *Ehrgeiz* vermittelt:

> Also das es immer bei mir im Kopf war, ich werde euch zeigen, dass ich es doch schaffe, dass ich es doch hinkriege, dass das schon sehr prägend war, dieser Einschnitt, weil mein Eltern dies Enttäuschtsein, das haben sie auch rübergebracht. Ich weiß noch, als ich dann von der Schule nach Hause kam mit

> diesem Zeugnis in der Tasche, dass ich nicht versetzt worden war und meine Eltern mit mir kein Wort geredet haben. Ich denke, das ist heute noch drin und das muss sich dann irgendwann im Laufe dieser Jahre dann so entwickelt haben, dass ich mir gesagt habe, ich werde es euch zeigen, dass ich es auch schaffe und meine Mutter sagt auch immer, dass ich so von dieser väterlichen Seite auch einiges mitbekommen habe, dass ich das was ich möchte, das erreiche ich auch. Das ist dann Zähnezusammenbeißen und wenn ich das will, dann will ich das auch. So war mein Vater und da habe ich, denke ich auch, so ein Stückchen mitbekommen oder vermittelt bekommen in der Erbmasse drin oder ich weiß nicht wo, irgendwo. (Frau L 717/733)

Das enttäuschende Verhalten der Eltern von Frau L in der hier beschriebenen Situation ihrer Kindheit in der sie eher Trost und Unterstützung gebraucht hätte, hat dazu geführt, dass Frau L ihre gesamte Frustration in Energie umgesetzt hat, es ihren Eltern zu zeigen. Dieses Erlebnis, das auch als Schlüsselerlebnis in ihrer Lebensgeschichte bewertet werden kann hat letztendlich dazu geführt, dass sie auf ihrem weiteren Lebensweg erheblichen Ehrgeiz entwickelt hat.

Frau T zeigt *Durchhaltevermögen,* obwohl sich eigentlich lieber anders orientieren würde:

> Na ja und mit dieser Haltung habe ich die Stelle bekommen. Nächsten Tag so herzlichen Glückwunsch und ich war immer noch nicht klar und irgendwie habe ich dann auch nicht nein gesagt und nun bin ich immer noch da. Was sehr ungewöhnlich ist, weil es sind nun schon neun Jahre und eigentlich mache ich alle fünf Jahre etwas anderes. Bloß jetzt hat sich der Laden so entwickelt, dass jetzt einfach abzuhauen, wenn auf Landesebene das schwierig wird, das ist auch nicht mein Ding. Jetzt noch drei Jahre und wenn wir die Kiste dann rund haben, dann kriegt es noch mal einen anderen Status... Also ein Jahr glaube ich mindestens, dass ich noch hier bleibe. (Frau T 178/188)

Es scheint, als ob Frau T auf diese Stelle geholt wurde und sie diese selber eigentlich gar nicht richtig wollte. Dennoch ist sie dort geblieben und hat ihre Arbeit gemacht, obwohl sie es sich zur Regel gemacht hat, alle fünf Jahre zu wechseln. Auch heute, wo es in ihrem Arbeitsbereich Schwierigkeiten zu geben scheint bleibt sie dort und beendet erst die Aufgabe die sich ihr stellt.

Durch besonderes *Engagement und Eigeninitiative* gestalten Sozialarbeiterinnen ihre Arbeitsbereiche, hier das Beispiel von Frau O:

> Da gab es Arbeitsbereiche, die haben mir sehr viel Spaß gemacht und ansonsten gab es auch so drei Viertel des Arbeitsbereiches, der mir nicht lag. Also es hat mich auch unterfordert. Es war einfach... also die Vorgaben waren nicht klar. Ich denke, wenn ich da länger gewesen wäre, hätte ich wahrscheinlich wieder angefangen irgendetwas zu entwickeln. Aber ich habe mich dann auch erst mal erholt. (Frau O 216/222)

Frau O hat es in ihren Arbeitsbereichen so gehalten, die ihr zugebilligte Gestaltungsfreiheit ausgiebig für sich zu nutzten und eigene Konzepte und Initiative zu entwickeln. Nur so konnte sie ihrem eigenen Anspruch gerecht werden.

Ohne eine überdurchschnittliches *Organisationstalent* ist die Integration von Familie und Beruf nicht möglich:

> *Ich bemühe mich so um meinen Teil, das ist mir auch ganz wichtig, dass ich auch so meinen Beitrag leiste, damit unsere Familie funktionieren kann, so in den Zeiten, die mir dann noch bleiben, wobei ich immer gucke, dass Sohn und Mann nicht zu kurz kommen. Also das hat wirklich etwas mit Organisationstalent zu tun. (Frau M 409/414)*

An Frau M werden beruflich höchste Ansprüche gestellt, die sich oft schwer mit privaten Wünschen und Verpflichtungen überein bringen lassen. Sie versucht aber dennoch sich und ihre Arbeit so zu organisieren, dass für Mann und Sohn noch Zeit übrig bleibt. Dies ist nur möglich, weil sie über ein enormes Organisationstalent verfügt.

Besonders ihre *Strukturiertheit* zeichnet Sozialarbeiterinnen in Führungspositionen aus:

> *Also die Punkte, die ich eben schon nannte und ich glaube zum Beispiel, dass ich sehr gut in Strukturen denken kann und so einen Überblick habe, wie was, also so strukturell und auch systemisch denken kann, wie was miteinander zusammenhängt. Dass ich Dinge auch gut auf den Punkt bringen kann, also gut strukturiert arbeiten, aber auch Dinge so, sage ich mal in so Teamsitzungen oder auch anderen Gremien, zusammenfassen und strukturieren und auf den Punkt bringen kann und damit ja auch in einer gewissen Weise auch zügig vorankomme. So das. Jetzt hatte ich eben doch noch was, das ist mir doch jetzt entfallen. Ich glaube zum Beispiel auch, dass ich ganz gut so strategisch denken kann, dass mir Zusammenhänge im kirchlichen aber auch im kommunalen Bereich sehr klar sind und ich glaube schon, dass ich da meine Position auch gut einsetzen kann. Da glaube ich auch zum Beispiel an manchen Stellen mich als Frau einsetzen kann. Das nehme ich jetzt auch bewusst wahr. (Frau G 1308/1324)*

Frau G betont ihre Fähigkeit systemisch und strukturiert denken zu können, Dinge auf den Punkt bringen zu können und Strukturen in verschiedenen Bereichen gut zu durchschauen. Sie setzt diese Kompetenz strategisch ein.

Auch ein hohes Maß an *Selbstbeherrschung* zeichnet diese Frauen aus:

> *Für mich wäre es wahrscheinlich gesünder nicht immer dieses Zurücknehmen. Man kann ja auch nicht gleich losbrüllen. Das kommt ja auch mal vor. Müsste eigentlich auch mal vorkommen, aber das gestatte ich mir nicht oder kaum. (Frau E 472/475)*

Frau E beschreibt, dass sie sich selbst eher zurücknimmt als ihre Emotionen, sei es Ärger, Enttäuschung oder Unzufriedenheit lautstark zu äußern. Sie weiß, dass es auch für sie gesundheitlich besser wäre, gestattet es sich aber selbst nicht oder kaum.

Selbstständigkeit und Teamorientierung sind die Maximen dieser Frauen

> *Ich habe eigentlich mit der Übernahme von den neuen Aufgabenfeldern sofort angefangen, Teambesprechungen zu machen. Ich versuche mich auch zu disziplinieren, dass wir das regelmäßig hinbekommen, was häufig schwierig ist, dadurch dass sich so was auch erst einschleifen muss. Das ist klar, dass man sich den Terminkalender dafür freizuhalten hat und dass man die Dinge eigentlich nur in den Teamsitzungen vernünftig voran bringen kann, dass jeder auch weiß, er hat fast denselben Film gesehen und fast dieselbe Botschaft gehört. (Frau A 443/452)*

Diese beiden Aussagen betonen sowohl den Reiz des selbstständigen Arbeitens und Entscheidens in Führungspositionen, andererseits erläutern sie die Wichtigkeit des Ingangsetzens von Teamprozessen für die Zusammenarbeit. Vor allem muss jeder MitarbeiterIn klar sein, was angesagt ist und was erwartet wird, wobei an die eigene Rolle der Anspruch absoluter Klarheit und Transparenz gestellt wird.

Gerade in Führungspositionen erscheint ein hohes Maß an *Reflexionsfähigkeit* erforderlich:

> *Also, Sie merken das hier sehr schnell, was erforderlich ist. Ich denke, Sie müssen über Ihre eigenen Handlungen und über das, was Sie beruflich tun, auch nachdenken und das müssen Sie in jedem Beruf und auch in vielen Positionen, um ganz einfach ein Stück weit zu reflektieren, was musst du jetzt für dich tun, wo musst du dich weiter entwickeln. Ich denke, Sie merken sehr schnell, wenn Sie in der Position sitzen, wenn Sie etwas verkehrt gemacht haben, weil das direkt von irgendeiner Seite zurückkommt, ob das von ihren vielen Leitungen ist, die Sie haben; Sie merken es an den Stimmungen, die sie da erreichen und Sie merken es auch direkt in Gesprächen, wo es um Ergebnisse geht, auch im groben Vertreten Ihrer Interessen, den Interessen Ihres Bereiches, wie in..., was dann im Grunde genommen an Reaktionen vom Gesprächspartner kommt und mit welchem Ergebnis Sie selber dann raus gehen, ob Sie ihre Position vertreten konnten oder nicht. (Frau N 645/660)*

Ohne Reflexionsfähigkeit kann die Arbeit auf Dauer nicht zufrieden stellend verlaufen, da die Reaktionen der Mitarbeiter umgehend widerspiegeln ob etwas gut oder schlecht gelaufen ist. Um die eigene Position zu wahren ist es absolut notwendig jede berufliche Handlung zu überdenken, weiter zu entwickeln und zur Not auch zu verändern.

Viele Kolleginnen lassen sich insbesondere durch ihre *Offenheit* (für Neues/ für neue Kontakte) charakterisieren:

> *...dass ich immer auch mit einer gewissen Spannungen neuen Situationen gegenübertrete und dass ich es einfach auch spannend finde, nicht so diesen Alltagstrott zu haben, sondern immer neuen Situationen ausgesetzt bin, an denen ich mich immer wieder neu orientieren und ausprobieren kann. Das mache ich auch mit Interesse und das ist auch das, was mir so an meinem Job sehr viel Spaß macht. Dass ich eigentlich immer Situationen habe, in denen ich mich mal ausprobieren kann und es nie langweilig wird. (Frau L 533/541)*

Sich ständig auf neue Situationen und Bedingungen einstellen zu müssen stellt einen besonderen Reiz dar, der den meisten Frauen in Führungspositionen entgegen kommt. Gerade weil sie gerne selbst gestalten, wie es an anderer Stelle schon betont wurde, bringen sie Offenheit und Neugier in ihre Positionen mit

Ebenso kennzeichnet diese Frauen ein *hoher Eigenanspruch* :

> *Da weiß ich gar nicht ganz genau, ob ich mir die nicht auch ohnehin erworben hätte, wenn ich etwas anderes gearbeitet hätte. Ob das nun unbedingt so ein Ausfluss aus meiner Leitungsposition ist, weiß ich nicht, weil ich glaube, ich persönlich bin jemand, der jede Arbeit, die er macht, auch gewissenhaft und engagiert macht. Die Erfordernis gut organisieren zu können, hätte sich dann auch anders ergeben. (Frau M 682/688)*

Unabhängig von der Tätigkeit werden Arbeiten gewissenhaft und engagiert erledigt. Diese Eigenschaften sind für Führungspositionen von großem Nutzen.

Authentizität erscheint gerade in Arbeitsbereichen mit andern Menschen als eine Grundvoraussetzung:

> *Ich kann mir auch schwer vorstellen, mich verbiegen zu müssen. Wahrscheinlich würde ich dann wieder eine Konsequenz ziehen und sagen, das mache ich nicht, dann gehe ich lieber. Wie auch schon beschrieben, bis jetzt ist so ein harter Schnitt bei mir noch nicht notwendig gewesen, aber ich glaube, ich würde auch nicht alles irgendwie verkaufen. Ganz sicher nicht! Ich glaube ein Stück weit mein Erfolgsrezept ist auch das gewesen, immer authentisch zu sein, also nicht immer das Fähnchen in den Wind... Das ist manchmal auch unbequem, ganz klar, aber für mich ist es wirklich immer ganz wichtig gewesen, dass ich mir auch selber sozusagen in die Augen gucken kann. Wenn ich das eben nicht mehr könnte, weil ich irgendwie ein linkes Ding mit unterstützen müsste, das kann ich mir nicht vorstellen. Insofern, finde ich, ist das mit ganz wichtig, weil dadurch positioniert man sich ja auch. An solchen Positionen können sich andere auch reiben und die wollen das auch, glaube ich ein Stück weit. Ich meine, sicherlich gibt es auch Menschen, die natürlich gern so sehr beeinflussen und sich auch ganz bewusst so eine Kraft da hinsetzen, die sie beeinflussen können, aber ich glaube, die werden nicht alt. (Frau K 160/180)*

Authentizität wird hier als eine der wichtigsten Eigenschaften von Führungsfrauen, beschrieben, gerade weil sie sich oft exponieren müssen und damit rechnen müssen, dass ihre Entscheidungen nicht unbedingt von allen gebilligt werden. Diese Meinung ist sicherlich von der Persönlichkeit der einzelnen Person abhängig und auch im sozialen Bereich sicherlich öfter zu finden als in anderen Arbeitsfeldern.

Die Arbeitsorientierung, die die befragten Frauen an den Tag legen, baut auf den oben beschriebenen Eigenschaften auf und wurde im Laufe der Berufstätigkeit auf Grund individueller Erfahrungen vervollkommnet: Zum Beispiel haben sie es gelernt die nötige *Gelassenheit* an den Tag zu legen in Situationen, die ihnen früher noch Stress bereitet haben:

> *Das Beispiel, was ich vorhin brachte, ich hatte ganz lange noch bis vor kurzem Probleme in der Fachkonferenz, das hat zu tun mit der Anwesenheit von Personen also mit der Zahl von Personen, mit dreißig Leuten ging das noch, bei fünfzig wurde es schwierig und bei sechzig Leuten hatte ich das Gefühl, ich kann nicht mehr aufstehen, zum Mikro gehen und eine Position beziehen. Die Angst war, ich komme nicht mehr auf den Punkt. Ich plappere da irgendwas rum, es hat nicht Hand und Fuß oder ich melde mich und bis ich da dran komme, sind die schon drei Themen weiter. Das passt alles nicht mehr. Angst sich zu blamieren. Ich denke, die Angst ist in den seltensten Fällen überhaupt angebracht. Weil wenn man sich traut, man kann daran wirklich nur wachsen und lernen und die Sachen, derentwegen ich vor ein paar Jahren da eine schlaflose Nacht gehabt hätte, die mach ich jetzt völlig cool und da für gibt es wieder neue Sachen, die mir Angst machen. (Frau F 1261/1276)*

Weiterhin ist ihnen bewusst, dass sie auf Grund ihrer *Sach- und Fachkompetenz* anerkannt sind:

> *Also sicherlich weil man mich klar für kompetent gehalten hat, weil auch die Vorstellung war, ich könnte hier das hinkriegen. Und ich sage mal, der Vorteil war, dass die mich kannten. Dass die mich kannten, das war, glaube ich, für beide Seiten der Vorteil. Möglicherweise hätte ich die Stelle auch bekommen, wenn ich mich darauf beworben hätte, einfach nach den Erfahrungswerten von anderen Vorstellungsgesprächen, aber so war es natürlich irgendwie für beide Seiten sehr gut. Ich sage mal, das ist auch die Rückmeldung des Superindendenten immer wieder, ja diese Frau, das war ja genau die richtige Entscheidung, und wir sind alle so glücklich. (Frau G 923/934)*

Auch verfolgen sie im beruflichen Alltag erfolgreich Ziele, indem sie manchmal *unkonventionelle* Wege gehen, wobei, wenn nötig der ‚Dienstweg' nicht immer eingehalten wird:

> *Mein Praktikum habe ich dann irgendwie im öffentlichen Dienst gemacht, im Bezirksamt und da habe ich anschließend dann auch eine Stelle bekommen in der Jugendförderung und hatte dann ewig Schwierigkeiten mit meinem Amtsleiter, weil ich den irgendwie immer übergangen habe und mit der Stadträtin verhandelt habe und da gab es den Spruch bei uns im Amt von meinen Kollegen: Ich müsste es mal endlich abgewöhnen, es darf nicht jeder Krümel zum Kuchen gehen. Da aber unser Amtsleiter immer alles weg geblockt hat, habe ich mich dran auch nicht gehalten. (Frau C 128/137)*

Diese Haltung wird bestätigt von Äußerungen, die zeigen, wie wichtig den Frauen *Gestaltungsfreiheit* im Sinne von Verwirklichung eigener Vorstellungen ist.

> *Zwei Monate später ist die Leiterin gegangen und dadurch bin ich auf die Leiterstelle gekommen. Das fand ich klasse. Da konnte ich so alle meine Vorstellungen, die ich hatte von Jugendarbeit, wie ich das verstehe, die konnte ich dann natürlich frei verwirklichen, weil ich das Sagen hatte. Ich habe dann da zwei einhalb Jahre in dem Haus gearbeitet, fast drei Jahre. Das hat mir auch unheimlich viel Spaß gemacht. (Frau O 191/198)*

So, wie die Frauen für sich selbst *Selbstbestimmung und Gestaltungsfreiheit* einfordern, gestehen sie dies auch ihren MitarbeiterInnen zu:

> *Da ich selber auf den Tod nicht ab kann, dass mir einer sagt, wie ich meine Arbeit zu tun oder zu lassen habe, bin ich sehr bemüht auch meinen Kollegen ihre Spielräume zu lassen in dem abgesteckten Rahmen. (Frau A 884/887)*

Die berufliche Erfahrung hat auch gezeigt, dass es vor allem auch aus Gründen der persönlichen Überlastung sinnvoll ist *Verantwortung zu delegieren*. Diese Aussage korrespondiert auch mit den oben genannten Äußerungen zu Führung und Macht. Sie zeigt ein hohes Maß an Vertrauen in die Mitarbeiter und dokumentiert, wie sicher sich die Person in ihrer Position fühlt:

> *Ich habe nicht mehr den Anspruch an mich selber, alles was ich bearbeiten muss oder für die Felder, wo ich meine, auch neue Felder, mal Verantwortung zu übernehmen, dass ich die in vollständiger epischer Breite überblicken muss und erst selber sattelfest sein muss, um bestimmte Dinge voran zu bringen, ich verlasse mich dann eher darauf, dass ich jemanden weiß, der darin sattelfest ist und der dann mir entsprechend helfen kann, neue Sachen anzugehen. (Frau A 1787/1794)*

Zudem legen alle Frauen großen Wert auf *Beteiligung der MitarbeiterInnen* und arbeiten sehr *teamorientiert*:

> *Wenn ich mitentscheide, welches das Ziel ist. Mitentscheide, welche Aufgaben ich mit füllen will, dann ist es meins. Also die Mitarbeiter, Mitarbeiterinnen sind viel motivierter. Also bei dem Arbeitsvolumen hier, wenn das nicht so eine Beteiligungskultur wäre, wären viele schon weg. Es fällt auch schwer. Eine muss sich hier endlich mal weg bewerben wegen ihrer Rente. Deshalb gehe ich auch nicht, die Zeiten sind so schwierig, weil die auch ganz klar sagen, du kannst gehen, aber dann gehen wir auch. Wenn, dann schaffen wir es nur zusammen. Das ist eine hohe Motivation und Identifikation mit der Arbeit. Das kann ich durch einen anderen Stil kaputt machen. (Frau T 822/832)*

Obwohl die Frauen mehrheitlich eine *hohe Arbeitsorientierung* aufweisen,

> Wir sind sehr aktive Menschen, die gern arbeiten oder ihre Arbeit auch gern tun. Man hat natürlich auch Dinge, die möchte man am liebsten nicht tun, aber im Großen und Ganzen tue ich meine Arbeit gern. (Frau E 151/154)

machen sie dann Einschränkungen, wenn die Anforderungen, die an sie gestellt werden nicht den erwarteten 'Lustgewinn' sozusagen als 'Belohnung' ergeben:

> Da steht aber nicht mein Schwergewicht. Ich habe für mich festgestellt, mein Schwergewicht liegt in der Zufriedenheit. Das ist sowohl finanziell, ich bekomme ein bisschen mehr, wenn ich dahin gehe. Aber das ist nicht der Punkt. Ich würde auch eine IVa-Stelle lieber wollen, wenn die Kriterien, ich kann da etwas gestalten, ich kann da etwas machen, wenn diese Punkte erfüllt sind. Da ist mir das Gehalt jetzt nicht so wichtig, Zufriedenheit ist mir wichtiger. (Frau I 755/763)

Auch wenn sicherlich nicht alle auf ihr hohes Einkommen verzichten würden, ist es durchaus glaubhaft, dass das Engagement und die inhaltliche Struktur der Arbeit eng zusammenhängen:

> Wenn ich nicht so viel Spaß an der Arbeit hätte, hätte ich es wahrscheinlich schon längst geschmissen. Wenn dieses Maß irgendwann erreicht wäre, zum Broterwerb muss ich jetzt hier wieder her, dann war es bei mir immer so, dass ich gedacht habe, ich habe dann auch noch die Freiheit zu sagen, dann kann ich es hinwerfen. Das kann ich auch nur, so simpel es ist, weil die finanzielle Situation der Familie wäre damit nicht gefährdet. Das finde ich einen ungeheuren Luxus, dass ich das weiß, dass es nicht davon abhängig ist, dass ich selber arbeite und diese Familie ernähre, sondern das mein Mann halt auch Arbeit hat und von daher ist das in einer Situation mit Alleinerziehenden überhaupt nicht zu vergleichen, weil wenn man selber auch noch das Risiko trägt, dass man mit seinem Tun und Lassen die Familie über Wasser hält, dann finde ich das schon deutlich schwieriger. Das ist einfach eine Situation bei mir, wo ich das positiv empfunden habe und dann einfach aus meinem Erleben heraus, die Dinge, von denen man überzeugt ist, dass man sie angehen kann, so angehen kann, dass man es auch tut. Es einfach mal macht und sich auch die eine oder andere Ohrfeige dann abholen muss. (Frau A 1834/1853)

Betrachtet man die in vorhergehenden Absatz beschriebenen Verhaltensweisen/ bzw. -ausprägungen im Ganzen, so finden sich hier Kompetenzen, die unter den Begriff Schlüsselqualifikationen zusammengefasst werden können. Dabei kann man unterscheiden zwischen Sozial- bzw. Individualkompetenzen, Fach- und Methodenkompetenzen. Das Konzept der Schlüsselqualifikation wurde 1974 von MERTENS[14] im Rahmen wirtschafts- und arbeitsmarktpolitischer Diskussionen als sogenanntes 'Flexibilisierungsinstrument' entwickelt. Man erhoffte durch die Vermittlung von Schlüsselqualifikationen, das berufliche Grundpotential von Arbeitnehmern zu erweitern und die Umstellung auf veränderte Arbeitsbedingungen zu erleichtern. MERTENS griff mit seiner Konzep-

---

[14] MERTENS war damals Direktor am Institut für Arbeitsmarkt- und Berufsforschung an der Bundesanstalt f. Arbeit

tion das bereits 1970 entwickelte Gedankengut von OFFE auf, der bereits damals von einer Notwendigkeit der extrafunktionalen Orientierung sprach, in Bezug auf die zunehmend schwieriger werdende Kontrolle einzelner Mitarbeiter in wachsenden Organisationen. 1981 wurde die Konzeption von MERTENS von BUNK aufgegriffen und um die personale Komponente erweitert, woraus sich in den folgenden Jahren eine rege Diskussion um die Bedeutung und Entwicklung sozialer Kompetenzen ergab (vgl. GOOS/ HANSEN 1999 30). Die oben beschriebenen Fähig- und Fertigkeiten lassen sich bis auf wenige Ausnahmen, die der Methodenkompetenz zuzuschreiben sind, im einzelnen in den Bereich Sozial- bzw. Individualkompetenzen subsummieren. Gerade in diesem Bereich sind die gravierendsten Unterschiede zwischen Frauen und Männern zu vermuten und diese These scheint sich in der aktuellen Diskussion um die Schlüsselqualifikationen zu bestätigen ohne empirisch belegt zu sein (vgl. ebd. S. 32). "Frauen wird danach gerade bei diesen Fähigkeiten mit einer Tendenz zu den sogenannten 'Soft skills' (HENES-KARNAHL 1988: 36) eine besondere Kompetenz zugesprochen" (GOOS/ HANSEN 1999: 32). Geht man davon aus, dass überdurchschnittliche Sach- und Fachkompetenz generell für die Übernahme von Führungspositionen insbesondere von Frauen als unabdingbar bewertet werden können, so sind die hier genannten Sozialkompetenzen als zusätzliche Pluspunkte zu bewerten, die möglicherweise dazu beigetragen haben die Frauen in ihre Führungsposition zu bringen. Sie haben diese Fähigkeiten im Verlauf ihrer beruflichen Sozialisation erworben und im Verlauf ihres beruflichen Aufstiegs kontinuierlich erweitert. Das Vorhandensein dieser extrafunktionalen Qualifikationen hat letztendlich dazu beigetragen, dieselben als Instrumente zu Gestaltung ihrer Biographie zu nutzen.

4.8.3 Zusammenfassung

Die Aussagen ergeben ein Bild von Sozialarbeiterinnen in Führungspositionen, das aus zwei verschiedenen Teilen besteht. Es zeigt einerseits Frauen, die 'mit beiden Beinen im Leben und im Beruf stehen'. Sie sind selbstbewusst, verfügen über ein hohes Maß an Sach- und Fachkompetenz, wissen, wie sie Ziele erreichen können und verbinden eigene Interessen mit denen ihrer Mitarbeiter und ihres Arbeitgebers.
Sie weisen eine hohe Arbeitsorientierung auf, zumindest solange die Arbeit Spaß macht. Sie können aber andererseits auch persönliche Interessen wahrnehmen, indem sie deutlich abwägen, was das Eingehen zusätzlicher Anforderungen bzw. eine höhere Arbeitsbelastung für sie persönlich und auch für ihre Familie (sofern vorhanden) bedeutet. Sie sind nur solange bereit, sich für ihre Arbeit zu engagieren, wie diese sie inhaltlich befriedigt. Dies korrespondiert auch mit den Ergebnissen der

Untersuchung von MEINHOLD 1993, nach denen Frauen nur aufstiegsmotiviert sind, wenn die neue Aufgabe sie inhaltlich anspricht (vgl. MEINHOLD 1993: 28).
Offen für Neues orientieren sie sich immer wieder in verschiedene Richtungen und schaffen so für sich und auch für ihre Arbeitgeber häufig neue Tätigkeitsfelder. - An dieser Stelle muss man allerdings differenzieren zwischen Frauen, die bei Freien Trägern arbeiten und denen, die im Öffentlichen Dienst beschäftigt sind. Für Frauen im Öffentlichen Dienst sind die Spielräume nicht so groß und die Aufgaben klarer gegliedert.
ERHARDT bescheinigt Frauen im Allgemeinen ein geringeres berufliches Selbstvertrauen als Männern (vgl. ERHARDT, 1998: 53). Das trifft zumindest für die Frauen dieser Untersuchung nicht zu. Alle befragten Frauen verfügen über ein ausgeprägtes Selbstbewusstsein, auch wenn sich dies erst im Laufe ihrer beruflichen Erfahrung herausgebildet hat.
Im Grunde verfügen alle befragten Frauen, wie bereits erwähnt, über das, was heute in Coaching-Seminaren für Führungskräfte unter dem Begriff ‚Schlüsselqualifikationen' angeboten wird. Sicherlich ist die eine oder andere Fähigkeit bei den Frauen unterschiedlich ausgeprägt. Bei allen Frauen sind aber die Anlagen dafür in ihren Persönlichkeiten zu finden und wurden in ihrer Sozialisation gefördert. Dabei lässt sich nicht sagen, dass es die 'typische Führungsfrau' gibt. Vielmehr gibt es verschiedene Typen, die genauso unterschiedlich sind wie die Arbeitsbereiche, in denen sie beschäftigt sind.
Der andere Teil des Bildes zeigt die Besonderheit dieser Führungskräfte. Man könnte dies einerseits mit einer besonderen sozialpädagogischen Prägung beschreiben, gleichzeitig spielen hier auch geschlechtsspezifische Aspekte eine Rolle. In ihrem Führungsverhalten legen sie besonderen Wert auf Teamarbeit und Mitbestimmung. Sie delegieren Aufgaben und Verantwortung und benutzen ihre Macht, die ihnen durchaus bewusst ist, nicht für ihren persönlichen Vorteil, sondern im Sinne ihrer Aufgabe und wenn nötig auch für ihre Mitarbeiter. Diese Frauen vermitteln durchaus den Eindruck, dass sie Spaß an ihrer Macht haben und dass sie, sofern sie sich bewusst für diesen Weg entschieden haben, es auch getan haben, weil sie dadurch einen Machtzuwachs erfahren konnten. Das bedeutet nicht, dass sie Macht nicht auch ambivalent sehen. Deutlich wurde aber, dass keine Frau ihren Machtzuwachs und den Umgang damit als Verlust ihrer weiblichen Seite beschrieb. Vielmehr war die Einsicht bei allen, dass eine Führungsperson nicht 'everybodys darling' sein kann und dass sie dieses 'Risiko' bewusst in Kauf nehmen. Sie gehen dennoch sehr behutsam mit ihrer Macht um, nutzen sie um Dinge zu gestalten und Prozesse in Gang zu setzen, dieses stimmt mit ERHARDTS Untersuchung überein. Und sie vertreten Interessen auch gegen Widerstände, wenn es ihnen richtig erscheint. Gleichzeitig sind ihnen die Anforderungen, die an sie als Führungskräfte gestellt werden

bewusst, und sie sind bereit auch die Verantwortung für unangenehme Entscheidungen zu übernehmen.

5 Typenbildung

Die Typenbildung wurde wie in Kap. 3.5.2.5 beschrieben durchgeführt und anhand der in der Forschungsfrage enthaltenen Überlegung: „Welche biographischen Ressourcen befähigten die Frauen Führungspositionen zu erreichen?" erarbeitet. Dabei ergab sich, gemäß der Auswertung in Kapitel 5.4, dass sich Ressourcen auf verschiedenen Ebenen in den Lebensläufen der Frauen ausmachen lassen. Grundsätzlich kann im ersten Schritt der Typenbildung folgende Feststellung getroffen werden: Es lassen sich an erster Stelle Ressourcen ausmachen, die in der Person selbst zu finden sind oder mit Hilfe ihres Umfelds erworben wurden. Dies sind soziale, materielle und persönliche Ressourcen, die in unterschiedlicher Weise die Karriereverläufe der Einzelpersonen beeinflusst haben. Diese sollen hier kurz erläutert werden, bevor die eigentliche Zuordnung zu den Typen vorgestellt wird.

Soziale und materielle Ressourcen:
Soziale Ressourcen beziehen sich auf unterstützende Personen, die die Karriere der Einzelperson zu einem bestimmten Zeitpunkt ihrer Biographie beeinflusst haben. Zu den sozialen Ressourcen gehören die engere und weitere Familie, d.h. Eltern, Geschwister, Großeltern und andere Verwandte, LehrerInnen und ProfessorInnen, MitschülerInnen und KomilitonInnen, FreundInnen, Vorgesetzte und KollegInnen und letztendlich Partner und ggf. eigene Kinder und die persönliche und familiäre Lebenslage.
Materielle Ressourcen sind Geld, Besitz und Vermögen, und auch sozialer Status.

Persönliche Ressourcen:
Gemeint sind hier Ressourcen (Anlagen), die in der Persönlichkeit begründet liegen. Ohne an dieser Stelle tiefer in Sachverhalte der Psychologie oder der Persönlichkeitsforschung einzudringen, lassen sich anhand der Auswertung der Interviews einige Persönlichkeitsmerkmale erkennen, die sich entweder aus dem Verhalten der Personen in bestimmten Situationen interpretieren lassen oder aber von ihnen selbst so benannt werden (in-vivo-codes). Anzuführen sind hier Ehrgeiz, Fleiß, Durchsetzungsvermögen, Durchhaltevermögen, Willensstärke, Wut, Neugier, hohe Intellektualität, Stehaufmännchenmentalität und ein unruhiger Geist.

Weiterhin sind Ressourcen feststellbar, die im Verhalten der Personen begründet liegen oder in der Reaktion ihres Umfeldes auf ihr Verhalten in bestimmten Situationen im Verlauf ihrer Biographie. Ressourcen werden hier aus sogenannten Schlüsselerlebnissen heraus entwickelt an möglichen Wendepunkten des Lebenslaufs, die die Entscheidung für den weiteren Verlauf der beruflichen Entwicklung maßgeblich beeinflusst haben. Auch hier sollen exemplarisch einige Aspekte benannt werden aus denen die Frauen anschließend Ressourcen entwickelt haben und die sich dann in den einzelnen Typen wieder finden:

➢ Schulisches Versagen und Demütigung im Elternhaus

➢ Versagen im Studium

➢ Wahl des falschen (von den Eltern nicht akzeptierten) Studienfachs

➢ Revoltieren gegen Elternhaus und sozialen Status

➢ Ablehnung der Geschlechterrolle (bzw. des in der Geschlechtsrolle implizierten erwarteten Verhaltens seitens der Familie)

➢ Ablehnung der von der Familie erwarteten Biographie (Lebensgestaltung)

➢ Akzeptanz eigener Kompetenzen (aber auch Grenzen)

➢ ‚Aha'-Erlebnisse/ Lebenskrisen und Schicksalsschläge

➢ Erkenntnis besser zu sein als andere (aber auch evtl. nicht zu genügen)

➢ Strategisches Verhalten aus Angst um den Arbeitsplatz

➢ Eigene Betroffenheit von Sozialer Arbeit (bzw. Betroffenheit der Familie)

➢ Besondere Förderung durch Vorgesetzte o. Ausbilder

Wichtig ist an dieser Stelle noch zu erwähnen, dass die oben genannten Items selten einzeln in einem Lebenslauf zu finden sind. Vielmehr treten sie in Kombination miteinander auf und bedingen sich häufig gegenseitig.
Auf der Grundlage der vorausgegangenen Überlegungen ergeben sich somit 4 Typen:

Typ I: Karriere auf geradem Wege

Typ II: Karriere, um etwas zu bewegen

Typ III: Karriere als Reaktion auf das Verhalten der Herkunftsfamilie

Typ IV: Karriere als Folge eines externen Ereignisses

Die Typen I und II stellen die beiden zahlenmässig größten Gruppen dar, die beiden anderen Typen III und IV weisen zwar Ähnlichkeiten zu den Typen I und II auf, zeigen aber Abweichungen in wichtigen Details auf, so dass sich die Einordnung in gesonderte Klassifizierungen daraus ergibt. Im Folgenden werden die genannten Typen anhand von exemplarischen Einzelfällen beschrieben. Der gewählte Sprachstil lehnt sich bewusst an die Sprache der Interviewtexte an, wörtliche Zitate sind hervorgehoben.

5.1 Typ I: Karriere auf geradem Wege

Die Frauen in dieser Gruppe sind einen mehr oder weniger geradlinigen Karriereweg gegangen. Sie haben durch Engagement und Leistung überzeugt, haben sich immer wieder gezeigt, so dass sie von ihren Vorgesetzten bzw. Arbeitgebern immer wieder aufgefordert wurden sich auf höher Stellen zu bewerben. Sie bringen Ausdauer und Selbstvertrauen mit und sind sich ihrer Stärken und Schwächen bewusst. Sie sind offen für Neues und überzeugen durch ihre Geradlinigkeit und Beharrlichkeit, mit der sie ihren Weg weiter gehen. Im Verlauf ihrer Sozialisation haben sie die Wertschätzung ihrer Eltern erfahren, auch wenn sich die familiäre Situation nicht immer absolut harmonisch gestaltet hat. In familieninternen Diskussionsprozessen haben sie gelernt ihre Interessen zu vertreten und diese auch zu verteidigen. Sie haben auch in schwierigen schulischen Phasen Unterstützung bekommen und sind aufgewachsen mit dem Gedanken, dass sie die Kompetenz haben auch schwierige Zeiten durch zu stehen. Obwohl sie eine Karriere nicht gezielt geplant haben, ist ihnen der Gedanke in ihrem Leben möglichst viel zu erreichen nicht fremd und in der Rückschau sagen sie: "eigentlich klar, dass ich so weit gekommen bin".

Die Geradlinige (Frau O)

Frau O wächst mit einem drei Jahre jüngeren Bruder in einer sehr fördernden Familie auf. Ihre Eltern erziehen sie zu einer "wahnsinnigen Selbstständigkeit" (Z. 637) im Sinne von sich selbst sicher sein, zu wissen was sie kann und zu sagen was sie denkt (Z. 636 - 641). Sie machen ihr deutlich, dass sie es für wichtig halten, dass sie eine Beruf erlernt und das der Beruf Spaß macht (Z. 644 - 646). Die von den Eltern anerzogene Haltung, sich nichts gefallen zu lassen, führt in der Pubertät zu viel Ärger zu Hause, da die Beziehung zur Mutter sehr eng ist und gleichzeitig dadurch der Abnabelungs- und Selbstbestimmungsprozess sehr heftig ausfällt (Z. 683 - 691). Frau O diskutiert alles mit ihren Eltern

aus, kämpft um ihre Interessen und versucht immer wieder diese auch durchzusetzen (Z. 706 - 714). Sie ist in der Kirche engagiert, zieht nicht um die Häuser, ist im Freizeitheim, raucht nicht und trinkt nicht und bezeichnet sich selbst eigentlich als sehr "braves und tolles Kind" (Z. 692 - 696). Dennoch gibt es zu Hause reichlich Stress, weil sie die vielen Reglementierungen insbesondere, was die Zeiten des abendlichen Ausgangs angeht, nicht akzeptieren will (Z. 688 - 689).
Während die Eltern auf geistige Selbstständigkeit viel Wert legen, nehmen sie der Tochter auf andere Ebene alles ab. Als ihre Mutter in sehr jungen Jahren einen Schlaganfall erleidet, unterstützt Frau O den Vater und hilft auch im Haushalt. Als die Mutter wieder gesund ist, nimmt diese ihr wieder alles ab, so dass Frau O noch nicht einmal die Grundbegriffe des Kochens beherrscht, als sie von zu Hause auszieht und auch nicht weiß, wie man eine Waschmaschine bedient (Z. 723 - 735). Andererseits ist sie in anderen Dingen sehr selbstständig. Sie baut mit vierzehn eine Kindergruppe auf und kennt sich in diesem Bereich auch sehr gut aus. (Z. 751 - 755).

Soziale Ressourcen
Frau O wächst gut behütet auf, mit Eltern, die ihr den Rücken stärken und sie zu einer starken und offenen Persönlichkeit erziehen. Dies führt in der Pubertät allerdings zu starken familiären Spannungen, denn Frau O versucht dementsprechend ihre Interessen durchzusetzen. Ihre Eltern haben sie immer gefördert und gefordert, haben sich allerdings während ihrer Schulzeit auch ziemlich Sorgen um sie gemacht, denn Frau O hatte das Gefühl, dass ihrem Vater ein Stein vom Herzen gefallen ist, als sie dann doch in ihrem Beruf Fuß gefasst hatte (Z. 654 - 656).

In der Schule ist Frau O nicht "so die wahnsinnig große Leuchte" (Z. 268). Sie ist in Mathe und Englisch nicht besonders gut, dafür in Deutsch und Geschichte und irgendwie gibt es nichts, dass sie auf einen besonderen Berufsweg verweist. Als sie mit siebzehn in einem Freizeitheim eine Sozialpädagogin im Anerkennungsjahr kennen lernt und diese sie "wahnsinnig beeindruckt", so dass sie sie sich zum Vorbild nimmt, kommt sie auf den Gedanken Sozialpädagogik zu studieren (Z. 282 - 290). Heute würde sie dies nicht noch einmal tun, da sie mittlerweile weiß, dass sie einfach viel mehr kann, aber zu der Zeit ist ihr Selbstvertrauen in ihre geistigen Fähigkeiten nicht so ausgeprägt, da auch die Eltern eher Zweifel daran haben, dass sie ein Studium allein bewältigen kann. Ihre Mutter möchte, dass sie eine Lehre macht, weil sie glaubt, dass sie nicht selbstständig lernt und arbeitet, weil das wohl in der Schule bis dahin auch nicht so überzeugend geklappt hat (Z. 304 -312). Heute hat die Erfahrung gezeigt, dass sie lieber Betriebswirtschaft in Kombination mit Psychologie oder Pädagogik hätte studieren sollen. Sie weiß heute, dass sie das auch gekonnt hätte, hat sich dies damals aber nicht zugetraut. (Z. 312 - 313).

Persönliche Ressourcen
Frau O war eine durchschnittlich begabte Schülerin ohne besondere Begabungen. Sie gibt selbst an, für keinen Beruf besonders prädestiniert gewesen zu sein und hatte auch in ihre schulischen Fähigkeiten kein besonderes Vertrauen, so dass sie sich ein anderes Studium als Sozialpädagogik gar nicht zutraut. Andererseits ist sie eine sehr offene und streitbare Persönlichkeit, die sagt was sie denkt und tut was sie will. Da in der Schule gute Leistungen zählen, engagiert sie sich dort weniger. Sie ist niemals Klassensprecherin gewesen und hat viele Leute, die gerne Kontakt zu ihr gehabt hätten gar nicht wahr genommen. Sie hat auf viele MitschülerInnen sehr distanziert gewirkt, was sie selbst gar nicht gemerkt hat (Z. 778 - 792). Sie beschreibt ihre Position in ihrer Gruppe aber als sehr stark.

Das Studium zieht Frau O ganz locker durch. Sie fühlt sich unterfordert und erinnert sich nur an ein Seminar, dass sie besonders gefordert und interessiert hat. Sie macht ohne großen Stress ihre Scheine und schließt das Studium ohne besondere Spezialisierung ab. Heute sagt sie, dass sie eigentlich enttäuscht war von diesem Studium, es aber zu Ende gemacht hat, um einen Abschluss zu haben (Z. 66 - 75) Durch eine Stellenausschreibung in der FH bekommt Frau O einen Anerkennungsplatz in einem großen Industriebetrieb in der Erwachsenenfort- und Weiterbildung. Eigentlich hat sie zu dem Zeitpunkt schon eine Zusage von der Stadt für den allgemeinen Sozialdienst. Sie ist aber nach dem Vorstellungsgespräch im Betrieb so begeistert und es reizt sie sehr, weil sie annimmt, dass so eine Chance nie wieder kommt und sie die Stelle annimmt, obwohl im Vorfeld klar ist, dass sie nicht übernommen werden kann. Der Bereich in dem sie tätig sein soll, befindet sich in der Zeit in der sie dort ist in einem enormen Veränderungsprozess und sie selbst gestaltet dabei sehr engagiert mit. Sie kann absolut selbstständig arbeiten, eignet sich viele Arbeitstechniken an, entwickelt Konzept und ist sehr kreativ. Sie erkennt durch die positiven Rückmeldungen, die sie bekommt nun zum ersten Mal, welche Fähigkeiten in ihr stecken. Dies bedeutet ihr besonders viel, da die Kollegen alle männlich und viele Jahre älter sind als sie. Wider erwarten bekommt sie nach dem Anerkennungsjahr noch mal eine Vertragsverlängerung und man macht ihr sogar Hoffnungen, dass sie möglicherweise übernommen werden kann. Dies klappt dann aber doch nicht (Z. 97 - 170).
Da sie nicht arbeitslos werden will, nimmt sie eine Stelle an, die sie eigentlich niemals annehmen wollte, sie geht als pädagogische Mitarbeiterin in ein Freizeitheim der Stadt. In der ersten Zeit ist sie dort todunglücklich und fühlt sich erneut unterfordert. Als sie den Umstellungsschock überwunden hat, versucht sie das Beste daraus zu machen, kommt aber mit den Kollegen gar nicht klar und das Ganze gestaltet sich als ziemlich schwierig. Sie signalisiert dann ihrer Führungsetage, dass sie da weg will und kann dann auch nach zwei Jahren in ein anderes

Heim der Stadt wechseln. Dort arbeitet sie kurzfristig ebenfalls als pädagogische Mitarbeiterin, übernimmt aber nach zwei Monaten die Leitung (Z. 170 -192). In diesem Haus arbeitet sie fast drei Jahre. Die Arbeit begeistert sie, da sie nun als Leiterin alle Vorstellungen, die sie von Jugendarbeit hat umsetzen kann und selbst das Sagen hat (Z. 193 - 198). Während sie dort in dem Heim arbeitet macht sie parallel dazu bereits Jugendgruppenleiter Aus- und Fortbildungen für die Stadt und hat durch ihr Engagement irgendwann bei ihrer Chefin "einen Stein im Brett" (Z. 209). Diese schafft dann im Amt eine Stelle im Jugendschutz und will Frau O unbedingt dafür haben. Sie bewirbt sich und nimmt die Stelle dann auch an. Da sie sich wieder unterfordert fühlt und nur ein Drittel der Arbeit sie wirklich interessiert, arbeitet sie ein dreiviertel Jahr lang nur wenig, da sie auch noch viele Überstunden aus der vorigen Tätigkeit mitbringt, die sie abbummeln kann (Z. 222 -228). Dann beginnt sie sich in anderen Themenfeldern, die sie interessieren zu engagieren und kommt so in Kontakt zu dem Geschäftsbereichsleiter. Dieser hat von ihr den Eindruck, dass noch mehr in ihr steckt. Als ihre Abteilungsleiterin geht, fordert er sie auf, sich auf diese Stelle zu bewerben. Für sie kommt dies überraschend, da sie es eigentlich noch für eine Nummer zu groß für sich hält und auch denkt, dass sie noch keine ausreichende Berufserfahrung hat. Sie bewirbt sich dann aber doch, absolviert ein Assessment als Beste und bekommt die Stelle, die sie jetzt auch noch hat (Z. 229 - 247).

Frau O hat ihre Karriere sicherlich nicht so gezielt geplant, wie man sich das normalerweise vorstellt, d.h. sie hat nicht gezielt auf eine bestimmte Position hingearbeitet, die sie zu einer bestimmten Zeit erreicht haben wollte. Sie hat aber nach ihren Erfolgen im Anerkennungsjahr gemerkt, was in ihr steckt und hat diese Fähigkeiten immer weiter ausgebaut. Sie hat sich und ihre Fähigkeiten und Interessen immer wieder gezeigt, hat ihren Vorgesetzten signalisiert, dass sie voran kommen will und hat neue Herausforderungen angenommen. Sie hat Vertrauen in ihre eigene Leistung gefasst und könnte sich auch vorstellen noch weiter zu kommen, wenn sie auf der jetzigen Position ausreichend Erfahrungen gesammelt hat. Insgesamt ist Frau O einen einmal eingeschlagenen Weg geradlinig weiter gegangen auch, wenn sie irgendwann gemerkt hat, dass sie sicherlich auch in einem andern Beruf erfolgreich gewesen wäre. Sie zeichnet sich auch dadurch aus, dass sie versucht das Beste aus Situationen zu machen, die sie in dem Moment vielleicht nicht so reizen. Die Ressourcen, die sie aus ihrer Sozialisation in Bezug auf Selbstbestimmung und Geradlinigkeit gewonnen hat, konnte sie erst richtig nutzen, als sie den Bereich, in dem sie nicht so erfolgreich war, nämlich die Schule, verlassen hatte. Dann konnte sie aber mit diesen Ressourcen richtig durchstarten.

5.2 Typ II: Karriere, um etwas zu bewegen

Die in dieser Gruppe beschriebenen Persönlichkeiten können als 'die Macherinnen' dieser Berufsgruppe beschrieben werden. Sie zeichnen sich dadurch aus, dass es ihnen Zeit ihres Lebens schwer fällt, bestehende Strukturen zu akzeptieren, wenn sie ihrer Ansicht nach unangemessen, bzw. für sie nicht einsichtig sind und dass sie sich auch nicht daran halten, sondern kreative Wege suchen diese zu umgehen oder sie zu verändern. Sie sind charakterisiert durch einen überdurchschnittlich ausgeprägten Gerechtigkeitssinn und hohe Ansprüche an ihre eigene Integrität und Selbstbestimmung. Sie schöpfen ihre Kraft immer wieder aus den Erfolgen, die sie mit ihrer oft unkonventionellen Vorgehensweise erreichen. Sie sind oder waren politisch engagiert und zeichnen sich insbesondere auch dadurch aus, dass sie an jeder Station ihres Lebens versuchen oder versucht haben zielstrebig ihre Interessen und die ihrer Klienten durchzusetzen. Sie verhalten sich in entscheidenden Phasen strategisch klug, indem sie (wenn sie Kinder haben) auch während Erziehungsphasen Kontakt zum Arbeitgeber halten und sich durch kontinuierliche Weiterqualifikation auf dem einmal eingeschlagenen Berufsweg weiter hoch arbeiten. Die Erfahrung drohender, bzw. durchlebter Krisensituationen setzt immer wieder die Energie frei, sich beruflich zu engagieren und dadurch weiter aufzusteigen. Im Folgenden werden zwei Personen beschrieben, die diese beschriebenen Eigenschaften, bzw. Verhaltensmuster in unterschiedlichem Maße aufweisen.

5.2.1 Typ IIa: Die Unkonventionelle (Frau C)

Frau C wird als zweites Kind in einem Beamtenhaushalt einer Großstadt geboren. Ihr mittlerweile verstorbener Bruder ist zehn Jahre älter als sie. Als sie 14 Jahre alt ist stirbt ihre Mutter nach langer Krankheit. Frau C wächst bei ihrem Vater auf, mit dem sie sich im weiteren Verlauf ihrer Pubertät immer wieder in langen Diskussionsprozessen über gesellschaftspolitisch aktuelle Themen auseinandersetzt (Z. 775/ 776). Obwohl Frau C nie Beamter werden will, wie ihr Vater, bezeichnet sie ihn als ihr großes Vorbild, heute sieht sie auch, dass er sich in der Erziehung immer den Part des 'netten' Elternteils herausgesucht hat, weil er die Kinder eben weniger sah als die Mutter (Z. 816-822). Ihr Vater behandelt Frau C nie so als richtiges Mädchen, sie fühlt sich von ihm immer ernst genommen (Z. 787 u. 799). Mit seiner Hilfe lernt sie C sich gegen andere Kinder durchzusetzen und ihre Interessen zu vertreten, er bringt ihr das Kämpfen bei (Z. 787- 793), damit sie sich verteidigen kann, lehrt sie andererseits aber auch sich fair zu verhalten gegen Schwächere (Z. 796-798). Nach dem Tod der Mutter versorgt kurzzeitig die Großmutter den Haushalt, diese wird aber von Frau C sehr bald "rausgeekelt" (Z. 852/

853), da sie sich mit ihr überhaupt nicht versteht und diese ein "richtiges Mädchen" aus ihr machen will (Z. 854 - 856). Der Vater lässt sich schließlich darauf ein, die Tochter tagsüber sich selbst zu überlassen, kontrolliert aber gelegentlich mittags, ob sie zu Hause ist und was sie so treibt, weil er wohl schon ahnt, dass sie diese Freiheit ausnutzten wird (Z. 864-871). So kommt es dazu, dass Frau C mit 17 Mutter wird und mit Freund und Kind in einer WG lebt.

Obwohl eigentlich zu jung, wird sie durch ihr Umfeld und die politische Entwicklung in der Stadt in der sie lebt, immer aktiver in den gesellschaftlichen Veränderungsprozess der 68er Jahre hineingezogen. Anfangs bezeichnet sie sich auf Grund ihres Alters noch als Mitläuferin (Z. 929), später übernimmt sie selbst aktiv erst außerparlamentarische, später offizielle Verantwortung in einer politischen Partei, die sie maßgeblich mit aufbaut (Z. 931-954).

Soziale Ressourcen
Trotz des frühen Todes der Mutter wächst Frau C in einer familiären Situation auf, die geprägt ist von gegenseitiger Wertschätzung und Interesse an den Belangen der anderen Familienmitglieder. Mit ihrem Bruder versteht sie sich bis zu dessen Tod sehr gut (Z. 830/ 831). Der Vater ist für sie absolute Vertrauensperson, bereits zu der Zeit als ihre Mutter noch lebt, so dass sie ihr Tod nicht ganz so hart trifft. Durch den Vater erfährt sie Akzeptanz ihrer Person unabhängig von ihrer Geschlechtsrolle. Sie lernt sich konstruktiv auseinander zu setzen, ihre Meinung zu vertreten und auch sich zu streiten, ohne sich hinterher böse zu sein (Z. 781/ 782). Ihr Vater ergreift für sie Partei, wenn Mutter und Tante sich über ihr Verhalten aufregen (Z. 800-806) und bestärkt sie darin beharrlich Dinge so lange zu üben, bis sie sie kann. Insgesamt erweist sich die Beziehung zu ihrem Vater als sehr prägend für ihren weiteren Lebensweg.

In der Schule läuft es für sie nicht so gut. Sie ist "irgendwie nicht der Renner" und "auch grenzenlos faul" (Z.58 - 60). Sicherlich auch beeinflusst durch die familiären Veränderungen durch den Tod der Mutter schafft sie nur den Hauptschulabschluss. Anschließend will sie Erzieherin werden, muss aber erst noch die zehnte Klasse und dann ein Haushaltsjahr machen, bevor sie die Ausbildung beginnen kann. Sie lernt dann Kinderpflegerin und arbeitet ein halbes Jahr in dem Job bis sie entlassen wird, weil ihre persönliche Vorstellung von der Arbeit nicht mit der der Heimleitung übereinstimmt (Z. 60 - 69). Sie bewirbt sich dann in einer Kita, wird aber nicht genommen, weil sie selbst bereits ein Kind hat und das auf die anderen Eltern keinen guten Eindruck macht. Sie arbeitet dann eine Zeitlang in einem Heim, anschließend in einer evangelischen Kita und stellt aber nach einer Weile fest, dass das auch nicht das Richtige für sie ist (Z. 72-82). Sie bewirbt sich dann für einen Studienplatz zur Sozialarbeiterin und bekommt ihn auch. Allerdings bemerkt niemand bei der Zulassung, dass sie die Voraussetzungen gar nicht erfüllt, weil sie zwar die zehnte Klasse und eine abgeschlossene Berufsausbildung, aber keine mittlere Reife hat. Dies wird erst bei der Zulassung zur Zwischenprüfung festgestellt und so muss sie diese zurückstellen und erst noch die Mittlere Reife nachholen (Z. 83 - 97). Einen Platz dafür zu finden gestaltet sich als schwierig, weil es bereits mitten im Schuljahr ist. Sie meldet sich zweimal zur Fremdprüfung an und fällt zweimal durch. Dann wird ihr gesagt, wenn sie nicht endlich einen Kurs macht und dann die Prüfung darf sie sich nicht noch mal melden, weil man die Prüfung maximal dreimal machen kann. Sie klappert die Abendschulen ab und wird wiederum überall abgelehnt, weil bereits die Hälfte des Schuljahrs um ist. Als ihr dann auch der Verantwortliche der letzten Schule eine Absage erteilen will, bricht sie in Tränen aus und bekommt so schließlich doch noch die Gelegenheit das zweite Halbjahr zu absolvieren, wobei der Schulleiter nicht glaubt, dass sie die Abschlussprüfung so schafft. Sie schafft es dann aber doch (Z. 98-115). Weil sie sich in der verbleibenden Zeit nur auf diesen Abschluss konzentriert, schafft sie es entgegen der Absprache nicht, die FH zu besuchen. Dies hat zur Folge, dass sie dort in Soziologie durch die Zwischenprüfung fällt, weil ein Professor ihr übel nimmt, dass sie nie in seiner Vorlesung war. Sie muss dann noch mal ein Jahr dran hängen. Beim zweiten Anlauf schafft sie die Zwischenprüfung dann, studiert zu Ende und macht ein befriedigendes Examen (Z. 115-123)

Persönliche Ressourcen:
Auch in diesem Lebensabschnitt fällt auf, dass Frau C nur etwas erreicht, in dem sie beharrlich und gegen alle Widerstände ihr Ziel im Auge behält. Sie erkämpft sich gegen alle Widrigkeiten die Chance, ihren Weg weiter zu gehen. Sie kann zu Schulzeiten nicht auf überdurchschnittliche kognitive Fähigkeiten zurückgreifen, weil sie nicht lernt und Schule für sie nicht so wichtig ist. Sie schafft es aber dennoch immer sich durchzusetzen.

Nach dem Examen macht Frau C ihr Praktikum im Bezirksamt und handelt sich wieder einmal Ärger mit dem Vorgesetzten ein, weil sie den Dienstweg nicht einhält und bei entsprechenden Fragestellungen gleich mit den Leuten verhandelt, die die Entscheidungen treffen. Sie muss sich von den Kollegen anhören, sie müsste sich das mal abgewöhnen, weil "nicht jeder Krümel zum Kuchen gehen kann", hält sich aber nicht daran, weil ihr Vorgesetzter ihre Initiativen abblockt (Z. 128- 137).

Auch hier löst Frau C Probleme auf ihre Art und weigert sich Regeln einzuhalten, als sie merkt, dass sie damit nicht weiter kommt, bzw. diese auch der Sache nicht nützen.
Da Frau C immer noch politisch engagiert ist und für eine Partei in dem Bezirk kandidiert wo sie auch arbeitet, muss sie sich entweder beurlau-

ben lassen oder woanders kandidieren. Da sie das nicht will, kündigt sie kurzerhand und geht zu einem freien Träger. Dort engagiert sie sich und baut einen neuen Arbeitsbereich (Umwandlung von Heimplätzen zu Wohngemeinschaften) mit auf. Sie ist zum erstenmal richtig etabliert, bezieht ein regelmäßiges Gehalt und kann so arbeiten, wie es ihr gefällt. (Z. 138 - 154). Aber nach sieben Jahren bekommt sie wiederum Lust etwas neues zu machen, weil die dreiviertel Stelle und die Beschäftigung mit den Kindern sie langweilt und ihr eigenes Kind mittlerweile schon groß ist, beginnt sie nebenbei Jura zu studieren (Z. 155-157). Sie lernt zwei Frauen kennen, mit denen sie sich dann auch zur Prüfung meldet. Weil sie aber "mal wieder nicht die Dinge, die man im Jurastudium macht, paukt und tut" macht, (Z. 159-160) fällt sie durch den schriftlichen Teil des Examens. Ihr Freund macht zur gleichen Zeit seinen Abschluss an der Uni, und da sie keinen Ehrgeiz hat, das Examen zu wiederholen, kündigen beide ihre Stellen und radeln gemeinsam ein Jahr (1989) durch Afrika (Z. 165 -169).

Auch in diesem Lebensabschnitt zeigt sich die unkonventionelle Lebenseinstellung von Frau C erneut. Eine sichere Stelle aufzugeben um ein großes Abenteuer zu erleben, das eigene Kind ein Jahr nicht zu sehen, ist sicherlich nicht jedermanns Sache. Besonderes in einer Zeit, in der durch die politische Wende große Veränderungen in Deutschland passieren und niemand wissen kann, wie sich auch die Arbeitsmarktsituation entwickelt. Aber Frau C kann ein 'normales' Leben scheinbar nicht aushalten, es ist ihr nach einer Weile zu langweilig, und deshalb muss sie etwas neues erleben. Möglicherweise holt sie in diesem Jahr auch einen Teil ihrer Jugend nach, den sie nicht erleben konnte, weil sie schon so früh Mutter wurde und Verantwortung für ihr Kind übernehmen musste.

Als sie zurückkommt, bewirbt sie sich erneut bei verschiedenen Stellen und landet schließlich bei dem Freien Träger, bei dem sie heute noch arbeitet als Gemeindeberaterin. Sie macht soziale Basisarbeit und entwickelt gleichzeitig mit Kollegen verschiedene Projekte in unterschiedlichen Themenbereichen, organisiert Finanzen und anderes mehr (Z. 175 - 182). Als es wiederum große Veränderungen in ihrem Bereich gibt, ist sie dabei, das neue Konzept des Trägers mit zu entwickeln. Dies dauert mehrere Jahre und als es endlich steht, wird sie gefragt, ob sie die Geschäftsführung machen will (Z. 188 201). Sie nimmt die Stelle an. Während dieser Zeit bekommt Frau C noch zwei weitere Kinder, arbeitet aber immer weiter, da ihr ältester Sohn, mittlerweile erwachsen, als 'Tagesvater' die Kinderbetreuung übernimmt (Z. 203 - 207). Frau C hat nun als Geschäftsführerin den Vorstand und die Mitgliederversammlung als Kontrollorgane in Bezug auf die finanzielle Absicherung des Vereins. Inhaltlich und in Personalentscheidungen hat sie absolut freie Hand. Sie muss ihre Projekte nur präsentieren und entsprechend den Leitlinien des

Trägers strukturieren und kann ihre Arbeit letztendlich so organisieren, wie sie es für richtig hält (Z. 221 -232).

Der Karriereweg von Frau C ist geprägt von einer durchgängigen Stehaufmännchenmentalität. Sie boxt sich immer wieder durch, so wie sie es von ihrem Vater gelernt hat und schafft es, ihr Leben und ihren Beruf so zu gestalten, wie sie es für richtig hält. Sie verstößt dabei oft gegen Konventionen, versucht Dinge zu verändern und Neues anzustoßen, ist nicht bereit Autoritäten anzuerkennen, wenn sie sie nicht überzeugen. Sie fühlt sich nur ihrer eigenen Überzeugung verpflichtet, nicht irgend welchen Vorschriften.

5.2.2 Typ IIb: Die Strategin (Frau A)

Frau A stammt aus der Familie eine selbstständigen Kaufmanns, auch die Mutter arbeitete im Laden mit, und sie selbst wird bereits als Kind mit verantwortungsvollen Aufgaben in den elterlichen Betrieb eingebunden (Z. 1549-1561). Sie erlebt in ihrer Kindheit, dass der Erfolg des Einzelnen in direktem Zusammenhang mit dem persönlichen Engagement steht und fällt. Sie bewertet dies selbst als ihre persönliche Prägung und sieht es auch als Antrieb für ihr eigenes berufliches Verhalten (Z. 1143-1157). Obwohl Frau A das Verhältnis zu ihren Eltern in ihrer Kindheit als sehr eng beschreibt und sie sicherlich mehr räumlichen und zeitlichen Kontakt zu ihnen hatte, als es normalerweise üblich ist, da sie praktisch im Laden ihrer Eltern groß wurde (Z. 1464-1473), geht sie bereits recht früh eigenständige Wege in Bezug auf Freizeitgestaltung und Aktivitäten (Z. 1499-1505). Sie betreut bereits mit 14 oder 15 Jahren Kinder in einem dreiwöchigen Sommercamp und übernimmt da erste Verantwortung in größerem Rahmen (Z. 1562-1581). Sie erlebt ihre Eltern dabei als verlässlichen Part, im Hintergrund stets ansprechbar, aber eben durch die berufliche Verpflichtung mit zu wenig Zeitressourcen ausgestattet, um die Kinder (Frau A hat noch einen jüngeren Bruder) ständig zu kontrollieren.

Frau A hat ein besonderes Verhältnis zu ihrer Mutter entwickelt, die sie auch gegen innerfamiliäre Widerstände unterstützt hat, Abitur zu machen, obwohl es durchaus in einigen Schuljahren möglicherweise besser gewesen wäre, sie nicht zu versetzen, bzw. sie von der Schule zu nehmen. Die Eltern haben sie immer gewähren lassen, da Frau A vermutlich bereits in der Kindheit Ehrgeiz an den Tag gelegt hat, sich selbst Optionen für ihre berufliche Laufbahn zu öffnen (Z. 1522-1539). Auch heute ist Frau A's Mutter immer noch ihre erste Ansprechpartnerin, wenn es darum geht, berufliche Veränderungen zu überlegen. Die Entscheidung ihre jetzige Stelle zu übernehmen hat sie nicht zuerst mit ihrem Mann besprochen, sondern mit ihrer Mutter, denn sie ist die verlässliche

Person, die ihr den Rücken frei hält und die Kinder betreut (Z. 1177-1205). Während Frau A ihre Mutter in ihrer Kindheit als die deutlich strengere erlebt hat, hat diese sich im Verhältnis zu ihren Enkelkindern erheblich gewandelt, sodass Frau A sie auch gut als Betreuungsperson für diese akzeptieren kann. Sie sieht natürlich auch, dass ihre Mutter es genießt, die Zeit zu haben, die sie mit ihren eigenen Kinder auf Grund ihrer Selbstständigkeit nie hatte, und verwöhnt sie sehr (Z. 1477-1496). Frau A sieht dies allerdings auch ganz pragmatisch, da sie die Überzeugung vertritt, dass wenn sie ihre Mutter mit der Betreuung der Kinder betraut, diese dabei auch freie Hand haben muss, sonst funktioniert dies so nicht (Z.1452-1464).
Ihren Vater beschreibt Frau A als den Ausgleichenden, der sie in ihrer Jugend eher gewähren ließ, obwohl sie sich selbst als ziemlich furchtbare Jugendliche beschreibt (Z. 1473-1477).

Soziale Ressourcen
Insgesamt ist das Verhältnis zwischen Frau A und ihren Eltern als sehr vertrauensvoll zu bewerten. Sie haben sie weder besonders gefördert, sie aber andererseits auch nie besonders eingeschränkt oder in ihren Aktivitäten beschnitten, sodass Frau A sich ausprobieren konnte und Erfolge und Misserfolge auf Grund ihres eigenen Verhaltens erleben und bewerten musste. Auch wenn dieser relative Freiraum sicherlich eher aus Zeitmangel als aus gezielter pädagogischer Überlegung heraus entstand, schuf er die Basis, für die spätere berufliche Entwicklung. Gleichzeitig wirkte das erlebte Verhalten der Eltern (nur wer arbeitet und sich engagiert hat Erfolg) prägend für eigenes Handeln in Schule und Freizeit (Frau A war Klassensprecherin und engagierte sich auch sonst in schulischen Belangen, Z. 1622-1630). Andererseits musste Frau A sich ohne Unterstützung der Eltern für einen Beruf entscheiden. Dass sie nicht in den kaufmännischen Bereich gehen wollte und den Laden übernehmen, war ihr bereits sehr früh klar, da sie am eigenen Leibe erlebte, wie wenig Freizeit ihre Eltern hatten (Z.1164-1173). Sie traf ihre Berufsentscheidung aus einer für sie eher "diffusen Mängellage" heraus (Z. 313) auch unter dem Einfluss der damaligen Zeit als viele Schulabgänger in die sozialen Arbeitsfelder gingen (Z.295-302). Allerdings war sie durch ihre ehrenamtlichen Erfahrungen im sozialen Bereich bereits vorgeprägt, sodass der Schritt in diese Berufsrichtung nahe lag (Z. 289-295).

Persönliche Ressourcen
Frau A ist eine Frau, "die immer viel Spaß an neuen Sachen hat und nichts mehr hasst, als eingefahrene Wege noch mal zu beschreiten" (Z.372/374). Es fällt nicht schwer, sie insgesamt als eine 'Macherin' zu bezeichnen, die ihr Leben selbst in die Hand nimmt, wie der oben beschriebene Berufsverlauf zeigt. Sie ist ehrgeizig und versucht sich in ihrem Berufsfeld auch oft über ihre Kapazitäten hinaus zu engagieren (Z.

155-160). Sie koordiniert Beruf, Kinder und Privatleben und versucht auch ihren Partner immer mehr in die Pflicht zu nehmen, was reproduktive Tätigkeiten an belangt, dies gelingt aber nicht in allen Bereichen so unproblematisch, wie sie sich das vorstellt (Z. 1321-1342). Sie setzt in ihrem Leben eindeutige Prioritäten. Da sie eine hohe Arbeitsorientierung aufweist, organisiert sie ihr Leben so, dass alle Bereiche, die ihre berufliche Tätigkeit beeinflussen könnten, möglichst unproblematisch ablaufen. Sie kann dies, da sie der Unterstützung ihrer Mutter gewiss ist. Verzichtet aber für sich selbst auf vieles (Z.1321-1342).

Ressourcen als Reaktionen auf drohende, bzw. einmal erlebter Arbeitslosigkeit.
Nach dem Abitur macht Frau A ein freiwilliges soziales Jahr im kirchlichen Bereich und legt damit den Grundstein für ihre einzuschlagende berufliche Richtung. Sie lernt in dieser Zeit die Vielfalt Sozialer Arbeit kennen, erlebt viele Gestaltungsspielräume und beginnt anschließend das Studium der Sozialarbeit (Z. 313-329). Im Studium entscheidet sie sich relativ schnell für den Bereich 'Soziale Administration und Management' weil sie die Themen interessieren (Z. 328-343). Am Ende des Studiums wechselt sie noch mal in Richtung klassische Sozialarbeit im Amt (Z. 71-80), hakt dies aber nach dem Berufspraktikum schnell ab (Z. 343), da bereits zu dieser Zeit viele Sozialarbeiter arbeitslos sind und die Aussichten sich in einem Projekt zu profilieren und dann eine feste Stelle zu bekommen ihr am größten scheinen (Z. 344-355). Auch die Erfahrungen aus ihrer Jugend im Bereich sozialer Arbeit bei einem freien Träger, beeinflussten diese Entscheidung.
Nach dem Anerkennungsjahr ist Frau A drei Monate arbeitslos. Aus familiären Gründen bewirbt sie sich nur im räumlichen Umfeld ihres Wohnorts. Sie beginnt eine ABM bei einem andern Freien Träger, die sie dadurch bekommt, dass ein anderer Kollege aus diesem laufenden Projekt aussteigt, und übernimmt dort mit einem Kollegen die Leitung. Da das Projekt auf ein Jahr befristet ist, versucht sie in der Endphase dort weg zu kommen und erhält durch ihre alten Kontakte die Chance wieder bei dem Freien Träger, für den sie schon als Jugendliche gearbeitet hat, ein Projekt für Spätaussiedler aufzubauen. Sie ist zwar einer Abteilungsleiterin unterstellt, kann aber "frei schalten und walten und selber Akzente setzen" (Z. 104-128).
Frau A bekommt 1991 zwei Kinder. Dass dies Zwillinge sind bezeichnet sie selbst heute als glückliche Fügung (Z. 1258-1267), denn im späteren Verlauf ihrer Karriere hätte sie eher darauf verzichtet weitere Kinder zu kriegen. Sie macht anderthalb Jahre Erziehungsurlaub (128-134), hält aber in der Zeit über befristete Verträge weiterhin den Kontakt zum ihrem Arbeitgeber, da ihr das Risiko bewusst ist, ganz ihre Stelle zu verlieren. Sie hat bei Kolleginnen erlebt, dass diese wegrationalisiert wurden, einfach weil sie nicht präsent waren. Auch steht in der Zeit ein Wechsel in der Direktion an und der neue Chef kennt sie nicht, sodass sie ernsthaft

in Gefahr geraten wäre ihre Stelle zu verlieren. Sie beginnt nach diesen anderthalb Jahren wieder zu arbeiten, reduziert aber ihre Arbeitszeit auf eine halbe Stelle (Z. 132-149). Sehr schnell nach ihrem Wiedereintritt ins Berufsleben entscheidet sie sich für die Kandidatur in der Mitarbeitervertretung, "da es bei diesem Freien Träger auch nicht anders zugeht als auf dem freien Markt" (Z. 163-174). Sie macht weiterhin Aussiedlerarbeit, schreibt mit ihrer Kollegin an einer Rahmenkonzeption für Aussiedler und Flüchtlingsarbeit und verschafft sich so schnell ein relativ hohes Maß an Eigenständigkeit in dem neuen Fachbereich (Z. 177-183). Da es ihr auf Dauer nicht genügt, immer nur die "Kleinmannschaft" (Z. 186) unter ihrer Kollegin zu sein und dennoch viel Verantwortung mit zu tragen, beginnt sie im Rahmen von Umstrukturierungsmaßnahmen in einem neuen Tätigkeitsfeld neue Projekte zu begleiten, die Fachberatung zu machen und das Arbeitsfeld auf Landes- und Bundesebene zu vertreten (Z. 186-208). Sie stockt ihre Stunden auf 25 auf, bedingt sich die Option aus, nur vier Tage die Woche zu arbeiten und freitags frei zu haben und steigt innerhalb dieses neuen Feldes durch hohes Engagement relativ zügig immer weiter auf. 1999 wird die Überlegung an sie heran getragen nochmals einen Wechsel vorzunehmen und sich als Stabsstellenleiterin direkt der Direktion zu unterstellen, was dann auch Anfang 2000 so geschieht (Z. 220-247). Zum Zeitpunkt des Interviews ist sie dabei das neue Arbeitsfeld auszugestalten und nach und nach alte Bereiche abzugeben (Z.257-270).

Die hier beschriebene berufliche Entwicklung von Frau A spiegelt im groben 10 Jahre Entwicklung des Arbeitgebers wider (Z. 271/272). Sie zeigt aber auch den Karriereweg einer Frau auf, die sich an den entscheidenden Zeitpunkten ihres Berufslebens strategisch verhalten hat. Anfänglich um drohende Arbeitslosigkeit zu vermeiden, später jedoch gewonnen Handlungsoptionen, also gewisse berufliche Freiräume auszubauen, bzw. neu zu erschließen. Sie bezeichnet die Entscheidung, sich selbst mehr in die Arbeit einzubringen als eine bewusste, denn sonst wäre sie möglicherweise Kürzungen anheim gefallen (Z. 361-372) Somit kann man ihre Karriere als Reaktionen auf die Erfahrung drohender, bzw. einmal erlebter Arbeitslosigkeit bewerten.

5.2.3 Typ III: Karriere als Reaktion auf das Verhalten der Herkunftsfamilie

Als besonderes Kennzeichen dieses Typs ist festzuhalten, dass der Karriereverlauf der hier beschriebenen Personen maßgeblich bestimmt wird durch Ereignisse, bzw. Haltungen und Handlungsweisen ihrer Herkunftsfamilien im Verlauf der Sozialisation. Diese, wenn auch innerhalb des Einzelfalls unterschiedlichen Auslöser, haben dazu geführt, dass die Frauen daraus Kräfte mobilisiert, d.h. Ressourcen entwickelt haben, die ihren Weg maßgeblich bestimmt haben. Im folgenden beschreibe ich den Karriereverlauf von zwei Personen dieser Gruppe, die sich insofern unterscheiden, als sie individuell differierende kognitive Voraussetzungen mitbringen und von der Grundeinstellung der Familie zur Einzelperson Unterschiede vorhanden sind. Der auslösende Moment für die Entwicklung der Frauen ist aber das Verhalten der Herkunftsfamilie.

5.2.4 Typ IIIa: Die Kämpferin (Frau F) - Karriere als Kampf um Anerkennung -

Frau F (41 J.) stammt aus einer, wie sie selber sagt 'kleinbürgerlichen Familie' (Z. 52) aus einer Kleinstadt, mit drei weiteren Geschwistern, einem älteren Bruder und zwei jüngeren Schwestern. Aufgewachsen in dem Bewusstsein, in den Augen des Vaters minderwertig zu sein als Mädchen (Z. 907), erlebte sie eine Kindheit, die sich vor allem darin auszeichnete, die Anerkennung der Eltern durch Leistung und Wohlgefallen zu erringen (Z. 917-924). Das Verhältnis zu ihren Eltern bezeichnet sie als konflikthaft (Z. 924), da sie weder dem Frauenbild ihres Vaters entspricht, der mit sich selbst unzufrieden ist und auch zu ihrer Mutter ein eher ambivalentes Verhältnis hat, auch heute noch (Z. 913); es besteht kaum noch Kontakt (Z. 915). Als älteste Tochter muss Frau F frühzeitig Verantwortung übernehmen, d.h. im Haushalt helfen und auf die jüngeren Schwestern aufpassen (Z. 956-958). Mit ihren Eltern gibt es auch Konflikte, weil sie sich weigert ihren Bruder zu bedienen (z. B. sein Bett zu machen) (Z. 962-964). Insgesamt erhält Frau F dann Anerkennung in der Familie, wenn sie sich rollenkonform verhielt, also so, wie ihre Eltern sich das für sie als Mädchen vorstellten.

Da alle anderen Familienmitglieder (Eltern und Geschwister) nur Hauptschulabschluss haben, wird Frau F nur deshalb aufs Gymnasium geschickt, weil es von der Schule so empfohlen wird, es wird zuhause geduldet (Z. 55-61). Eigentlich ist es eher suspekt. Zudem ist Frau F sehr gut in der Schule, es fällt ihr vieles zu, aber eigentlich ist das den Eltern eher suspekt, da sie selbst zu akademischer Bildung keine Beziehung haben (Z. 87-93). Im Elternhaus wird sie nicht gefördert (Z. 68/69). Letztendlich macht sie dann auch nur Abitur, weil sie von einer Lehrerin dazu ermutigt wird, da sie nach der mittleren Reife eigentlich von der Schule abgehen will (Z.98-99). Wohl auch, um endlich den Querelen zu Hause zu entgehen und ausziehen zu können.
Obwohl sie ein ziemlich gutes Abitur macht, mit dem sie alles hätte studieren können (Z. 101/ 102), fehlt ihr das Selbstvertrauen, direkt nach der Schule ein Studium aufzunehmen (Z. 102), da sie auch jetzt keine

Anerkennung seitens der Familie bekommt. So bewirbt sie sich denn auch vorerst um einen Ausbildungsplatz im gehobenen Dienst an einer Verwaltungsfachhochschule (Z. 107/108) und erhält aus einer Bewerberzahl von 900 einen der wenigen Ausbildungsplätze, obwohl sie aus einem anderen Bundesland kommt (Z. 111-117). Bedingt durch die Überlegung, ein eigenes Einkommen haben zu müssen um endlich von zu Hause weg zu kommen (Z. 104), nimmt sie den Ausbildungsplatz an, bricht die Ausbildung aber nach einem Jahr ab, weil sie merkt, dass das gar nichts für sie ist (Z. 118) und wechselt in eine Großstadt, wo sie Freunde hat. Sie erhält dort einen Studienplatz an der Fachhochschule und beginnt Sozialpädagogik zu studieren (Z. 121/122). Mit der Aufnahme des Studiums vollzieht sie im Grunde genommen den endgültigen Bruch zu der Lebenswelt ihrer Eltern, den sie mit dem Weggang von zu Hause bereits eingeleitet hat.

Frau F bleibt von dem Moment der Aufnahme des Studium relativ stringent auf dem eingeschlagenen Karriereweg, auch wenn sie es selbst nicht so als Karriere bezeichnet (Z. 284-286). Sie schließt ihr Studium und ihr Anerkennungsjahr wieder sehr gut ab (Z. 141/ 290), übernimmt dann direkt daran anschließend sofort schwirige Leitungsaufgaben bei einem freien Träger, wechselt danach zu einem anderen freien Träger und geht diesen einmal eingeschlagenen Weg konsequent weiter bis zu ihrer heutigen Position, wobei sie sich entsprechend ihrem mittlerweile selbst eingestandenen Wert verkauft (Z. 398-406). Ihre Familie hat auch auf diese 'Karriere' nicht so reagiert, wie man es annehmen sollte. Frau F beschreibt, dass ihre Familie weder mit ihrem Berufsbild, noch mit ihrer Tätigkeit etwas anfangen können. Sie haben keine konkrete Vorstellung davon, was sie eigentlich macht. Sie haben zur Kenntnis genommen, dass sie ihr Studium abgeschlossen hat uns dass sie arbeitet, aber das ist auch schon alles (Z. 888-900). Sie hat bis heute nicht die Anerkennung erhalten, die sich immer gewünscht hat (Z. 925-929). Mittlerweile hat sie das für sich mit Hilfe einer Therapie bearbeitet und begriffen, dass ihre Familie einfach nicht in der Lage ist, sie so anzuerkennen, wie sie nun mal ist. Sie ist darüber nicht glücklich, aber auch nicht mehr so enttäuscht (Z. 931-936).

Soziale Ressourcen
Frau F kann nicht auf soziale Ressourcen, im Sinne von Unterstützung innerhalb ihrer Familie zurückgreifen, eher das Gegenteil ist der Fall. Sie beschreibt ihre Familie auch in der Rückschau als 'relatives Gruselkabinett' (Z. 1002) und sieht ihre Distanz auch in dem Zusammenhang, dass ihre Eltern ihr etwas anders zugedacht hatten für ihren Lebensweg (Z. 1010) und sie nun einen Preis dafür zahlt, dass sie den Weg anders gegangen ist (Z.1010/1011).
Ihr Weg wird durch die Empfehlung der Schule das Gymnasium zu besuchen vorgezeichnet. Am Ende der Mittelstufe erhält sie die Ermuti-

gung durch eine Lehrerin, die ihr Potential erkennt und die sie dazu bringt, das Abitur zu machen, obwohl sie eigentlich die Schule mit der mittleren Reife verlassen möchte.

Persönliche Ressourcen
Frau F zeichnet sich durch eine hohe Intelligenz und Intellektualität aus. Sie hat sich ihre Ressourcen im Grunde erworben durch den beständigen Kampf um Anerkennung ihrer Familie, vorrangig der Eltern. Sie versucht, diese beharrlich immer wieder durch Leistung zu erringen, was aber nicht gelingt.

Ressourcen als Reaktionen auf das Verhalten der Herkunftsfamilie
In der von Frau F beschriebenen schwierigen familiären Situation lassen sich Hinweise finden, die Frau F's Ambitionen einmal im Leben weiter zu kommen begünstigt haben könnten. Das Nichtakzeptieren wollen der Tochterrolle und die Auflehnung gegen die Forderung den Bruder zu bedienen führte zu häufigen Auseinandersetzungen. Es entstand das Gefühl anders zu sein und dadurch auch das Gefühl Ablehnung zu erfahren. Dieses könnte wiederum dazu geführt haben sich auf anderem Gebiet, d.h. z.B. auf intellektuellem, Anerkennung zu verschaffen. Der Schritt, dennoch nach dem Abitur einen Ausbildungsberuf zu ergreifen zeigt, einerseits den Wunsch durch materielle Absicherung schnell auf eigenen Füßen stehen zu können, andererseits bleibt sie dadurch zumindest noch kurzfristig in einem Milieu, das ihre Familie noch annähernd verstehen kann. Sie muss aber feststellen, dass diese Ausbildung nichts für sie ist und da ihre Eltern sie wiederum nicht so anerkennen, wie sie es sich wünscht, bricht sie die Ausbildung ab, um nun endgültig einen anderen, intellektuellen Weg zu gehen. Der Schritt, in einer Großstadt noch weiter weg von zu Hause zu studieren, stellt die endgültige Trennung von ihrer Familie dar, die auch später nicht mehr rückgängig zu machen ist, da diese in einer anderen Welt lebt. Sie hat irgendwann begriffen, dass sie im Grunde mit ihren Fähigkeiten in die 'falsche' Familie hinein geboren ist und deshalb keine Unterstützung erfahren konnte. Hätte sie mit ihren Kompetenzen mehr Unterstützung gehabt, hätte sie sicherlich auch in einem anderen Berufsfeld erfolgreich Karriere gemacht. Möglicherweise hätte sie diese dann auch gezielt geplant (Z. 284-286). Frau F hat Karriere gemacht, weil sie die Anlagen dazu hatte und weil sie versucht hat die Ablehnung der Eltern durch herausragende Leistung zu überwinden.

5.2.5 Typ IIIb: Die Trotzige (Frau L) - Karriere, "um es allen zu zeigen" -

Frau L (49 J.) wächst als zweite Tochter eines selbstständigen Ehepaars in einer Kleinstadt auf. Schon als Kind muss sie ihrem Vater im Laden helfen, übernimmt verantwortungsvolle Aufgaben in Haushalt und Geschäft, weil beide Eltern sehr eingespannt sind. Außerdem sanieren ihre Eltern ein altes Haus und auch dort muss sie mit zupacken (Z. 769-778). In der Schule läuft es für Frau L nicht so gut (698-702). Sie schafft zwar den Übergang von der Volksschule aufs Gymnasium, muss aber nach der sechsten Klasse wieder auf die Volksschule zurück, weil sie nicht versetzt wird. Für ihre Eltern ist dies so ein Schock, dass sie kein Wort mit ihr sprechen (Z. 721-723). Sie selbst führt das darauf zurück, dass es sich in der Kleinstadt schnell rumgesprochen hat, dass sie versagt hat und es ihren Eltern peinlich ist (Z. 713-717). Frau L beschreibt sich selbst als immer etwas langsamer im Lernen, dass sie immer ein bisschen mehr tun musste, sich immer ein bisschen mehr anstrengen musste als ihre Schwester (Z. 703-705). Diese schulische Niederlage wird für sie, wie sie selbst sagt, der Antrieb 'es allen zu zeigen', zu zeigen, dass sie es doch schafft (Z. 717/718 u. 727/727). Aus dieser persönlichen Niederlage entwickelt sie einen enormen Ehrgeiz, der sich durch ihr ganzes weiteres Leben zieht. Sie arbeitet sich praktisch vom untersten Bildungsniveau nach oben, wobei sie sich immer wieder neuen Herausforderungen stellt. Nach Abschluss der Hauptschule holt Frau L auf der kaufmännischen Handelsschule ihren Realschulabschluss nach und arbeitet dann fünf Jahre in der freien Wirtschaft bei einer Bank. Sie sagt, dass ihr das gut getan hat, dass sie da ihre Anerkennung bekommen hat (Z. 964). Sie steigt von der Stenokontoristin zur Sekretärin und später zur Vorstandssekretärin auf. Dort kann sie sich beweisen und sehen, dass es immer weiter geht (Z. 967-969). Obwohl sie in ihrem Job sehr erfolgreich und angesehen ist, wird sie irgendwann unzufrieden, weil sie sich nicht vorstellen kann, ein Leben lang Vorstandssekretärin zu sein und dem Chef den Kaffee zu servieren (Z. 974). So beschließt sie weiter den 'holprigen Weg' zu gehen (Z. 975). Die Entscheidung noch mal zu studieren fällt sie, als sich in ihrem beruflichen Umfeld Veränderungen ergeben, die Technik der Phonographie hält Einzug in die Büros und der Kontakt zu den Kollegen wird immer weniger (Z. 28-31). Sie stellt fest, dass sie mehr mit Menschen zu tun haben möchte und beschließt Sozialarbeit zu studieren, nachdem sie in einer Zeitung gelesen hat, dass im sozialen Bereich Menschen gesucht werden (Z. 33-35). So macht sie denn auf der Fachoberschule ihre Fachhochschulreife nach, jobbt ein Jahr in ihrem alten Beruf, weil sie nicht gleich einen Studienplatz bekommt (Z. 70) und beginnt dann Sozialarbeit zu studieren. Während des Studiums bekommt sie zwei Kinder. Da sie so voller Elan und Engagement (Z. 562) ihr Studium gerade begonnen hat als sie schwanger wird, beschließt ihr Mann, sein Studium, das ihm sowieso nicht so liegt abzubrechen. Er macht sich als Taxiunternehmer selbstständig, finanziert ihr Studium (Z. 568) und kümmert sich anschließend um Haushalt und Kind(er) (Z. 569). Nach Abschluss des Studiums macht sie nach einer einjährigen Kinderpause ihr Anerkennungsjahr bei der Bezirksregierung, beim Landesjugendamt und bekommt anschließend eine ABM-Stelle bei der Stadt im Sozialamt (Z. 75-77). Nach drei Jahren ABM bekommt sie ein unbefristetes Arbeitsverhältnis und wird nach weiteren drei Jahren Stellenleiterin, weil in ihrem Arbeitsbereich eine Stelle neu geschaffen wird (Z. 79-82). Diese Position erreicht sie vor allem, weil ihre Vorgesetzte sie ein wenig anschubst (Z. 138) und ihr Kollegen vermitteln, dass sie genau die richtige für die Position ist. Sie stärken ihr den Rücken (Z. 126) und sprechen ihr das Vertrauen aus. Als sie die Stelle bekommt, erhält sie von Ehemann und Mutter Anerkennung und sie sind Stolz auf ihren Erfolg (Z. 144/ 145). Als problematisch bezeichnet Frau L die Akzeptanz als Frau in einer Führungsposition in der Verwaltung (Z. 150-157). Insbesondere von den Verwaltungskräften wird sie beobachtet, ob sie ihre Arbeit auch gut bewältigt. Da sie aber über Jahre den Abteilungsleiter vertritt und diese Aufgabe gut bewältigt, erhält sie eine positive Akzeptanz (Z. 164- 172). Ihr Selbstbewusstsein hat sich mittlerweile positiv entwickelt. Sie weiß was sie kann, weiß auch, dass sie als Frau immer ein bisschen mehr machen muss, hat sich aber bewiesen und ist auch anerkannt (Z. 161/ 171).

Soziale Ressourcen
Als Kind eines selbstständigen Kaufmanns wird Frau L bis zu einem einschneidenden Ereignis in ihrer Biographie von ihrer Familie geschätzt und unterstützt. Sie wird mir verantwortungsvollen Aufgaben in Geschäft und Familie betraut und sicherlich auch mit vielen Hoffnungen der Eltern befrachtet auf die höhere Schule geschickt. Der Bruch in dieser Beziehung tritt ein, als Frau L nach einem Jahr das Gymnasium wieder verlassen muss und auf die Hauptschule zurückgeht. Sie hat die Eltern enttäuscht und möglicherweise fühlen sie sich in dem kleinen Ort blamiert und zeigen dies der Tochter sehr deutlich. Später in ihrem Leben, als sie durch vielerlei Geschehnisse bewiesen hat, was in ihr steckt, erhält sie die Anerkennung und Unterstützung ihrer Eltern aufs neue. Zudem wird sie im Verlauf der Karriere vom Partner und den eigenen Kindern immer wieder unterstützt.

Persönliche Ressourcen
Frau L beschreibt sich selber als etwas langsamer im Lernen, ihr fiel nicht alles so zu, wie anderen. Sie brachte keine überragenden intellektuellen Fähigkeiten mit, die es ihr ermöglicht hätten, den Weg so zu gehen, wie ihre Eltern es für sie vorgesehen hatten. Dennoch setzt das Schlüsselerlebnis des erzwungenen Schulwechsels Energien bei ihr frei, die ihren weiteren Lebensweg bestimmen.

Ressourcen aus Schlüsselerlebnis
Insgesamt hat Frau L die Maxime 'es allen zu beweisen' wie einen roten Faden durch ihr Leben gezogen. Sie hat sich in schwierigen Zeiten und Situationen immer durchgebissen, neue Kompetenzen und Qualifikationen erworben und damit letztendlich Erfolg gehabt. Sie hat ihren eigenen Weg gefunden und glaubt selbst, dass dies der richtige Weg für sie war (Z. 949/950). Sie nimmt an, dass der gerade, einförmige Weg für sie nicht das Richtige gewesen wäre und dass es für ihre Persönlichkeitsentwicklung gut war, dass sie diesen holprigen Weg (Z. 956) gegangen ist. Frau L schöpft ihre Energie und ihre Ressourcen aus den erfolgreich bewältigten schwierigen Situationen auf ihrem Lebensweg und aus dem Bewusstsein auch zukünftige Herausforderungen auf dieser Grundlage zu bewältigen. Als sie bereits einen großen Teil ihres beruflichen Weges hinter sich hat und vor dem endgültigen Karrieresprung steht erfährt sie Unterstützung durch ihren Partner und ihre Herkunftsfamilie und kann letztendlich diese Ressourcen nutzen um beruflich erfolgreich voran zu kommen.

5.3 Typ IV: Karriere als Folge eines externen Ereignisses

In dieser Gruppe sind Karrierewege von Frauen beschrieben, die sich deshalb so entwickelt haben, weil sie auf Grund unvorhersehbarer Ereignisse plötzlich ihr Leben neu ordnen und ihre Pläne und Hoffnungen, die ursprünglich bestimmend waren über Bord werfen mussten. Diese Wendepunkte in den Lebensläufen, beispielhaft zu nennen sind hier Tod des Partners, bzw. Scheidung und Trennung vom Partner sind der Auslöser, dem Lebenslauf eine andere Richtung zu geben als bis dahin geplant, wobei nicht zu leugnen ist, dass die Frauen über persönliche Voraussetzungen verfügen, die dies ermöglicht haben.

Karriere nach Schicksalsschlag - (Frau J)

Frau J wächst als jüngere von zwei Mädchen in einer Flüchtlingsfamilie auf, die nach dem zweiten Weltkrieg aus der Tschechoslowakei vertrieben wurde. Der Vater, ein Buchhalter, geprägt durch die Kriegserlebnisse sehr streng und ernst (Z. 822-829), achtet sehr darauf, dass sie immer gute bis sehr gute Schulleistungen nach Hause bringt (Z. 834/844) und einen guten Abschluss machen. Er versucht den Schwestern zu vermitteln, dass eine gute Ausbildung das Einzige ist, was einem niemand nehmen kann (Z. 695-700). Auf Grund seiner eigenen Flüchtlingserfahrung, bei der die Familie alles verloren hat , fördert er die Töchter, sodass sie als einzige Mädchen in dem kleinen Dorf in dem sie dann leben, eine Höhere Schule besuchen (Z. 702-704). Er hat wenig Verständnis für Faulheit und Muße und hält die Schwestern immer wieder an, der Mutter im Haushalt zu helfen. Die Mutter ebenfalls berufstätig und elf Jahre jünger als ihr Mann, lebenslustig und gutmütig, versucht die Strenge des Vaters immer wieder auszugleichen, lacht und albert mit den Kindern herum (Z. 829-831). Dennoch lassen die Eltern die Kinder Kinder sein (Z. 897-898). Frau J wächst also in einer relativ behütenden Familie auf, die wenig Anforderungen an sie stellt, sodass sie sich bereits in jungen Jahren eine Aufgabe außerhalb der Familie sucht. Sie betreut zuerst das Kind einer Lehrerin, arbeitet dann in einem Schuhgeschäft um ihr Taschengeld auf zu bessern (Z. 875-881). Zu ihrer Schwester hat Frau J ein gutes Verhältnis, da die Eltern kein Kind bewusst bevorzugen, gibt es keine Eifersüchteleien oder Streit. Die Beziehung ist bis heute sehr gut (Z. 806-816).

Soziale Ressourcen
Engagement, Fleiß und stete Beharrlichkeit ziehen sich wie ein roter Faden durch das Leben von Frau J. Die familiäre Prägung in Bezug auf denn Wert eigener Leistung und die Bedeutung von Bildung für den einzelnen, erweisen sich als Antrieb für ihren Lebenslauf. Frau J wächst in einer behütenden Familie auf, erfährt Wertschätzung ihrer Person und Vertrauen in ihre Fähigkeiten. Sie erlebt eine unbeschwerte Kindheit ohne besondere Anforderungen, wenn die schulische Leistung stimmt. Das vertrauensvolle Verhältnis zu ihren Eltern hat sie immer Aufrecht erhalten und heute gibt sie die erfahrene Liebe an ihre Mutter zurück, die sie regelmäßig besucht und betreut.

Persönliche Ressourcen
Frau J erfährt intellektuelle Förderung und Forderung durch den Vater, der ihr vermittelt, dass eine gute (Aus)Bildung etwas ist, was einem niemand nehmen kann. Sie besucht die Höhere Schule, was zu dieser Zeit für Mädchen sehr untypisch ist und schließt diese gut ab. Im weiteren Verlauf ihres Lebens bemüht sie sich immer wieder gut bis sehr gute Leistungen zu erreichen. Die Prägung seitens des Vaters ist für sie zum eigenen Lebensmotto geworden.

Ressourcen aus Schicksalsschlag
Frau J besucht zunächst die Realschule und anschließend die Höhere Handelsschule für Mädchen, da sie unschlüssig ist, was sie beruflich machen will und um etwas Einblick in den Bürobereich zu kommen. Während sie die Schule besucht geht sie bereits eine sehr feste Bindung zu einem Partner ein und baut gemeinsam mit ihm ein Geschäft (Fuhrunternehmen) auf. Sie macht die Buchführung in dem Fuhrunternehmen, geplant sind Familie und Kinder (Z. 947-947). Aber es kommt alles anders. Der Partner stirbt nach schwerer Krankheit. Weil sie sich nicht trennen kann, engagiert sie sich weiterhin und übernimmt die gesamte Buchhaltung in dem Geschäft, das der Vater dann weiterführt. Erst als dessen zweiter Sohn heiratet und sie ihre Ausbildung abgeschlossen hat, schafft sie es, sich zu lösen und nimmt beim Landeswohlfahrts-

verband in Norddeutschland eine Stelle im Büro an (Z. 954-959). Damit beendet sie endgültig diesen Abschnitt ihres Lebens.

Dieses hier geschilderte Erlebnis stellt eine Wendepunkt im Leben von Frau J dar, der letztendlich dazu führt, dass sie ihr Studium der Sozialarbeit beginnt und sich zielstrebig und kontinuierlich beruflich hoch arbeitet. Da sie nicht davon ausgeht sich noch einmal zu binden (Z. 964-966), ist das Thema Familie und Kinder für sie erledigt und sie konzentriert sich ganz auf ihren Beruf. Als sie mit vierzig ihren jetzigen Mann kennen lernt, wird das Thema Kinder noch einmal diskutiert, da sie aber zu diesem Zeitpunkt so alt ist, wie ihr Vater als sie selbst klein war, und sie daran weniger gute Erinnerungen verbindet, entscheidet sie sich gegen Kinder und für berufliches Fortkommen (Z. 972-991).

Die Arbeit beim Landeswohlfahrtsverband bringt sie in Kontakt mit dem Arbeitsbereich Erziehungshilfen und dies führt letztlich dazu, dass sie das Studium der Sozialarbeit aufnimmt (Z. 24-27). Nach dem Abschluss macht sie ihr Jahrespraktikum in zwei Teilen, zuerst im Bereich der Erziehungshilfe beim Stadtjugendamt, dann in der Heilerziehung in einem heilpädagogischen Heim. Sie verlängert ihr praktisches Jahr und übernimmt sie dort eine Gruppe als Leiterin (Z. 32-41). Insgesamt bleibt sie ein Jahr dort. Anschließend geht sie wieder zurück in ihre Heimatstadt, um in der Nähe ihrer Eltern zu sein, die mittlerweile etwas Unterstützung brauchen. Sie nimmt eine feste Stelle an, im Bereich Erziehungshilfe des Jugendamtes (Z. 49/50) und versucht gemeinsam mit Kollegen in einem jungen Team Veränderungen in den Bereich einzubringen. Da der Referatsleiter ein älterer Kollege ist, werden alle ihre Ideen und Vorschläge nicht umgesetzt, sodass sie ziemlich frustriert beschließt es noch einmal woanders zu versuchen (Z. 58-68). Sie bewirbt sich in zwei Industriebetrieben in der Sozialberatung und kann zwischen zwei Stellenangeboten wählen (Z. 77/78). Ihren eigentlichen Plan, diese Arbeit fünf Jahre zu machen und dann in ein großes Reha-Zentrum zu gehen, um dort die Erfahrungen aus der Industrie einzubringen, hat sie nie verwirklicht, da die Arbeit im Betrieb sie immer wieder aufs neu fasziniert hat (Z. 80-88).Sie kann sich immer wieder an neuen Fragestellungen abarbeiten und bei der Ausgestaltung eines großen Entwicklungszentrums mitwirken (Z. 89-91). Als die vorherige Koordinatorin der Sozialberatungen des Betriebes in den Ruhestand geht, wird ihr diese Stelle angeboten (Z. 106/ 107). Da die Entscheidung gegen Kinder und Familie bereits gefallen ist und ihre Mann sie ermutigt, nimmt sie die Stelle an (Z. 990-996). Die eigentliche Aufgabenbeschreibung ihrer neuen Stelle ist wenig konkret, sodass sich für sie daraus die Möglichkeit ergibt die Arbeit mit großem Engagement und vielen Ideen in ihrem Sinne auszugestalten (Z. 115-176). Sie schafft es der Abteilung in dem Großunternehmen einen wesentlich höheren Stellenwert zu geben als dies jemals der Fall war. Dies führt letztlich auch zu ihrer Gehaltseinstufung AT (Z. 202)!

Der frühe Tod des ersten Partners bringt zwar nicht in direkter zeitlicher Folge, in der Rückschau aber als indirekter Auslöser Frau J zur Sozialen Arbeit und damit auf den heute eingeschlagenen Karriereweg. Somit lässt sich dieser Lebenslauf unter dem Fokus 'Karriere nach Schicksalsschlag' beschreiben, wobei die in der Person begründeten Anlagen und Erfahrungen auch das Ihrige dazu beitragen.

5.4 Zusammenfassung Typenbildung

Wie bereits angemerkt sind alle genannten Merkmale in unterschiedlicher Form in den meisten Typen vertreten. Auffällig war aber, dass die sogenannten 'Macherinnen', beschrieben in Typ II, mehrheitlich bei Freien Trägern beschäftigt sind, und häufig auch nach ersten Erfahrungen mit Öffentlichen Trägern diesen bewusst den Rücken gekehrt haben. Hier steht zu vermuten, dass bei freien Trägern die kreativen Spielräume größer erscheinen, bzw. mehr Handlungs- und Selbstverwirklichungsoptionen möglich sind. Zwar birgt die Arbeit bei öffentlichen Trägern vermeintlich mehr Sicherheit, insbesondere in Bezug auf den Arbeitsplatzerhalt auch in finanziellen Krisenzeiten, dieses scheint aber als Anreiz nicht auszureichen. Bemerkenswert erscheint, dass die Frauen, die in ihrer Sozialisation vor allem in ihrer Persönlichkeit gestärkt und wertgeschätzt wurden, in ihrem späteren Berufsalltag mehr Mut zum Risiko zeigen und nicht bereit zu sein scheinen Dinge hinzunehmen, die ihnen widerstreben, ohne zumindest zu versuchen, sie zu verändern. Dies wird insbesondere bei den Frauen von Typ II deutlich, ist aber auch in Details in allen anderen Typen auffindbar.

Im Hinblick auf die Forschungsfrage wird anhand dieser Ergebnisse deutlich, dass bestimmte persönliche Eigenschaften und damit korrespondierend besondere familiäre Korrelationen oder spezifische Ereignisse, eine besondere Disposition für eine spätere Karriere, in welchem Arbeitsfeld auch immer wahrscheinlich erscheinen lassen. Das heißt: gerade weil die individuelle Sozialisation der einzelnen Frau so und nicht anders verlaufen ist, hat sie ihre individuelle Biographie so konstruiert, wie oben beschrieben. Damit kann auch von der Behauptung Abstand genommen werden jemand hätte nur 'zufällig' Karriere gemacht, einer Behauptung, die gerade viele Frauen anführen, wenn sie ihren beruflichen Erfolg beschreiben.

6 Gesamtdarstellung und Diskussion

In diesem Kapitel werden die Ergebnisse der Untersuchung in ihrer Gesamtheit bezogen auf die im theoretischen Teil aufgestellten Hypothesen und in Bezug auf die Forschungsfrage analysiert. Sie beziehen sich auf die im Anschluss an die einzelnen Auswertungsthemen folgenden Zusammenfassungen und zeigen, auch wenn sich nicht alle Aussagen vereinheitlichen lassen, übereinstimmende Tendenzen auf, die zu diesem Gesamtergebnis führen.

6.1 Biographie und Karriere

Bevor die Ergebnisse im Einzelnen erläutert werden, soll an dieser Stelle die übergeordnete Fragestellung: 'Gibt es einen Zusammenhang zwischen individueller Biographie und Karriereverlauf?' beantwortet werden. Wie die Daten zeigen, und wie es auch schon in der Einzeldarstellung deutlich wurde, gibt es diesen vermuteten Zusammenhang. Allerdings nicht in der Ausprägung wie ursprünglich angenommen. Die Annahme, diese Karrierefrauen seien durch eine besondere familiäre Förderung von Kindheit an auf diesen Weg vorbereitet worden, bestätigte sich nicht. Auch waren nur wenige von ihnen in Bezug auf die kognitiven Leistungen herausragende Schülerinnen. Ebenso wenig gab es für die meisten Vorbilder in der Familie und die These, dass besonders Väter die Töchter gefördert hätten, bewahrheitete sich nicht. SEEG (2000) beschreibt, dass der soziale Hintergrund in hohem Maße die Chancen auf eine berufliche Karriere bestimmt. Sie beruft sich auf RÖSER 1992 und sieht den „Einfluss des Elternhauses als eine grundsätzliche Voraussetzung für eine Karrieremotivation - und Entwicklung" (SEEG 2000: 67). BISCHOFF macht in ihrer Untersuchung ebenfalls einen Einfluss des Elternhauses auf die Karrieren von Männern und Frauen aus und bezeichnet diesen als „gleichartig und gleichermaßen vielfältig, jedoch geschlechtsspezifisch verschieden" (BISCHOFF 1990: 79). Sie stellte fest, dass die befragten Personen ihrer Untersuchung als Grundsatz ihrer Erziehung Forderung und Förderung zugleich erfuhren. Dabei sagten die Frauen aus, dass in ihrer Erziehung großer Wert gelegt wurde auf ordentliches Arbeiten, Fleiß, Disziplin und Zuverlässigkeit, die Männer bezeichnen gutes Benehmen, sicheres Auftreten und Leistung als höchste Tugenden ihrer Erziehung. Die meisten Führungskräfte stammten aus der so genannten 'Mittelschicht' (vgl. ebd.). Ähnliche Tendenzen lassen sich auch in dieser Untersuchung wieder finden.
Die Auswertung dieser Untersuchung zeigte, dass die Frauen bis auf eine in vollständigen Herkunftsfamilien aufwuchsen, zudem hatten alle Geschwister, sie waren bis auf eine entweder älteste oder jüngste Tochter. Sicherlich sagt diese Tatsache grundsätzlich nichts über die

Qualität der Familienbeziehungen aus. Die meisten Frauen berichten aber übereinstimmend, dass sie in einem Klima gegenseitiger Wertschätzung aufgewachsen sind. Sie wurden als individuelle Persönlichkeiten anerkannt. Es wurde ihnen zugebilligt eigene Interessen zu verfolgen und eigene Wege zu gehen. Sie wuchsen auf in einem beständigen Auseinandersetzungsprozess innerhalb der Familie, in dem sie sich positionieren und sich abgrenzen mussten gegen Interessen von Geschwistern und Eltern. Ihnen wurden von Kindheit an oft mehr als altersgemäße Aufgaben innerhalb des Familienalltags, im familieneigenen Betrieb oder in der Landwirtschaft übertragen. Sie übernahmen frühzeitig Verantwortung innerhalb der Familie, oder sie suchten sich selbst Tätigkeitsfelder, wenn ihnen in der Familie nichts übertragen wurde. Auch war ein beständiger Auseinandersetzungsprozess um die Übernahme bzw. die Nicht-Übernahme von Familienwerten festzustellen. Somit kann die familiäre Situation der Einzelnen im übergeordneten Sinn als Übungsfeld für eine spätere Führungstätigkeit betrachtet werden.

Auch im Verlauf ihrer Schulzeit nahmen alle Frauen in irgendeiner Form aktiven Einfluss auf das Klassengeschehen, sei es als Klassen- oder Schulsprecherin, als integrierendes Element, als Anführerin einer Clique oder durch die Übernahme organisatorischer und sozialer Belange.

6.1.1 Biographie und Karriereentwicklung

Der kontinuierliche Aufstieg der Frauen bis zu ihren heutigen Positionen erscheint in der Retrospektive als eine folgerichtige Entwicklung jedes einzelnen Lebenslaufs. Auch wenn die wenigsten Frauen selbst im Voraus eine Karriere geplant hatten, erwähnten einige, dass ihnen während der Interviews deutlich geworden, dass dieser Weg im Rahmen ihrer persönliche Entwicklung vorgezeichnet war. Insgesamt könnte man sie alle als 'Macherinnen' bezeichnen, die bereits von Kindheit an in vielerlei Hinsicht die Initiative ergriffen haben, wenn sich ihnen Gelegenheit dazu bot. In ihrer beruflichen Tätigkeit engagieren sie sich in unterschiedlichem Maße, auch abhängig von den Freiräumen, die ihnen die verschiedenen Arbeitsplätze/ Arbeitgeber zubilligen. Sie zeichnen sich aber auch hier durch hohes Engagement, Innovationsfreude und Offenheit für Neues aus. Als Verhandlungspartner erweisen sie sich als gut vorbereitet, einerseits sehr zielorientiert, wenn es um die Interessen ihrer Abteilung/ Mitarbeiter bzw. ihres Arbeitsbereiches geht. Andererseits zeigen sie sich kooperativ und kompromissfähig, wenn es angemessen erscheint. Hier scheinen die in der Sozialisation in der Familie erworbenen und erprobten Fähigkeiten eine gute Grundlage zu bieten. Zudem haben alle nach anfänglichen Selbstzweifeln im Laufe ihrer Tätigkeit ein gesundes Selbstvertrauen erworben. Sie können ihre eigenen Fähigkeiten sehr gut einschätzen, wissen, was sie wollen und stehen sozusagen 'mit beiden Beinen im Leben'. Wenn man dieses gesamte Verhaltensspektrum mit Männern zugeschriebenen Verhaltensweisen vergleichen will, gibt es sicherlich viele Übereinstimmungen, aber auch einige Unterschiede. Typisch weiblich sind zumindest die anfänglichen Selbstzweifel bei der Übernahme neuer Aufgaben, die auch heute noch gelegentlich wiederkommen. Auch ist die sehr realistische Selbsteinschätzung der Frauen in Bezug auf ihre eigenen Fähigkeiten anders, die Frauen erscheinen klarer, geradliniger und besser strukturiert.

Ein Aspekt, der an dieser Stelle nicht belegt werden kann, der aber im Verlauf der Untersuchung deutlich wurde, ist, dass alle Frauen in ihrer Persönlichkeitsstruktur sicherlich bestimmte Eigenschaften mitbrachten, die diese Entwicklung begünstigten. Dies wäre durch eine Untersuchung aus psychologischer Perspektive genauer zu belegen.

6.1.2 Biographie und Berufswahl

Gibt es Zusammenhänge zwischen der Biographie der einzelnen Frauen und ihrer Entscheidung für eine berufliche Tätigkeit in der Sozialen Arbeit? Wie sich gezeigt hat, war Sozialarbeit/ Sozialpädagogik für die meisten Frauen nicht zwangsläufig die erste Berufswahl. Sicherlich deutet vieles darauf hin, dass die meisten von ihnen eine gewisse Affinität zum sozialen Bereich hatten, sei es durch familiäre Erfahrungen, eigene Kindheits- und Jugenderfahrungen mit Sozialer Arbeit oder durch das Kennen lernen von Personen, die ihnen Zugang zum sozialen Arbeitsfeld eröffnet haben. Dennoch scheint der Aspekt der doppelten Sozialisation gerade bei der Berufswahl der Frauen eine nicht geringe Rolle gespielt zu haben. Gerade weil die Frauen mehrheitlich in einer Zeit (50er/ 60er Jahre) aufwuchsen, in der weibliche Berufstätigkeit zunehmend gesellschaftlich toleriert wurde, dies aber noch immer nicht als gleichberechtigtes Lebenslaufmodell neben der Alternative Familienfrau und Mutter gesellschaftlich anerkannt war, bot sich eine Ausbildung an, die dem 'weiblichen Arbeitsvermögen' (vgl. BECK-GERNSHEIM 1976/ OSTNER 1978) nahe stand. Soziale Arbeit zeigte sich als Kompromiss, der den allgemeinen Schwebezustand der gesellschaftlichen Umbruchsituation zwischen 'Mädchen müssen einen Beruf lernen, damit sie zumindest eine gute Ausbildung haben, falls sie keinen Mann finden' und 'weibliche Berufstätigkeit als Alternative einer unabhängigen weiblichen Lebensführung' überwinden half.
Besonders deutlich wird dies an den Frauen, deren Schulleistungen im oberen Bereich lagen und die dennoch, sei es, weil ihnen das Selbstvertrauen für eine akademische Ausbildung fehlte und ihre Eltern dies auch nicht unterstützten, diese Chance nicht nutzten. Diese Frauen bedauern heute gelegentlich ihre Berufswahl, weil sie zwar innerhalb ihrer Berufs-

gruppe viel erreicht haben, ihnen aber weitere Aufstiegsmöglichkeiten fehlen.
Frauen, die vor dem Studium erst einen anderen Beruf erlernt haben, berichten darüber, dass sie Sozialarbeit studierten, um einen Beruf zu ergreifen, dessen Arbeitsinhalte weniger entfremdet, lebensnaher und sinnhafter waren als ihre vorherige Tätigkeit. Sie wollten lieber mit Menschen arbeiten, Beziehungen gestalten und sich persönlich weiterentwickeln. Dieses Verhalten beschreibt auch JÜNEMANN als Berufswahlmotivation von Sozialarbeiterinnen (vgl. JÜNEMANN 2000: 86).
Auffällig ist dennoch, dass fast alle Frauen in ihren Tätigkeitsfeldern weit von sozialarbeiterischer Basisarbeit entfernt sind und bis auf zwei, eher selten noch direkte Klientenkontakte haben. Sie engagieren sich in ihrer jetzigen Managementtätigkeit und in Äußerungen zu ihrem Selbstverständnis wird klar, dass sie sich weniger mit dem Berufsbild Sozialarbeiterin/ Sozialpädagogin, sondern eher mit ihrer Tätigkeit als Führungskraft identifizieren.

6.2 Weibliche Karrieren - Zufall oder 'logische'[15] Folge?

Auch diese Studie zeigt auf, dass keine der Frauen ihre Karriere bewusst geplant hat. Vielmehr sagten alle Frauen zu Beginn der Interviews aus, sie seien eher zufällig in ihre Position gekommen, gefragt worden, von Vorgesetzten, Kollegen, Partnern oder guten FreundInnen angeregt worden. Sicherlich ist es richtig, dass die wenigsten Eigeninitiative zeigten um eine bestimmte Position zu erreichen. Andererseits ist es aber auch nicht nur als Zufall zu bezeichnen. Man könnte eher sagen, die Frauen waren in ihren Arbeitsbereichen bereits durch hohe Leistung, Zuverlässigkeit und Kompetenz aufgefallen und sie wussten selbst, dass sie gute Arbeit machten. Sie haben sich selbstbewusst präsentiert und für das neue Aufgabenfeld angeboten. Dadurch waren sie für die Übernahme höherer Positionen prädestiniert. Wenn ihnen bewusst wurde, welche Chancen sich ihnen eröffneten, griffen sie zu.
Interessant ist, dass alle Frauen heute eine Karriere planen würden, wenn sie noch einmal vor dieser Frage stünden. Allerdings würden die meisten von ihnen dazu ein anderes Arbeitsfeld als den sozialen Bereich wählen. In ihrem derzeitigen Arbeitsfeld würden viele von ihnen noch weiter aufsteigen, wenn sich die Möglichkeiten dazu bieten würden.
Hier wird ebenso wie in früheren Untersuchungen von MEINHOLD (1993) oder ERHARDT (1998) offensichtlich, dass keine Frau Karriere als Selbstzweck betrachtet. Nur wenn sich neue inhaltliche Herausforderungen ergäben, die aktive Gestaltungsmöglichkeiten zuließen,

---

[15] der Begriff 'logisch' ist hier alltagssprachlich zu verstehen im Sinne von 'vorhersehbar' und nicht als soziologische/ philosophische Kategorie

würden sie diese annehmen. Dies deutet auch auf Übereinstimmung mit der Annahme von ERHARDT hin, dass

> „... Leiten als innovative Tätigkeit, als Möglichkeit, soziale Arbeit zu gestalten ohne einschränkende Strukturbedingungen (...) für Männer und Frauen im sozialen Bereich gleichermaßen eine wichtige Voraussetzung für die Übernahme von Leitungsfunktionen zu sein (scheint)". (ERHARDT 1998: 128)

Das Fehlen von weiblichen Netzwerken, vergleichbar mit den Seilschaften männlicher Führungskräfte, wurde auch in dieser Studie von allen Frauen beklagt. Sie sind aber selbst bemüht, ständig neue Kontakte zu knüpfen und auch über ihre Arbeitsbereiche hinaus zusammen zu arbeiten. Zudem sehen sie die Notwendigkeit andere Frauen zu unterstützen um damit neue Netze zu knüpfen.

6.3 Integration von Familie und Beruf als Karrierebremse?

Die Ergebnisse der Befragung weisen, wie auch die Aussagen von ERHARDT eindeutig darauf hin, dass im gesamtgesellschaftlichen Kontext die Integration von Familie und Beruf eine hohe Hürde darstellt (vgl. ERHARDT 1998: 124). Insbesondere wenn Kinder vorhanden sind ergeben sich vielfältige Anforderungen an die Frauen, vor allem in der Alltagsorganisation. In dieser Untersuchung fiel auf, dass viele Frauen in Beziehungen mit Partnern leben, die dem Typus 'neuer Mann' (vgl. ZULEHNER/ VOLZ 1998: 35) zugeordnet werden können. Zudem arbeiten viele (Ehe-) Partner auch im sozialen Bereich, sodass sich ein inhaltlich qualitativ anderer Austausch ergibt, als in anderen Beziehungen.
Obwohl die Interviewten dieser Untersuchung die Integration von Familie und Beruf ganz individuell gelöst haben, sei es durch familiäre Netzwerke, partnerschaftliche Arbeitsteilung oder andere Betreuungsformen, sagten sie übereinstimmend aus, dass sie die Vereinbarung von Familie und Beruf gerade in Führungspositionen, die selten geregelte Arbeitszeiten haben, für sehr schwierig halten. Vor allem wurde deutlich, dass für die persönlichen Regeneration, individuelle Freizeitgestaltung und die Pflege freundschaftlicher Kontakte kaum Zeit bleibt.
Einige Frauen haben auf Familie und Kinder verzichtet, oder es hat sich für sie nicht ergeben und leben als Single bzw. in Partnerschaften ohne Kinder. Diese sagen aus, dass sie sich nicht vorstellen können ihren Arbeitsalltag und familiäre Belange zu organisieren.
Frauen, die Kinder haben und leiten, setzen in ihrem Leben eindeutige Prioritäten. Sie versuchen sich selbst so weit es ihnen möglich ist, den Rücken frei zu halten, umso arbeiten zu können, wie sie es möchten und

nehmen dazu den Partner und alle anderen verfügbaren Ressourcen in die Pflicht. Sie gehen damit aber nicht rücksichtslos um, sondern versuchen für alle akzeptable Kompromisse zu schaffen, so gut es eben möglich ist. Gleichzeitig ist ihnen aber bewusst, dass sich ihr Leben in einem beständigen Veränderungsprozess befindet, dass Lebensphasen wechseln und dass sie sich irgendwann wieder ganz auf ihren Beruf konzentrieren können.

Dass es möglich sein kann, mit einer Teilzeitstelle zu leiten, zeigen zwei Interviews auf. Die Frauen beschreiben allerdings, dass sie dies nur können, weil ihnen bei der Organisation und Strukturierung ihrer Arbeitszeit und ihres Arbeitsalltags freie Hand gelassen wird. Dies ist sowieso nur dann möglich, wenn keine von Außen festgelegten Termine wahrzunehmen sind. Die Frauen sehen aber auch, dass das Risiko der Selbstausbeutung in dieser Arbeitsform sehr groß ist. Sie müssen sich selbst oft erneut bewusst machen, dass die Arbeit einer ganzen Stelle nicht mit einer drei viertel Stelle zu schaffen ist.
Festzustellen ist dabei auch, dass Leiten in Teilzeit eher in den Strukturen Freier Träger möglich zu sein scheint, dass Frauen dies aber auch selbst durchsetzen müssen.

6.4 Frauen und Führung - eine geschlechtsspezifische Betrachtung

Führen Frauen anders? Diese Frage stellt sich immer wieder, wenn es um Frauen in Führungspositionen geht. Der aktuelle Stand der Forschung weist darauf hin, dass es möglicherweise geschlechtsspezifische Unterschiede gibt. MEINHOLD (1993) sieht bisher wenig Hinweise darauf, dass Frauen anders bzw. besser führen, da es bisher zu wenig fundierte Untersuchungen über speziell weibliches Führungsverhalten gibt. Sie vermutet aber, dass, je mehr Frauen in Führungspositionen aufrücken, umso deutlicher wird, dass auch sie über unterschiedliche Fähigkeiten und Unzulänglichkeiten verfügen wie ihre männlichen Kollegen (vgl. MEINHOLD 1993: 77). HELGESEN führte bereits zu Beginn der 90er-Jahre eine der ersten Studien über Frauen in Führungspositionen durch. Sie befragte vier Frauen in amerikanischen Großkonzernen und zeigte deutliche Unterschiede zwischen männlichem und weiblichem Führungsverhalten auf (HELGESEN 1990). KRAMER findet in ihrer Untersuchung in großer Mehrheit Frauen, die ein modernes Führungskonzept vertreten, das sich an den Merkmalen des partnerschaftlichen demokratischen Führungsstils orientiert (vgl. KRAMER 1998: 132). Auch in dieser Untersuchung konnte das bestätigt werden.
An dieser Stelle soll noch einmal auf die individuelle Sichtweise der interviewten Frauen hingewiesen werden und zwar um ihre persönlichen

Erfahrungen für andere Frauen nutzbar zu machen. Eine wichtige Erkenntnis ist, dass vor allem eine gesunde Selbsteinschätzung, Vertrauen in die eigene Leistungsfähigkeit, hohe Sach- und Fachkompetenz und Kommunikations- und Kooperationsfähigkeit von allen Frauen als unerlässliche Fähigkeiten genannt wurden. Indem Frauen diese Fähigkeiten nutzen, vermeiden sie die häufig von Frauen als Aufstieghindernis genannte Problematik, allein an der Spitze einsame, oft unpopuläre Entscheidungen treffen zu müssen (vgl. MEINHOLD 1993: 76). Die Aussage, dass Frauen generell besser sein müssen, um Aufstiegschancen zu haben, wurde von den befragten Frauen allgemein bestätigt. Es wurde aber offenbar, dass Führungskräfte generell überdurchschnittlich gut sein müssen und Frauen darüber hinaus ihre Fähigkeiten anders beweisen müssen als Männer.

Als besonderen Rat für ambitionierte Frauen nannten die Frauen eine realistische Einschätzung der Anforderungen, die an Führungskräfte gestellt werden und die damit verbundenen persönlichen und privaten Konsequenzen.

6.5 Die Typenbildung im Gesamtzusammenhang

Der Typenbildung kommt im Gesamtzusammenhang eine besondere Bedeutung zu. Wurde bereits in den vorangehenden Kapiteln herausgestellt, dass es erwiesenermaßen Zusammenhänge zwischen Sozialisation, Biographie und Karriere gibt, so wird dies durch die Typenbildung in signifikanter Weise bestätigt. Wie bereits in Kapitel 3.6.3 ausgeführt, war es nicht Ziel dieser Analyse einen Idealtypen im Sinne von Max WEBER (1904/ 1988) zu bestimmen. Vielmehr war es im Sinne von KELLE/KLUGE (1999), "komplexe soziale Realitäten und Sinnzusammenhänge zu erfassen und möglichst weitestgehend verstehen und erklären zu können" (KELLE/ KLUGE 1999: 75). Anhand der vorgenommenen Typenbildung konnte dieses Vorhaben realisiert werden und es wurde aufgezeigt, dass die ressourcenorientierte Betrachtungsweise, die dieser Untersuchung zu Grunde liegt auch in den einzelnen Typen ihre Bestätigung findet. Ressourcen, die eine Karriere begünstigt haben konnten auf der persönlichen und sozialen Ebene jeder Einzelperson gefunden werden. Dazu kommen Ressourcen, die aus der Reaktion des individuellen Umfeldes erwachsen, sowie Ressourcen, die die Einzelperson in Reaktion auf bestimmte Schlüsselerlebnisse gewinnt. Die hier beschriebenen vier unterschiedlichen Typen bestätigen somit die in der Forschungsfrage implizierten Vorannahmen. Als Schlussfolgerungen für die Praxis ergibt sich daraus, dass sicherlich nicht jede Frau, die gerne Karriere machen möchte alle dafür notwendigen Voraussetzungen mit bringt, dass aber manche bereits in ihrem Leben in anderen Bereichen führende Rollen (Positionen) übernommen haben und bravourös gemeistert haben, ohne dass ihnen dies bewusst ist. Hier kommt insbesondere Ausbildenden und AnleiterInnen die Aufgabe zu, vorhandene Ressourcen aufzuspüren, zu benennen und die entsprechende Frau im Sinne eines weiterführenden Mentorings oder auch Coachings zu begleiten und zu unterstützen, sofern diese das selbst möchte.

6.6 Weiterführende Überlegungen für Forschung und Lehre

Überlegungen, welche Schlussfolgerungen diese Ergebnisse für zukünftige Forschung und Lehre ergeben, müssen unter unterschiedlichen Gesichtspunkten erfolgen. Zum einen geht es darum, die hier erarbeiteten Ergebnisse als Grundlage weiterer sozialwissenschaftlicher und psychologischer Forschung zu betrachten und die Aspekte weiter zu verfolgen, die im Rahmen dieser Arbeit nur gestreift werden konnten. Der zweite Aspekt sind weiterführende Überlegungen auf professionssoziologischer Ebene für Studium und Lehre.

6.6.1 Ansatzpunkte für eine weitere Forschung

In dieser Untersuchung wurde erarbeitet, dass es durchaus individuelle Bedingungen und Voraussetzungen gibt, die manche Frauen für den Aufstieg in Führungspositionen prädestinieren. Erkennbar wurde dies an ihrem biographischen Hintergrund. Was auch auffiel, im Rahmen dieser Studie aber nicht zu belegen war, da wir damit die Ebene beobachtbaren Verhaltens verlassen hätten, war das Vorhandensein bestimmter individueller Charakterzüge der einzelnen Frauen, die darauf hindeuten, dass es möglicherweise bestimmte 'Führungspersönlichkeiten' gibt, d.h. Menschen, die von sich aus bereites bestimmte Führungseigenschaften und auch Führungswillen mitbringen. Die Untersuchung von ABELE (1994) weist erste Ansätze in dieser Richtung auf. Es wäre aber sicherlich lohnenswert den Zusammenhang zwischen Persönlichkeitsstrukturen und Biographie näher zu untersuchen.

Weiterhin gilt es weibliches Führungsverhalten zu untersuchen und zwar unter besonderer Berücksichtigung des sozialen Bereichs. Dies wurde in dieser Studie nur angedeutet.

Interessant wäre es auch den Gedanken weiter zu verfolgen, ob Führen in Teilzeitarbeitsverhältnissen, wie es von zwei Frauen dieser Studie praktiziert wird, als zukünftige Arbeitsalternative für Frauen realisierbar ist; Auch auf dem Hintergrund, dass sowohl von männlichen als auch von weiblichen Berufsanfängern eine 30 Stunden Woche als ideale Arbeitszeit angesehen wird und dies auch unter dem Gesichtspunkt der

Verknappung der Arbeit an sich zukünftig von Bedeutung sein kann (vgl. ROSENSTIEL/ STENGEL 1987).

6.6.2 Überlegungen für Studium und Lehre und Förderung einer zunehmenden Professionalisierung Sozialer Berufe

Entgegen bisheriger Tendenzen einer frühzeitigen Spezialisierung im Studium der Sozialen Arbeit ergaben sich aus dieser Studie Aspekte, die über die kontinuierliche Erarbeitung eines ExpertInnenwissens zu einer professionellen Generalisierung führen.

> "Professionalität heißt (...): die Fähigkeit nutzen zu können, breit gelagerte, wissenschaftlich vertiefte und damit vielfältige abstrahierte Kenntnisse in konkreten Situationen angemessen anwenden zu können. Oder umgekehrt betrachtet: in eben diesen Situationen zu erkennen, welche Bestandteile aus dem Wissensfundus relevant sein können" (GIESECKE 1988: 37).

Demgegenüber steht die so genannte Ehrenamtliche Hilfe, die mehr oder weniger 'aus dem Bauch' heraus von engagierten Laien, zwar unter dem Fokus 'das Beste zu wollen' aber dennoch ohne fundierte reflektierte wissenschaftliche und methodische Kenntnisse vollzogen wird. Diese Erscheinungsform Sozialer Arbeit ist zwar insbesondere im Hinblick auf die immer größere Verknappung materieller Ressourcen und damit einher gehendem Sozial- und Stellenabbau nicht mehr aus dem sozialpädagogischen Alltag weg zu denken, sie kann und darf jedoch professionelle Soziale Arbeit nicht ersetzen. Insbesondere unter diesem Fokus kommt der von verschiedenen Gesprächspartnerinnen geäußerten Anforderung an ihre MitarbeiterInnen, es brauche professionelle GeneralistInnen, besondere Bedeutung zu. Diese müssen zwar unabdingbar über ein fundiertes fachliches Basiswissen verfügen, aber vor allem in der Lage sein dieses zu reflektieren und schnell und flexibel neue Sachverhalte und Themengebiete zu erfassen, bzw. sich selbstständig zu erarbeiten.

Parallel zu den Ergebnissen der Untersuchung von JÜNEMANN (2000), die feststellte, dass

> "für die Vereinfachte Gleichsetzung von parallelen Tätigkeitsanforderungen in den Lebensbereichen von Sozialarbeiterinnen unter der Prämisse '*weiblich + fürsorglich = Sozialarbeit*'[16] keine Geltungsanspruch mehr erhoben werden kann" (JÜNEMANN 2000: 201).

zeigte sich auch in dieser Untersuchung, dass Sozialarbeiterinnen in Führungspositionen insbesondere auf der Basis ihrer Expertinnenkompetenz arbeiten, denn nur diese verhilft ihnen dazu die in ihrer Arbeit

---

[16] Im Original kursiv

professionellen Distanz zu wahren. Diese Kompetenz, deren Qualität sicherlich auch im Verlauf der Aneignung beruflicher Erfahrung immer mehr zu nimmt, kann jedoch erweitert werden, wenn bestimmte Lehr- und Lernszenarien geschaffen werden. Die verstärkte Vermittlung von Schlüsselqualifikationen in Studium und Lehre aus den Bereichen Sozialkompetenz, Methodenkompetenz, Sach-(Fach)kompetenz, Selbstkompetenz und Genderkompetenz, die mit Sicherheit bei vielen Studierenden als Basis vorhanden sind, bietet den Ansatzpunkt für einen weiteren Schritt weg von der "Semiprofessionalisierung" (vgl. GILDEMEISTER 1996: 443ff) hin zu einer vollständigen Professionalisierung der Ausbildung der Sozialen Arbeit (vgl. ENGELKE 1999: 152).

6.6.3 Professionalisierung in der Sozialen Arbeit

Soziale Arbeit heute bewegt sich zwischen geringen Ressourcen und hohen Anforderungen, Ehrenamtlichkeit und Professionalität, klientInnenzentrierter Basisarbeit und sozialadministrativem Management. An die SoziarbeiterIn/ SozialpädagogIn werden hohe Anforderungen gestellt. Sie soll professionell unter der Prämisse knapper Ressourcen, häufig unter dem Damoklesschwert bevorstehenden Arbeitsplatzverlustes auf Grund befristeter Arbeitsverträge, qualitativ hochwertige, reflektierte und den Umständen angemessene Sozialarbeit verrichten.

> "Soziale Arbeit muss (...) die Würde des Einzelnen sichern helfen, seine grundsätzliche Eigenverantwortlichkeit und Mündigkeit akzeptieren, respektieren, wertschätzen und durch ihre Hilfeangebote erhalten und fördern helfen" (PROKSCH 1998: 14).

Sie kann sich dabei berufen auf Gesetze und Verordnungen, Vorschriften und Handlungsanleitungen und ist letztendlich ihrem berufsspezifischen Ethos und ihrem individuellen Menschenbild verpflichtet. Die Frauen dieser Studie bewegen sich auf der Arbeitsebene in der Regel eher fern von klientenzentrierter Basisarbeit. Sie agieren auf Arbeitsfeldern, deren Inhalte im organisatorisch-administrativem Bereich eher mit Managementanforderungen zu beschreiben sind. Die Qualifikationen für diese Tätigkeiten haben sich die Frauen mehrheitlich selbst angeeignet, sie haben gelegentlich Fortbildungen besucht oder einfach aus Erfahrungen gelernt. Eine konkrete wissenschaftliche Basis, die ggf. im Studium vermittelt wurde fehlt bei fast allen, nur die jüngeren Frauen konnten von ersten Ansätzen in den Studiengängen in Richtung Soziales Management profitieren.
Auf den fehlenden Wissenschaftsbezug, im Studium der Sozialen Arbeit wies bereits STAUB-BERNASCONI 1994 (a u. b) hin. Mit der Einrichtung von Studienschwerpunkten an einzelnen Fachhochschulen im Bereich "Soziale Administration und Management" ist zumindest ein Schritt

getan, den Studierenden, die sich bereits im Studium für eine Arbeit auf der Organisationsebene Sozialer Arbeit interessieren, gerecht zu werden. Auch die Einrichtung von Aufbaustudiengängen gleicher Thematik trägt dazu bei, SozialarbeiterInnen, die bereits Praxiserfahrung haben, Möglichkeiten zu eröffnen, sich weiter zu qualifizieren und möglicherweise dadurch aufzusteigen. Diese Möglichkeiten standen den befragten Sozialarbeiterinnen dieser Studie nur in begrenztem Maße offen, sodass hier auch häufig die Bewertung des Studiums als Einbahnstraße erfolgte, da auch auf Grund des BAT weiteren Aufstiegen Grenzen gesetzt sind und sich dies erst ändert, wenn man generell zu einer anderen Bewertung von Arbeit (Tätigkeiten), z. B. durch eine Bewertung im Sinne von ABAKABA [17] kommt (vgl. dazu auch KRELL 2001, STEFANIAK/ TONDORF 2002).

Auch das Fehlen des Promotionsrechts für SozialarbeiterInnen an Fachhochschulen wurde von einigen Sozialarbeiterinnen bemängelt. Während dies mittlerweile in einigen Bundesländern bereits möglich ist, gab es diese Option zu einer Zeit als es für die Zielpersonen interessant gewesen ist noch nicht. Verwiesen wurde auch auf das Fehlen praxisorientierter Forschung an Fachhochschulen, was mit der oben genannten Aussage in direkter Verbindung steht. Aus Sicht der interviewten Personen wird hier auch eine gute Chance vergeben, theoretische Erkenntnisse aus verwandten Disziplinen (wie z.B. Psychologie, Pädagogik etc.) und sozialpädagogische Praxiserfahrungen zu verknüpfen.

Für Frauen, die es sich bereits im Studium vorstellen können, irgendwann Führungsaufgaben zu übernehmen, sich aber noch nicht ganz auf diese Richtung festlegen wollen, sollte auch überlegt werden, spezielle Coachingseminare anzubieten. Diese sollten darauf abzielen, vorhandene Potenziale aufzuspüren und zu verstärken, Ängste abzubauen, Selbstvertrauen in eigene Kompetenzen zu entwickeln und Strategien zu erlernen, mit häufig im Berufsalltag auftretenden (Krisen-) Situationen kompetent umzugehen. Zudem sollte insbesondere das Thema Karriereplanung angesprochen und gemeinsam in Angriff genommen werden. Gerade weil im beruflichen Alltag viele weibliche Potenziale ungenutzt bleiben, sollte an den Fachhochschulen im Studiengang Sozialwesen diese besondere Art von Frauenförderung vorangetrieben werden. Dabei sollte auch überlegt werden, ob unter Einbeziehung des Geschlechterfokus' generell ein differenzierteres Lehrangebot entwickelt werden muss.

---

[17] ABAKABA ist die Abkürzung für die "Analytische Bewertung von Arbeitstätigkeiten von KATZ und BAITSCH". Es wurde in einem Projekt der Gewerkschaft ÖTV, dem so genannten Vergleichsprojekt Hannover "Diskriminierungsfreie Bewertung von (Dienstleistungs)-Arbeit erprobt (KRELL/ CARL/ KREHNKE Hannover 2001). Dabei geht es darum Arbeitstätigkeiten transparent und vergleichbar zu machen und Bewertungskriterien offen zu legen.

Als nützliches Instrument zur Frauenförderung könnte sich zusätzlich auch das so genannte Mentoring erweisen, wie es z. B. in Industriebetrieben oder als Projekt an verschiedenen Hochschulen in anderen Fachbereichen bereits durchgeführt wird. In diesem Rahmen könnten sich an Frauenförderung interessierte Lehrende und Sozialarbeiterinnen in Führungspositionen gezielt für engagierte kompetente Studierende bereits in der Endphase des Studiums einsetzen, bzw. konkret beratend tätig werden. Dabei rückt auch das von einigen Befragten angesprochene Fehlen von Vorbildern, insbesondere von weiblichen Vorbildern, erneut ins Blickfeld. Wo sollen Frauen diese finden, wenn nicht in ihren eigenen Reihen?

7 Literatur

ABELE, A. (1994):
Karriereorientierungen angehender Akademikerinnen und Akademiker. Bielefeld.

ABELS, H (1998):
Interaktion, Identität, Präsentation. Eine kleine Einführung in interpretative Theorien der Soziologie. Opladen.

DERS. (2001):
Einführung in die Soziologie Band 2: Die Individuen in ihrer Gesellschaft. Wiesbaden.

ADLER, A. (1920):
Praxis und Theorie der Individualpsychologie. München.

ALHEIT P./ DAUSIEN, B. (2000):
Die biographische Konstruktion von Wirklichkeit. In: HOERNING, M. E. (Hg.): Biographische Sozialisation. Stuttgart. S. 257ff.

AUTENRIETH, C./ CHEMNITZER, K./ DOMSCH; M. (1993):
Personalauswahl und -entwicklung von weiblichen Führungskräften. Frankfurt am Main.

ASSIG, A./ MÜHLENS, E. (1991):
Frauen u. Karriereentwicklung – Hinterm Horizont geht's weiter. In: MOHNEN-BEHLAU, E./ MEIXNER, H.-E. (Hrsg.): Frauenförderung in Verwaltung und Wirtschaft: Gleichstellung der Frau im Beruf. Gleichstellungsbeauftragte. Regensburg.

BANK, S. P./ KAHN, M. (1989):
Geschwister-Bindung. Paderborn.

BECK, U. (1986):
Risikogesellschaft. Auf dem Weg in eine andere Moderne. Frankfurt am Main..

BECK, U./ BECK-GERNSHEIM, E. (1994):
Riskante Freiheiten: Individualisierung in der Risikogesellschaft. Frankfurt am Main.

BECK-GERNSHEIM, E. (1976):
Der geschlechtsspezifische Arbeitsmarkt. Zur Ideologie und Realität von Frauenberufen. Frankfurt am Main.

DIES: (1980):
Das halbierte Leben. Männerwelt Beruf. Frauenwelt Familie. Frankfurt/ Main.

BECKER, H. S./ GEER, B. (1960/ 1979):
Teilnehmende Beobachtung: Die Analyse qualitativer Forschungsergebnisse. In: HOPF, C./ WEINGARTEN, E. (Hrsg.): Qualitative Sozialforschung. Stuttgart.

BECKER-SCHMIDT, R: (1995):
Verdrängung Rationalisierung Ideologie. Geschlechterdifferenz und Unbewußtes, Geschlechterverhältnis und Gesellschaft. In: KNAPP, G.-A./ WETTERER, A.: TraditionenBrüche. Entwicklungen feministischer Theorie. 2. Aufl., Freiburg i. Br.

DIES: (1995):
Das Geschlechterverhältnis als Gegenstand der Sozialwissenschaften. Frankfurt am Main.

BECKER-SCHMIDT, R./ KNAPP, A. (1987):
Geschlechtertrennung - Geschlechterdifferenz. Suchbewegungen sozialen Lernens. Bonn.

BECKER-SCHMIDT, R. (1985):
Probleme feministischer Theorie und Empirie in den Sozialwissenschaften. In: Feministische Studien 4, Heft 2.

BEHNKE, C. / MEUSER, M. (1999):
Geschlechterforschung und qualitative Methoden. Qualitative Sozialforschung Band 1. Opladen.

BEM, S.L. (1974):
The measurement of psycological androgyny. Journal of Consulting and Clinical Psycology 42. S. 155-162)

DERS. (1993):
The Lenses of Gender. New Haven.

BERGER, P.A./ HRADIL, S. (Hrsg.) (1990):
Lebenslagen, Lebensläufe, Lebensstile. In: Soziale Welt. Sonderband 7. Göttingen.

BERGER; P. / LUCKMANN, T. (1966):
Die gesellschaftliche Konstruktion von Wirklichkeit. 10. Aufl. 1993. Frankfurt a.M.

BERTRAM, H. (1981):
Sozialstruktur und Sozialisation. Darmstadt.

BETZ, N. E./ HEESACKER, R: S./ SHUTTLEWORTH, C. (1990):
Moderators of the congruence and realism of major and occupational plans in college students: a replication and extension. Journal of counseling Psycology 37 (3). S. 269-276.

BIERHOFF, H. W./ KRASKA, K. (1984):
Studien über Androgynie I: Maskulinität/ Femininität in ihrer Beziehung zum Erfolgsstreben, Furcht vor Mißerfolg und Furcht vor Erfolg. Zeitschrift für Differentielle und Diagnostische Psychologie 5 (3). S. 183-201.

BILDEN, H. (1991):
Geschlechtsspezifische Sozialisation. In: HURRELMANN, K./ ULICH, D. (Hrsg.): Neues Handbuch der Sozialisationsforschung. Weinheim/ Basel. 5. Aufl. S. 279-301.

BISCHOFF, S. (1990):
Frauen zwischen Macht und Mann. Männer in der Defensive. Führungskräfte in Zeiten des Umbruchs. Reinbek bei Hamburg.

BLUMER, H. (1973, Orig. 1969):
Symbolic Interactionism: Perspective and Method. Englewood Cliffs, N J.: Prentice Hall.

BÖHM, A. (2000):
Theoretisches Codieren: Textanalyse in der Grounded Theory. In: FLICK, E./ KARDOFF; E. v./ STEINKE, I.: Qualitative Forschung. Ein Handbuch. Hamburg. S. 475 - 485.

BÖTTGER, A. (2001):
"Das ist schon viele Jahre her... Zur Analyse biografischer Rekonstruktionen bei der Integration qualitativer und quantitativer Methoden in Panel-Studien. In: KLUGE, S./ KELLE, U. (Hrsg.): Methodeninnovation in der Lebenslaufforschung. Integration qualitativer und quantitativer Verfahren in der Lebenslauf- und Biographieforschung. Weinheim/ München. S. 261-274.

BORN, C./ KRÜGER, H./ LORENZ-MEYER D. (1996):
Der unentdeckte Wandel. Annäherung an das Verhältnis von Struktur und Norm im weiblichen Lebenslauf. Berlin.

BRÜCKNER, M. (Hrsg.) (1996):
Frauen und Sozialmanagement. Freiburg i Br.. 3. Aufl.

BÜDENBENDER, U./ STRUTZ, H. (1996):
Gabler Lexikon Personal. Wiesbaden.

BUDE, H. (1998):
Lebenskonstruktion als Gegenstand der Biographieforschung. In: Jüttemann, G./ Thomae, H. (Hrsg.): Biographische Methoden in den Humanwissenschaften. Weinheim. S. 247-258.

BÜHRMANN; A. et. A. (2000):
Arbeit, Sozialisation, Sexualität : zentrale Felder der Frauen- und Geschlechterforschung. Opladen.

BUNK, G. P. (1981):
Technologischer Wandel und antizipierte Berufsbildung. In: Zeitschrift für Berufs- und Wirtschaftspädagogik 4. Wiesbaden. S. 257-266).

CLAREY, J. H./ SANFORD, A. (1982):
Female career preference and androgyny. The vocational Guidance Quarterly 132. S. 87-99.

CREMER, C. (Hrsg.) (1992):
Frauen in sozialer Arbeit: zur Theorie und Praxis feministischer Bildungs- und Sozialarbeit. 2. Aufl. Weinheim/ München.

DAUSIEN, B. (1994):
Frauenforschung als "Königinnenweg"? Überlegungen zur Relevanz Biographischer Ansätze in der Frauenforschung. In: DIEZINGER et al. (Hrsg.): Erfahrung mit Methode. Wege sozialwissenschaftlicher Frauenforschung. FF Bd. 8. Freiburg i. Br.

DIES. (2002):
Biographie und/ oder Sozialisation? Überlegungen zur paradigmatischen Bedeutung von Biographie in der Sozialisationsforschung. In: KRAUL, M./ MAROTZKI, W. (Hrsg.): Biographische Arbeit. Perspektiven erziehungswissenschaftlicher Biographieforschung. Opladen. S. 65 – 91.

DIENEL, C. (2002):
Familienpolitik : eine praxisorientierte Gesamtdarstellung der Grundlagen, Handlungsfelder und Probleme. Weinheim [u.a.].

DIEZINGER, A./ KITZER, H./ ANKER, I. (1994):
Erfahrung mit Methode. Wege sozialwissenschaftlicher Frauenforschung. Freiburg i. Breisgau.

DIEZINGER, A, (1991):
Frauen: Arbeit und Individualisierung: Chancen und Risiken; eine empirische Untersuchung anhand von Fallgeschichten. Opladen.

DILTHEY, W. (1968):
Der Aufbau der geschichtlichen Welt in den Geisteswissenschaften. In: Gesammelte Schriften. Bd. VII. Göttingen/ Stuttgart.

EHRHARDT, A. (1998):
Frauen, Macht, Karriere. Eine Untersuchung zu Aufstiegserfahrungen und Leitungskonzepten von Frauen in der sozialen Arbeit. Wiesbaden.

EHRHARDT-KRAMER, A. (1996):
Frauen in Leitungspositionen im sozialen Bereich. In: BRÜCKNER, M. (Hrsg.): Frauen und Sozialmanagement. Freiburg i. Breisgau.

ENGELKE, E. (1999):
Theorien der Sozialen Arbeit. Freiburg im Breisgau.

ERLER, G./ JAECKEL, M./ PETTINGER, R./ SASS, J. (1988):
Kind? Beruf? Oder beides? Eine repräsentative Studie über die Lebenssituation und Lebensplanung junger Paare zwischen 18 u. 33 J. in der BRD im Auftrag der Zeitschrift Brigitte. München Dt. Jugendinstitut.

ERICSON, H. E. (1950):
Groth and crisis of the healthy personality. In: SENN (Ed).: The heathy personality. New York. (S. 91-146).

FAULSTICH-WIELAND, H. (2000):
Individuum und Gesellschaft. Sozialisationstheorien und Sozialisationsforschung. München/ Wien.

FISCHER, U. L. (1993):
Weibliche Führungskräfte zwischen Unternehmensstrategien und Karrierehemmnissen. München/ Mering.

FISCHER, W./ KOHLI, M. (1987):
Biographieforschung. In: VOGES, W.: Methoden der Biographie- und Lebenslaufforschung. Opladen.

FLICK, U. (Hrsg.) (1995):
Handbuch Qualitative Sozialforschung: Grundlagen, Konzepte, Methoden und Anwendungen. München.

FLICK, U./ KARDOFF, E. v./ STEINKE, I. (Hrsg.) (2000.):
Qualitative Forschung, Ein Handbuch. Hamburg.

FUCHS, W. (1984):
Biographische Forschung. Eine Einführung in Praxis und
Methoden. Opladen.

FUCHS-HEINRITZ, W. (1998):
Soziologische Biographieforschung: Überblick und Verhältnis zur
Allgemeinen Soziologie. In: JÜTTEMANN, G./ THOMAE, H.
(Hrsg.): Biographische Methoden in den Humanwissenschaften.
Weinheim, S. 3-23.

GARFINKEL, H. (1967):
Studies in ethnomethodology. Englewood Cliffs.

GEHRMANN, G./ MÜLLER, K. D. (1991):
Professionalisierung in der sozialen Arbeit. Social management 2.
Baden-Baden.

DERS. (1996):
Management in Sozialen Organisationen: Handbuch für die Praxis
Sozialer Arbeit. 2. akt. Aufl., Regensburg.

GEISSLER, B./ OECHSLE, M. (1990):
Lebensplanung als Ressource im Individualisierungsprozess.
Arbeitspapier 10 des Sfb 186. Universität Bremen 1990.

DIES. (1996):
Lebensplanung junger Frauen. Zur widersprüchlichen
Modernisierung weiblicher Lebensläufe. Weinheim.

GEISSLER, B. (1998):
Hierarchie und Differenz. Die (Un-) Vereinbarkeit von Familie und
Beruf und die soziale Konstruktion der Geschlechterhierarchie im
Beruf. In: OECHSLE, M./ GEISSLER, B. (Hrsg.): Die ungleiche
Gleichheit. Junge Frauen und der Wandel im
Geschlechterverhältnis. Opladen.

GERHARD, U. (1986):
Verstehende Strukturanalyse. Die Konstruktion von Idealtypen bei
der Auswertung qualitativer Forschungsmaterialien. In: SOFFNER,
H. G. (Hrsg.): Sozialstruktur und soziale Typik. Frankfurt a. M.. S.
230-256.

DIES. (1991):
: Typenbildung. In: FLICK, U. u.a. (Hrsg.): Handbuch qualitativer Sozialforschung. Grundlagen, Konzepte, Methoden und Anwendungen. München. S. 435 - 439.

DIES. (1998):
: Die Verwendung von Idealtypen in der fallvergleichenden biographischen Forschung. In: JÜTTEMANN G./ THOMAE, H. (Hrsg.): Biographische Methoden in den Humanwissenschaften. Weinheim. S. 193 - 212.

GEHRMANN, G./ MÜLLER, K.D. (1996):
: Management in Sozialen Organisationen: Handbuch für die Praxis Sozialer Arbeit. 2. Akt. Aufl., Regensburg 1996

GILDEMEISTER, R. (1983):
: Als Helfer überleben. Beruf und Identität in der Sozialarbeit/ Sozialpädagogik. Neuwied.

DIES. (1996):
: Prekäre Grenzen. Zur akademischen Kultur in der GhK aus der Sicht einer neuberufenen Hochschullehrerin, in: Profil Bildung. Texte zu 25 Jahren Universität Gesamthochschule Kassel. Kassel. S. 109-124.

DIES. (2000):
: Geschlechterforschung ("gender studies"). In: FLICK, U./v. KARDOFF, E./ STEINKE, I. (Hrsg.): Handbuch der qualitativen Sozialforschung, Reinbeck b. Hamburg. S. 213-223.

GILDEMEISTER, R./ WETTERER, A. (1992):
: Wie Geschlechter gemacht werden. Die soziale Konstruktion der Zweigeschlechtlichkeit und ihre Reifizierung in der Frauenforschung. In: KNAPP, G.-A.; WETTERER, A. (Hrsg.): Traditionen Brüche. Freiburg (Breisgau).

GIORGI, A. (1985):
: Sketch of a psychological phenomenological method. In: GIORGI, A. (Ed.): Phenomenology and psychological research. Pittsburgh.

GLASER, B. G./ STRAUSS, A. (1979, Original 1969):
: Die Entdeckung gegenstandsbezogener Theorie: Eine Grundstrategie qualitativer Sozialforschung. In: HOPF, C./ WEINGARTEN, E. (Hrsg.): Qualitative Sozialforschung. Stuttgart.

GOFFMANN, E. (1994):
 The arrangement between the sexes. In: Theory and Society 4. (dt. Das Arrangement der Geschlechter.) In: Interaktion und Geschlecht. Frankfurt am Main.

GOOS, G./ HANSEN, K. (1999):
 Frauen in Führungspositionen. Münster/ New York/ München/ Berlin.

GÖTTNER-ABENDROTH, H. (1983):
 Wissenschaftstheoretische Positionen in der Frauenforschung. In: BENDKOWSKI, H./ WEISSHAUPT, B. (Hrsg.): Was Philosophinnen denken Zürich. S. 253 - 270.

GOTTSCHALL, K. (1998):
 Doing gender while doing work? Erkenntnispotentiale konstruktivistischer Perspektiven für eine Analyse des Zusammenhangs von Arbeitsmarkt, Beruf und Geschlecht. In: GEISSLER; B. et.al. (Hg.): FrauenArbeitsMarkt. Der Beitrag der Frauenforschung zur sozio-ökonomischen Theorieentwicklung. Berlin.

GRÜNEISEN, V./ HOFF, E. H. (1978):
 Familienerziehung und Lebenssituation. Der Einfluss der Lebensbedingungen und Arbeitserfahrungen auf Erziehungseinstellungen und Erziehungsverhalten von Eltern. Weinheim.

HACKER, W. (1986):
 Arbeitspsychologie. Psychische Regulation von Arbeitstätigkeiten. Berlin.

HAGEMANN-WHITE, C. (1984):
 Sozialisation: männlich - weiblich. Opladen.

HARREN, V.A. et.al. (1979):
 Influence of gender, sex-role attitudes, and cognitive complexity on gender-dominant career-choices. Journal of Counseling Psycology 26 (3). S. 227-234.

HAUPERT, B. (1991):
 Vom narrativen Interview zur biographischen Typenbildung. Ein Auswertungsverfahren, dargestellt am Beispiel eines Projektes zur Jugendarbeitslosigkeit. In: GARZ, D./ KRAIMER, K. (Hrsg.): Qualitativ-empirische Sozialforschung: Konzepte, Methoden, Analysen. Opladen.

HEINZ, W. R. (1995):
Arbeit, Beruf und Lebenslauf. Weinheim.

HEINZE, T./ THIEMANN, F. (1982):
Kommunikative Validierung und das Problem der
Geltungsbegründung. Zeitschrift der Pädagogik 28.

HELGESEN, S.(1996):
Frauen führen anders. Vorteile eines neuen Führungsstils. Aus
dem Englischen von Linda Gränz. Frankfurt a.M. 2. Auflage.
(Original New York 1990)

HENES-KARNAHL, B. (1988):
Wertewandel im Management. Die Schwachen werden die Starken
sein. In: DEMMER, CH. (Hrsg.): Wiesbaden. S. 36.

HOEFERT, H. W. (1991):
Karriere im Sozialwesen. Social management 1. Baden-Baden.

HOERNING, E.M. (Hrsg.) (2000):
Biographische Sozialisation. Stuttgart.

HOFFMANN-RIEM, C. (1980):
Die Sozialforschung einer interpretativen Soziologie. Der
Datengewinn. In: Kölner Zeitschrift f. Soziologie und
Sozialpsychologie 32. S. 339-372.

HONER, A. (1993):
Lebensweltliche Ethnographie. Wiesbaden.

HOPF, C. (2000):
Qualitative Interviews. In: In: FLICK, U./ KARDOFF, E. v./
STENKE, I. (Hg.): Qualitative Forschung. Ein Handbuch. Hamburg
2000, S. 349 - 360.

HOPF, C./ WEINGARTEN, E. (Hrsg.) (1984):
Qualitative Sozialforschung. 2. Aufl. Stuttgart.

HURRELMANN, K. (1983):
Das Modell des produktiv realitätsverarbeitenden Subjekts in der
Sozialisationsforschung. In: Zeitschrift für Sozialisationsforschung
und Erziehungssoziologie 3,. S. 291-310.

DERS. (2001):
Einführung in die Sozialisationstheorie. Über den Zusammenhang
von Sozialstruktur und Persönlichkeit. Weinheim/ Basel.

JÜNEMANN, R. (2000):
Geschlechtstypische Identitätsbildungsprozesse in der professionellen Sozialen Arbeit. Opladen.

JÜTTEMANN, G. (1985):
Qualitative Forschung in der Psychologie: Grundfragen, Verfahrensweisen, Anwendungsfelder. Weinheim/ Basel.

DERS. (1998):
Genetische Persönlichkeitspsychologie und Komparative Kasuistik. In: JÜTTEMANN, G./ THOMAE, H. (Hrsg.): Biographische Methoden in den Humanwissenschaften. Weinheim. S. 111-131.

JURZYK, K./ RERRICH, M. (1993):
Die Arbeit des Alltags: Beiträge zu einer Soziologie der alltäglichen Lebensführung. Freiburg i. Breisgau.

KELLE, U. / KLUGE, S. (1999):
Vom Einzelfall zum Typus. Fallvergleich und Fallkontrastierung in der qualitativen Sozialforschung. Opladen.

KESSLER, S./ MC KENNA, W. (1978/ 1985):
Gender. An ethnomethodological approach. Chicago.

KNAPP, G.-A. (1990):
Zur widersprüchlichen Vergesellschaftung von Frauen. In: HOFF, E.-H.: Die doppelte Sozialisation Erwachsener. Zum Verhältnis von beruflichem und privatem Lebensstrang, Weinheim/München, S. 17-5

KNAPP, G.-A./ WETTERER, A. (1992):
TraditionenBrüche. Entwicklungen feministischer Theorie. Freiburg im Breisgau.

KÖCKEIS-STANGL, E. (1980):
Methoden der Sozialisationsforschung. In: HURRELMANN, K./ ULICH, D. (Hrsg.): Handbuch der Sozialisationsforschung. Weinheim.

KOHLI, M. (1978):
Soziologie des Lebenslaufs. Darmstadt.

KOHN, M. L. (1981):
Persönlichkeit, Beruf und soziale Schichtung. Stuttgart.

KOHN, M./ SCHOOLER, C. (Eds.) (1983):
Work and personality. Norwood.

KRAUL, M. (1999):
Biographieforschung und Frauenforschung. In: KRÜGER, H.-H./ MAROTZKI, W. (Hrsg.: Handbuch erziehungswissenschaftlicher Biographieforschung. Opladen. S. 455 - 469).

KRELL/ CARL/ KREHNKE (2001):
Diskriminierungsfreie Bewertung von (Dienstleistungs)-Arbeit. Vergleichsprojekt bei der Stadt Hannover im Auftrag der Ver.di Bundesverwaltung. Hannover.

KRIPPENDORF, K. (1980):
Content Analysis. An Introduction to the Methodology. Beverly Hills: Sage.

KRUSE, A./ SCHMITT, E. (1998):
Halbstrukturiertes Interview. In: JÜTTEMANN, G./ THOMAE, H. (Hrsg.): Biographische Methoden in den Humanwissenschaften. Weinheim. S. 161-174.

KUCKARTZ, U. (1988):
Computer und verbale Daten: Chancen zur Innovation sozialwissenschaftlicher Forschungstechniken. Frankfurt/ M.

DERS. (1990):
Computerunterstützte Suche nach Typologien in qualitativen Interviews. In: FAULBAUM, F./ HAUX, R./ JÖCKEL; K.-H. (Hrsg.): Fortschritte der Statistik Software 2. SOFTSTAT 89'. 5. Konferenz über die wissenschaftliche Anwendung von Statistik Software. Heidelberg. Stuttgart/ New York S. 495-502)

DERS. (1996):
Computer und verbale Daten. Chancen zur Innovation sozialwissenschaftlicher Forschungstechniken. Frankfurt/ M., Bern/ New York/ Paris: Perte Lang (Europäische Hochschulschriften: Reihe 22, Soziologie, Bd. 173)

DERS. (1997):
A standarized text interchange format for computer programs for qualitative data analysis. In: BANDILLA, W./ FAULBAUM, F. (Ed.): SoftStat' 97. S. 259-266. Stuttgart.

DERS. (1999):
   Computergestützte Analyse Qualitativer Daten. Eine Einführung in Methoden und Arbeitstechniken. Wiesbaden.

LAMNEK, S. (1989):
   Qualitative Sozialforschung. Band 2 Methoden und Technik. München.

LEEMANN, R. J. (2002):
   Chancenungleichheiten im Wissenschaftssystem : wie Geschlecht und soziale Herkunft Karrieren beeinflussen. Chur.

LEMMERMÖHLE, D. et.al. (Hrsg.) (2000):
   Lesarten des Geschlechts : zur De-Konstruktionsdebatte in der erziehungswissenschaftlichen Geschlechterforschung. Opladen.

LIEBRECHT, C. H. (1988):
   Die Frau als Chef. Frankfurt a. M.: Liebrecht Personalberatung.

MAROTZKI, W. (1991):
   Bildungsprozesse in lebensgeschichtlichen Horizonten. In: HOERNING, E. u.a. (Hrsg.) Biographieforschung und Erwachsenenbildung. Bad Heilbrunn. S. 182 - 205.

DERS. (2000):
   Qualitative Biographieforschung. In: FLICK, U./ KARDOFF, E./ STEINKE, I. (Hg.): Qualitative Forschung. Ein Handbuch. S. 175-186.

MARSCHALL, S: J. & WIJTING, J. P. (1980):
   Relationship of achievement and sex-role identity to college women's career orientation Journal of Vocational Behaviour 16. S. 299-311.

MASLOW, A. H. (1954):
   Motivation an personality. New York.

MAYRING, P.. (1983):
   Qualitative Inhaltsanalyse: Grundlagen und Techniken. 2. Auflage. Weinheim.

DERS. (1990):
   Qualitative Inhaltsanalyse: Grundlagen und Techniken. 3. Auflage. Weinheim.

DERS. (1993):
Grundlagen und Techniken qualitativer Inhaltsanalyse. Zur Begründung, Entwicklung und Veranschaulichung sozialwissenschaftlicher Interpretationstechniken. München 4. Auflage.

DERS (1999):
Einführung in die qualitative Sozialforschung. Eine Anleitung zu qualitativem Denken. 4. Auflage.

MEAD, G.H. (1934/ 1968):
Geist, Identität und Gesellschaft. 1934. Mit einer Einleitung herausgegeben von Charles W. Morris. Frankfurt am Main.

MEINHOLD, M. (1993):
Sozialarbeiterinnen - Frauenkarrieren: Karrierewünsche und Aufstiegshindernisse bei Sozialarbeiterinnen im öffentlichen Dienst. Münster.

MEIXNER, H.-E. (1991):
Organisatorische und personalpolitische Weichenstellungen einer Frauenförderung. In: MOHNEN-BEHLAU, E./ MEIXNER, H.-E. (Hrsg.): Frauenförderung in Verwaltung und Wirtschaft. Gleichstellung der Frau im Beruf, Gleichstellungsbeauftragte. Regensburg.

MENGER, C. (1883):
Untersuchungen über die Methode der Socialwissenschaften und der Oekonomie insbesondere. Leipzig.

MERTENS, D. (1974):
Schlüsselqualifikationen. Thesen zur Schulung für eine moderne Gesellschaft. In: Mitteilungen aus der Arbeitsmarkt- und Berufsforschung 7. Nürnberg. S. 36-46.

DERS. (1988):
Das Konzept der Schlüsselqualifikationen als Flexibilisierungsvorschlag. In: NUISSL, E./ SIEBERT, H./ WEINBERG, J. (Hrsg.) Münster.

MERTON, K. (1983):
Inhaltsanalyse Einführung in Theorie, Methode und Praxis. Opladen.

METZMACHER, U./ GOLL, D./ SAUER, P. (1990):
Weibliche und männliche Berufskarrieren in der Sozialarbeit. In
Soziale Arbeit 7. S. 262ff

MEUSER, M./ NAGEL, S. (1991):
Expertinneninterviews - vielfach erprobt, wenig bedacht. Ein
Beitrag zur qualitativen Methodendiskussion. In: GARZ, D./
KRAIMER, K. (Hrsg.): Qualitativ-empirische Sozialforschung.
Opladen.

MIES, M. (1974):
Die Methodischen Postulate. Ein Rückblick nach zwanzig Jahren.
In: VÖLGER, S. (1997): Sie und Er. Frauenmacht und
Männerherrschaft im Kulturvergleich. Köln.

MOHNEN-BEHLAU, E./ MEIXNER, H. (1991):
Frauenförderung in Verwaltung und Wirtschaft. Gleichstellung der
Frau im Beruf. Regensburg.

MÜHLFELD, C./ WINDOLF, P./ LAMPERT, N./ KRÜGER, H. (1981):
Auswertungsprobleme offener Interviews. In: Soziale Welt 32, Heft
3. Göttingen.

NAGEL, U. (1997):
Engagierte Rollendistanz: Professionalität in biographischer
Perspektive. Opladen.

OECHSLE, M./ GEISSLER, B. et al. (Hrsg.) (1998):
Die ungleiche Gleichheit. Junge Frauen und der Wandel im
Geschlechtsverhältnis. Opladen.

OECHSLE, M. (1998):
Ungelöste Widersprüche: Leitbilder für die Lebensführung von
Frauen. In: OECHSLE, M./ GEISSLER, B. et al. (Hrsg.): Die
ungleiche Gleichheit. Junge Frauen und der Wandel im
Geschlechtsverhältnis. Opladen 1998.

OFFE, C. (1970):
Leistungsprinzip und industrielle Arbeit. Frankfurt/ M.

OSTNER, I. (Hrsg.) (1987):
Frauen: Soziologie der Geschlechterverhältnisse. München .

DIES. (1978):
Beruf und Hausarbeit: die Arbeit der Frau in der Gesellschaft.
Frankfurt am Main.

PEIRCE, C. S. (1991):
Schriften zu Pragmatiusmus und Pramatizismus. In: Apel, K.-O. (Hrsg.). Frankfurt/ M.

PFAU-EFFINGER, B./ GEISSLER, B. (1992):
Institutionelle und sozio-kulturelle Kontextbedingungen der Entscheidung verheirateter Frauen für Teilzeitarbeit. Ein Beitrag zu einer Soziologie des Erwerbsverhaltens. In: Mitteilungen aus der Arbeitsmarkt- u. Berufsforschung. Heft 3.

PROKSCH, R. (1998)
Das Soziale neu denken: soziale und ethische Herausforderungen an die Soziale Arbeit durch Wertewandel, Individualisierung, Kommerzionalisierung der Gesellschaft. Dokumentation zum Symposium vom 21. November 1996. Regensburg.

RABE-KLEBERG, U. (1990):
Sozialer Beruf und Geschlechterverhältnis. Oder Soziale Arbeit zu einem Beruf für Frauen machen? In: CREMER, C. et al. (Hrsg.): Frauen in sozialer Arbeit. Zur Theorie u. Praxis feministischer Bildungs- u. Sozialarbeit. Weinheim/ München.

REINHOLD, G. (Hrsg.)/ LAMNEK, S./ RECKER, H. (1991):
Soziologie-Lexikon. München/ Wien.

RENDTORFF, B./ MOSER, V. (Hrsg.) (1991):
Geschlecht und Geschlechterverhältnisse in der Erziehungswissenschaft. Eine Einführung. Opladen.

RIEGE, M (1996):
Frauen in der sozialen Arbeit. Deutsche, englische und italienische Sozialarbeiterinnen im Vergleich

ROMMELSPACHER, B. (1991):
Professionelles Selbstverständnis von Frauen in sozialen Berufen. In: Socialmanagement. Baden-Baden 4, S. 38ff.

RÖSER, J. (1992):
Frauenzeitschriften im weiblichen Lebenszusammenhang: Themen, Konzepte und Leitbilder im sozialen Wandel. Opladen.

ROSENSTIEL, L. v./ STENGEL, M. (1987):
Identifikationskrise? Zum Engagement in betrieblichen Führungspositionen. Bern.

ROSENSTIEL, L. v. et al. (1991):
Was morgen alles anders läuft. Die neuen Spielregeln der Manager. Düsseldorf/ Wien/ New York.

SACHSSE, C. (1994):
Mütterlichkeit als Beruf. Sozialarbeit. Sozialreform u. Frauenbewegung 1871-1929. Opladen.

SAUER-SCHIFFER, U. (2000):
Biographie und Management. Eine qualitative Studie zum Leitungshandeln von Frauen in der Erwachsenenbildung. Münster.

SCHIERSMANN, C. (1992):
Frauenbildung: Konzepte – Erfahrungen, Perspektiven. Weinheim/ München.

SCHIMANK, U. (1988):
Biographie als Autopoiesis - eine systemtheoretische Konstruktion von Individualität. In: BROSE, H. G./ HILDENBRAND, B. (Hg.): Vom Ende des Individuums zur Individualität ohne Ende. Opladen, S. 55-72.

SCHLAPEIT-BECK, D. (1991):
Karrierefrauen im Konflikt zwischen Ohnmachtszuschreibungen und weiblichem Führungsstil. Feministische Studien 1.

SCHLÜTER, A. (2002):
Biographieforschung als Medium der Professionalisierung der Erwachsenenbildung? In: KRAUL., M./ MAROTZKI, W./ SCHWEPPE, C. (Hrsg.): Biographie und Profession. Bad Heilbrunn.

SCHMIDT, M. (1989):
Karrierefrauen und Partnerschaft: sozialpsychologische Aspekte der Beziehung zwischen karriereambitionierten Frauen u. ihren Lebenspartnern. Münster/ New York.

SCHNEEWIND, K. A./ BECKMANN, H./ ENGFER, A. (1983):
Eltern und Kinder. Umwelteinflüsse auf das familiäre Verhalten. Stuttgart.

SCHNEIDER, G. (1987):
"Objektive" Handlungsbedeutung und "subjektiver" Sinn. Anmerkungen zur Erforschung der Sicht des Subjekts aus der Perspektive der objektiven Hermeneutik am Beispiel der Analyse einer Interaktion im Krankenhaus. In: BERTHOLD, J./ FLICK, U. (Hrsg.): Ein-Sichten. Zugänge zur Sicht des Subjekts mittels qualitativer Forschung, Forum für Verhaltenstherapie und psychosoziale Praxis 14. Tübingen. S. 200-206.

SCHULZE, T. (1985):
Lebenslauf und Lebensgeschichten. Zwei unterschiedliche Sichtweisen und Gestaltungsprinzipien biographischer Prozesse. In: BAACKE, D./ SCHULZE, T. (Hrsg.): Pädagogische Biographieforschung. Weinheim. S. 29 - 62.

SCHÜTZ, A./ LUCKMANN, T. (1979/ 1984):
Strukturen der Lebenswelt. 2 Bde. Frankfurt a. M.

SCHÜTZE, F. (1983):
Biographieforschung und narratives Interview. Neue Praxis 13. S. 283-293.

SEEG, B. (2000):
Frauen und Karriere. Strategien des beruflichen Aufstiegs. Frankfurt am Main.

SIEBERS, R. (1996):
Zwischen Normalbiographie und Individualisierungssuche: empirische Grundlagen für eine Theorie der Biographisierung. Münster.

SIEVERDING, M. (1990):
Psychologische Barrieren in der beruflichen Entwicklung von Frauen . Das Beispiel der Medizinerinnen. Stuttgart.

SPENCE, J.T./ HELMREICH, R. L.; HOLAHAN, C. K. (1979):
Negative and positive components of psycological masculinity and femininity and their relationsships to self-reports of neurotic and acting out behaviours. Journal of Personality and Social Psycology 73. S. 1673-1682.

STATISTISCHES BUNDESAMT (Hrsg.) (1999):
Statistisches Jahrbuch. Wiesbaden.

STAUB-BERNASCONI, S. (1994a):
: Systemtheorie, Soziale Probleme und Soziale Arbeit: lokal, national, international oder: vom Ende der Bescheidenheit. Bern/ Stuttgart.

DIES. (1994 b):
: Soziale Arbeit als Gegenstand von Theorie und Wissenschaft – Was können Theorie und Wissenschaft zur Praxis der Sozialen Arbeit beitragen? In: WENDT, W. R. (Hrsg.): Wissenschaftlich und sozial arbeiten. Positionen der Sozialarbeitswissenschaft. Freiburg im Breisgau.

STEFANIAK/ TONDORF (2002):
: Alles was Recht ist! Auf dem Weg zur Entgeltgleichheit durch diskriminierungsfreiere Arbeitsbewertung: Erfahrungsberichte aus Deutschland, Großbritannien und Österreich.

STEINKAMP, G./ STIEF, W. H. (1978):
: Lebensbedingungen und Sozialisation. Opladen.

STEINKE, I. (2000):
: Gütekriterien qualitativer Forschung. In: FLICK, U./ KARDOFF, E. v./ STENKE, I. (Hg.): Qualitative Forschung. Ein Handbuch. Hamburg 2000, S. 319ff.

STRAUSS, A./ CORBIN, J. (1996):
: Grounded theory: Grundlagen qualitativer Sozialforschung. Weinheim.

STRAUSS, A. (1998):
: Eine Theorie pädagogischer Professionalität. Weinheim.

SULLOWAY, F. (1997):
: Geliebte Rivalen, schwierige Freunde. Geschwister. Neue Einblicke in eine lebenslange Beziehung. In: GEO 9.

TILLMANN, K. (1989):
: Sozialisationstheorien. Eine Einführung in den Zusammenhang von Gesellschaft, Insitution und Subjektwerdung. Reinbeck/ Hamburg.

TIMMERMANN, E. (1998):
: Das eigenen Leben leben. Autobiographische Handlungskompetenz und Geschlecht. Opladen.

TERHART, E. (2000):
    Zur Validität qualitativer Verfahren. In: STIMMER, F. (Hg.): Lexikon der Sozialpädagogik und der Sozialarbeit. München/ Wien/ Oldenburg. S. 161-169.

TOMAN, W. (1980):
    Familienkonstellationen. Ihr Einfluß auf den Menschen und sein soziales Verhalten. München.

TONDORF, K. (2003):
    Tarifverträge. Entgelddiskriminierung - subtil verpackt. In: Hans Böckler Stiftung (Hrsg.): Mitbestimmung 1/2 2003. Düsseldorf. S. 29-31.

TREIBEL, A: (1993):
    Einführung in die soziologischen Theorien der Gegenwart. Opladen.

THÜRMER-ROHR, C. (1984):
    Der Chor der Opfer ist verstummt. In: Beiträge zur feministischen Theorie und Praxis. Heft 11. Köln. S. 71 - 84.

VILLA, P.-A. (2000):
    Das Subjekt Frau als Geschlecht mit Körper und Sexualität. Zum Stand der Frauenforschung in der Soziologie. In: Soziologie 3/ Opladen.

WASCHBÜSCH, E. (1994):
    Qualifizierungsmöglichkeiten für Frauen in Führungspositionen: Bestandsaufnahme und Empfehlungen. Bundesministerium für Bildung und Wissenschaft (Hrsg.). Bad Honnef.

WEBER, M. (1976)
    Wirtschaft und Gesellschaft. 5. Auflage. Tübingen.

DERS. (1904/1988):
    Die "Objektivität" sozialwissenschaftlicher und sozialpolitischer Erkenntnis. In: WINKELMANN, J. (Hrsg.): M. WEBER. Gesammelte Aufsätze zur Wissenschaftslehre. 7. Aufl. Tübingen. S. 146 - 214. (Zuerst erschienen 1904 in : Archiv für Sozialwissenschaften u. Sozialpolitik. Bd. 19. S. 22 - 87).

WEST, C./ ZIMMERMANN, D. H. (1991):
    "Doing Gender". In: FARELL, J./ LOEBER, S. A. (Hrsg.): The social construction of Gender. Newbury Park, London, New Dehli. S. 13 - 37.

WETTERER, A. (1989):
"Es hat sich alles so ergeben, meinen Wünschen entsprechend"-
Über die Plan-losigkeit weiblicher Karrieren in der Wissenschaft. In:
BATHE, S. (Hrsg.): Lehren und Lernen im Wissenschaftsbetrieb.
Weinheim.

DIES. (Hrsg.) (1992):
Profession und Geschlecht. Über die Marginalität von Frauen in
hochqualifizierten Berufen. Frankfurt a. M./ New York.

DIES. (Hrsg.) (1995):
Die soziale Konstruktion von Geschlecht in
Professionalisierungsprozessen. Frankfurt a. M./ New York.

DIES. (1999):
Ausschließende Einschließung – marginalisierende Integration:
Geschlechterkonstruktion in Professionalisierungsprozessen. In:
NEUSEL A./ WETTERER, A. (Hrsg.): Vielfältige
Verschiedenheiten. Geschlechterverhältnisse in Studium,
Hochschule und Beruf. Frankfurt/ M./ New York. S. 223-253.

WETTERER, A./ TEUBNER, U. (1995):
Gender-Paradoxien: Soziale Konstruktion transparent gemacht. In:
Lorbeer, J.: Genderparadoxien Opladen.

WILLIAMS, S: W./ MC CULLERS, J. C. (1983):
Personal factors related to typicalness of career and success in
active professional woman. Psychology of Woman Quartely 7 (4).
S. 343-357.

WILKE, H. (1993):
Systemtheorie. 4 Aufl.. Stuttgart.

WILSON, T. P. (1973):
Theorien der Interaktion und Modelle soziologischer Erklärung
(1970). In: ARBEITSGRUPPE BIELEFELDER SOZIOLOGEN
(Hrsg.) Bd. 1.

WITZEL, A. (1995):
Auswertung problemzentrierter Interviews: Grundlagen und
Erfahrungen. In: STROBL, R./ BÖTTGER, A. (Hrsg.): Wahre
Geschichten? Zur Theorie und Praxis qualitativer Interviews.
Beiträge zum Workshop Paraphrasieren, Kodieren, Interpretieren...
Im Kriminologischen Forschungsinstitut Hannover.

WOHLRAB-SAHR, M. (1993):
Biographische Unsicherheit. Formen weiblicher Identität in der "reflexiven Moderne". Das Beispiel der Zeitarbeiterinnen. Opladen.

ZULEHNER, P./ VOLZ, R. (1998):
Männer im Aufbruch: Wie Deutschlands Männer sich selbst und wie Frauen sie sehen; ein Forschungsbericht. Ostfildern.

YANICO, B.J. (1982):
Androgyny and occupational sex-stererotyping of college students. Psychologycal Reports 50. S. 875-878.

Anlage: Interviewleitfaden

Sondierungsfragen

Wie Sie wissen, geht es in diesem Interview um die biographischen Hintergründe ihrer beruflichen Laufbahn und welche Auswirkungen diese auf Ihr gegenwärtiges Berufsleben haben.
- Welche Gedanken kamen Ihnen, als Sie von der Thematik erfahren haben?
- Glauben Sie, dass es einen Zusammenhang zwischen beruflichem Werdegang und Biographie gibt?

Welches Interesse haben Sie, an diesem Interview teilzunehmen?

Fragenkomplex 1 (Lebenslauf u. beruflicher Werdegang)

Bitte beschreiben Sie Ihren beruflichen Werdegang bis zu Ihrer jetzigen Position.

Fragenkomplex 2

a) Berufsfindungsprozess, allgemein
Beschreiben Sie, welche Entscheidungsprozesse bzw. Ereignisse Sie bei Ihrer Berufsauswahl (Berufsfindung) beeinflusst haben.

b) Berufsfindungsprozess speziell Sozialarbeit/ Sozialpädagogik
Warum haben Sie sich für Sozialarbeit/ -pädagogik entschieden?
- War die Entscheidung Karriere zu machen ein bewußte Entscheidung?
- Glauben Sie, dass Sie es insbesondere durch Ihr Geschlecht an manchen Stationen Ihrer Karriere besonders schwer hatten?

Fragenkomplex 3 (Berufliches Selbstverständnis/ Führungsstil)

Bitte beschreiben Sie Ihren durchschnittlichen Arbeitsalltag.
- Wie sind Sie in ihre jetzige Position gelangt?

Wie schätzen Sie Ihr Verhältnis zu Ihren KollegInnen (Gleichgestellten) ein, wie zu Ihren nachgeordneten MitarbeiterInnen?
- Hat sich Ihr Verhältnis im Verlauf Ihrer Karriere verändert/ wenn ja, warum?

Führungspositionen sind Machtpositionen.
- Wie gehen Sie mit Ihrer Macht um?
- Hat sich Ihr Verhältnis zur Macht im Laufe Ihrer Führungstätigkeit verändert?

Beschreiben Sie Ihr Führungsverhalten.
- Verfolgen Sie eine bestimmte Führungsstrategie? Woran orientieren Sie sich?
- Hat sich Ihr Führungsstil im Laufe Ihrer Karriere verändert, und wenn ja, warum?
- Glauben Sie, dass die Position, die Sie innehaben, eine 'frauentypische' Führungsposition ist?

Fragenkomplex 4 (Karriereverlauf u. persönliche Einschätzung)

Hatten (haben) Sie besondere Vorbilder, an denen Sie Sich orientiert haben?
Z. B. die eigene Mutter, Verwandte, LehrerInnen, Mütter v. Freundinnen, evtl. auch männliche Vorbilder?
- Wer oder was hat Sie in ihrem Leben besonders gefördert, unterstützt angetrieben/ bzw. hat Sie behindert, blockiert, etc.?
- Wie hat Ihre Umgebung auf Ihre Karriere reagiert?

Fragenkomplex 5 (Beruf u. Familie/ Beziehung)

Vereinbaren Sie Beruf und Familie/ Partnerschaft?
- Hat die Karriereplanung Ihre Familienplanung beeinflusst o. umgekehrt?
- Würden Sie sich rückblickend noch einmal so entscheiden?

Wie hat Ihr Umfeld auf Ihren Aufstieg reagiert?
- Glauben Sie, dass ihre berufliche Position Einfluss auf Ihre privaten Beziehungen hat (Partner/ Ehemann, Familie, Freunde)?

Für Männer, die Karriere machen (gemacht haben), ist die Ehefrau/ Partnerin normalerweise das private Stützsystem, das ihnen völlig den Rücken freihält.
- Wie würden Sie Ihre private Beziehung beschreiben? Fühlen Sie sich auch im
 o. g. Sinne unterstützt?
- Wenn ja, was sind Ihre konkreten Aufgaben zuhause, bzw. wer organisiert was? Beschreiben Sie bitte ihr privates Unterstützungssystem.
- Hat sich Ihre Beziehung durch Ihren beruflichen Aufstieg verändert?

- Wenn ja, würden Sie sich noch einmal so entscheiden?

Fragenkomplex 6 (Herkunftsfamilie)

Identitätsbildung/ Stellung in der Familie/ Freundeskreis/ Klassenverband etc. Selbstbild/ Fremdbild/ ...

Es gibt verschiedene Theorien über die persönliche Entwicklung und die Stellung in der Geschwisterhierarchie, bzw. in der Familie;
- Bitte beschreiben Sie ihre Beziehungen zu den Eltern.
- Haben Sie Geschwister (wie viele, Altersabstand, Reihenfolge, Beziehungen untereinander, Kontakte heute.)
- Und wenn ja, glauben Sie, dass Ihre Position in der Geschwisterfolge Einfluss auf Ihren beruflichen Werdegang hatte?
- Erinnern Sie sich an bestimmte Ereignisse, bei denen Sie Verantwortung übernehmen mussten, bzw. freiwillig übernommen haben?
- Fällt es Ihnen leicht, Kontakte zu anderen aufzunehmen?
- Wie würden Sie sich rückblickend auf Ihre Schulzeit im Klassenverband/ in der Clique einordnen?
- Erinnern Sie sich in ihrer Kinder- Jugendlichenzeit an Ereignisse, bei denen sie auch schon führende Rollen gespielt haben? (Welche Rolle haben Ihnen die anderen zugeordnet?)
- Hat sich diese Zuschreibung im Laufe der Zeit (Studium/ Beruf) verändert?
- Stimmt diese Zuordnung mit Ihrer Selbsteinschätzung überein? Wie sind Sie damit umgegangen?
- Haben Sie Ihr Verhalten möglicherweise auf Grund bestimmter positiver oder negativer Ereignisse/ Erfahrungen verändert?

Fragenkomplex 7 (Rückblick u. zukünftige berufl. Planungen)

Blicken Sie auf Ihren beruflichen Werdegang zurück.
- Gibt es in Ihrem Leben bestimmte Ereignisse, die Sie als Wendepunkte für Ihren weiteren Karriereverlauf bezeichnen würden? Welchen Einfluss hatten diese Wendepunkte auf Ihren Karriereverlauf?
- Würden Sie sich rückblickend auf Ihre berufliche Entwicklung an bestimmten Punkten Ihres Lebens heute anders verhalten/ ggf. entscheiden?
- Glauben Sie, dass Sie Ihre jetzige Position auch (oder besser) auf anderem Wege erreicht hätten?

- Welche Handlungskompetenzen haben Sie sich im Laufe Ihrer Karriere angeeignet, ohne die Sie Ihre jetzige Position nicht erreicht hätten?
- Glauben Sie, dass Sie in diesem Zusammenhang immer besser sein mussten als Ihre männlichen Kollegen?
- Was würden Sie ambitionierten Frauen raten, im Rückblick auf Ihre eigene Karriere?
- Warum entscheiden sich so wenige Frauen für eine Karriere?
- Wie sehen Sie Ihre berufliche Zukunft? Glauben Sie, dass Sie noch mehr erreichen können?
- Wenn Sie aus beruflichen Gründen Ihren Wohnort ändern müssten, wie würden Sie sich entscheiden?

www.ingramcontent.com/pod-product-compliance
Lightning Source LLC
Chambersburg PA
CBHW020107020526
44112CB00033B/1081